目 录

特 稿

文学江湖：我从胡适面前走过

王鼎钧

我从胡适面前走过

我对胡适没有研究，我见过胡适，崇拜过胡适，学习过胡适，思考过胡适。

胡适1949年离开中国大陆，他去了美国。1952年11月，他由美国回台湾讲学，1954年2月，他回台湾参加“国民大会”，1958年4月，他回台北接任“中央研究院院长”，1961年2月去世。由1952到1962年，这十年间他对台湾发生了极大的影响，台湾报纸对他的一言一动都当做重要新闻，台湾读者闭上眼睛，都随时可以看见他的一张笑脸。

写作的人提起胡适，首先想到文学。胡适在台湾最重要的影响不在文学，在政治思想，他的精神、时间几乎都拿来宣扬民主自由。今天回想起来，胡先生对台湾文艺的发展好像不大关心……50年代台湾兴起反共文学，他没说话。他是主张创作自由的，他去世前，现代文学已经初展，争议已经出现，他也没什么表示。他开创中国的白话新诗，他在台湾也不谈诗。

胡先生的“忍”功了得，以他在新文学运动中的地位、以他竟能排除众声喧哗的诱惑，抵抗新闻记者的挖掘。

回想起来，胡先生鼓吹言论自由，不遗余力，文艺表现的自由就是言论自由的一部分。可是他从未这样说过，那时候，我们也没有这样的观念，我们总觉得他越来越跟文学不相干。1952年，胡适第一次回到台湾，这是大新闻，很多人自动到飞机场欢迎他。我当时在广播公司工作，也跟着采访记者赶到松山机场，还参加了他举行的记者招待会。那时都说他回来担任政府的职务，也有人说他要组织政党，新闻界对这两件事兴趣很大，他用太极拳应付过去。

终于有人问他对文艺运动的看法，他很认真地说，“文艺运动要由大作家领导”。这是他第一次谈到文艺，只有三言两语，那时我是个文艺青年，心里很纳闷，政府正在搞“反共文艺”，大作家正是被领导的对象，我不懂他是什么意思。终于有一天我明白了，他的看法是文学史的看法，“江山代有才人出，各领风骚五百年”。从他的角度看，台湾文艺运动的领导人恐怕要数张爱玲了。

1958 年，台北的“中国文艺协会”开大会，邀请胡适演讲，胡先生讲《人的文学》、《自由的文学》。演讲有现场录音，事后又记录成文字，有一段话他是这样说的：“政府对文艺采取完全放任的态度，我们的文艺作家应该完全感觉到海阔天空，完全自由，我们的体裁，我们的作风，我们用的材料，种种都是自由的，我们只有完全自由这一个方向。”“人的文学，不是非人的文学，要有人气，要有点儿人味，因为人是个人。”

这番话倒没引起任何争议，不过也没有发生多大影响。我倒是暗中纳闷，当年左翼作家打造意识形态，帮助中共发展，结果如此如此，他是怎样看待那一段历史的呢？

在《人的文学》演讲之前，他在文协有一次讲话……他引用外国通讯社的报道，女作家丁玲跪在文协的地板上擦地板。跪字吐音很重，声音也拉长，同时两只手做出擦地板的姿势，表情很悲怆。他是一个很理性的人，我听过他很多演讲，只有这一次看见他这样“柔情”。我想起他在北大授课的时候，走下讲台，亲手关上教室的一扇窗子，以免窗下的女同学着凉。

当时我也想到，作家擦地板乃是小事一桩，举此一例说明人没有尊严，他也太轻视劳动服务了，那些逼人投水上吊的花样为什么不说呢？

在《人的文学》演讲之后，胡适有一次讲话，说起当年他提倡文学改良，陈独秀把“改良”换成“革命”。他提到文学有生老病死，文言是死文学，白话是活文学。都是老生常谈，可是胡先生不管说多少遍，大家还是爱听，这是他的魅力，我没见过第二个人能和他相比。那次演讲，他特别提到他们对新文学创作“提倡有心，实行无力”，鲁迅和周作人创作有成就，他称赞了两句。那时台湾无人敢公开说出鲁迅的名字，而且鲁迅当年骂人也没饶了他，他“外举不避仇”，我感受到他的风范。

1959年，“中国广播公司”播出《红楼梦》，我跟胡先生有近距离的接触。播送《红楼梦》是曾虚白的构想，他做过“中国广播公司”代总经理，他在任的时候，“中国广播公司”条件不足，“拿不动”这个节目。1959年时机成熟，节目部主任邱楠着手实行，曾虚白虽然离开了“中广”，答应担任这个节目的顾问，全力支持。曾虚白的老太爷就是曾朴，《孽海花》的作者。曾先生和胡适熟识，他打电话给胡先生，请他担任这个节目的顾问，然后节目部主任邱楠带着我拜访胡适，那时“中广”还没推行“制作人制度”，开办新节目先由编审组作业，再送到导播组，我是承办编审。

胡适答应担任顾问，也同意邱主任提出的顾问名单：曾虚白、李辰冬（文学教授）、李宗侗（清史专家），他提议增聘史学教授吴相湘。“中广”在胡先生的主持下开了三次顾问会议，“胡适气氛”名不虚传，满室如沐春风。胡先生很热心，他在台湾很少实际参加文艺活动，这也许是唯一的一次。

第一次会议首先谈到《红楼梦》的版本，胡先生决定选用“程乙本”，乾隆五十七年（1792）程伟元刻印、高鹗修改过的本子，台北世界书局买得到，它的好处是语言比较浅显通俗，用听觉接受困难比较少。然后讨论应该原本照播还是加以删节？胡院长显示了他的科学训练、理性主义，他认为警幻仙子、太虚幻境可删，女娲补天、顽石转世必删，宝玉失玉和尚送玉也没有播出的必要，倒是色情“诲淫”的部分，他轻轻放过了。我在旁担任纪录，暗中非常惊讶，他甚至说，《红楼梦》有很多琐碎冗长的记述都可以删掉，只选有情节的章节播出。

会后立即到世界书局买书，我和导播崔小萍女士都得埋头苦读。然后我向邱主任请示，我问是否可以把《贾宝玉初试云雨情》、《贾天祥正照风月鉴》删掉？那时“性”是广播中的大忌，唯恐教坏了年轻人，他说可以。我问是否把大观园对对联、行酒令、作五言排律删掉？那时文言也是广播中的一忌，因为听不明白，他说可以。至于胡先生指出的“迷信”呢，邱主任说不能删。如果不删，我担心胡先生不高兴，他再说一遍“不能删”。

第二次顾问会议，我提出作业报告，胡听了一时没有反应，我心中很有歉意。邱问大家：有没有不该删、删错了的地方？大家默然，胡先生看了我一眼，很客气地说：“删掉的都是该删的！删掉的都是该删的！”言外之意，还有没删掉的也该删。一阵温暖涌上我的心头，他明白作业程序，我是个箭靶子，他不难为我。邱主任有准备，他说节目部按照胡先生的指示，选取《红楼梦》的精彩情节，另编二十个广播剧，总算把场面应付过去。会后消息公布，我接到高阳的电话，他那时正在热衷跟《红楼梦》有关的事，很想分担“二十个广播剧”的编剧。其实邱主任只是虚晃一枪，并未打算实行。

即使如此，朋友们对我胆敢到《红楼梦》头上动土还是一再讽刺，他们指着我说：“你是世界上权力最大的编辑。”

编审组还有一个计划，请各位顾问对听众发表广播演说，各人以不同的角度谈谈这部小说，其中有一个题目是“红楼梦的艺术价值”，预定由李辰冬教授担任。胡院长看到这个题目忽然提高了嗓门儿，他说《红楼梦》哪有艺术价值！他的理由是《红楼梦》没有 Plot，他说他住院检查身体健康的时候，朋友送他一本《基度山恩仇记》，这本小说有 Plot，好看，那才有艺术价值。据说这是胡博士一贯的见解，可是我不知道，那天听见了，更是惊诧莫名。《红楼梦》没有艺术价值？没有 Plot？字典上说 Plot 是“情节”，《红楼梦》没有“情节”？我再查别的字典，终于在梁实秋编的字典中查到 Plot 既是情节又是结构，还是“阴谋”。我后来知道 Plot 是西洋传来的东西，中国没有 Plots，但是有章法布局，那就是中国的结构，《西游记》、《镜花缘》、《儒林外史》都没有 Plot，但是都有结构，两者“不同”，但是不等于好坏。唉，这好像要批判胡适了，罪过！罪过！

然后《红楼梦》由办公室进入播音室，那就是崔导播总揽一切了。

选择版本是编审大事，选派角色是演播大事，林黛玉一角最受瞩目，白茜如和徐谦都是头牌青衣，互不相让，我认为白茜如声音宽厚，可以反映薛宝钗的性情气质，徐谦声音尖亮，才是林黛玉的人选。最后由听众投票决定，选票印在《中广通讯》上，这是节目部的宣传刊物，对外发行。名角各有群众，刊物抢购一空，统计两人票数，白茜如演林黛玉，徐谦演薛宝钗。“粉丝”投票，各为其主，艺术的考虑当然抛在一旁，至于五大顾问，会也开过了，照片也拍过了，新闻也发过了，也就顾而不问了。

胡适毕竟是胡适，他对台湾的文学还是发生了影响，例如他到台湾以后，大家用白话写应用文也仿佛成了风气。他在这方面没有言教，只有身教。他1952年回台湾的时候，台北的“中国文艺协会”摆队迎接，扯起巨幅布条，上面写的是：“适之先生，我们热烈的欢迎您！”那时候，事情一沾上胡适，大家就不好意思使用文言。我现在手边还有作家、名记者杨蔚的结婚启事，画家、小说家王蓝为他家老太太举行追思礼拜的通知，作家刘枋、朱白水主催联谊活动的公告，都是白话文。

胡适提倡白话绝不放弃任何机会，例如中国大陆掀起批判胡适的运动，胡适的儿子胡思杜站出来“大义灭亲”，外国通讯社发出电报，说胡思杜“没有缄默的自由”。在那种情况下，胡博士还有心情告诉中国记者，应该翻译成“没有不说话的自由”。

有一年胡适生日，文化界许多人到南港“中央研究院”给他祝寿，他亲笔写了一封道谢的信，影印了，寄信给每一个来宾。这封信开头第一句话就是“昨天小生日，惊动各位老朋友”。

“中央研究院”有一位工友，他的女儿读师范，毕业了，希望能在台北近郊某小学教书，就近照顾家庭，这件事很难办到，除非有大力人士介绍。这位工友写签呈要求院长帮忙，胡博士并不认识任何小学的校长，姑且照那工友的意思写了介绍信，也是毛笔、亲笔、大白话，那校长把信装在镜框里，挂在办公室的墙上。

用白话写应用文，老教授毛子水也曾响应实行，我想他是让内忧外患交迫中的胡适开心片刻。风气所被，那些年报上常有“我俩情投意合”一类的结婚启事，“我们的父亲某某先生”一类的讣闻。我认为寿序、祭文、奖状、贺词、褒扬令等等“仪式语言”才是文言最后的阵地，白话文何时能攻陷这座堡垒，才算竟其全功。

胡适到各地演讲，“美国之音”驻台北的单位都派人录音，早期的丁秉燧常在现场拉线安置麦克风，后来丁进“中广公司”主持猜谜晚会，才成为大明星。胡适的演讲录音大部分交给“中广”节目部一份，节目部交给我听一遍，我的任务是斟酌是否适合播出、或者摘一部分播出。我在工作中深受胡氏语言风格的熏陶，他使用排比、反复，抑扬顿挫，常使我含英咀华，他有些话含蓄委婉，依然震撼人心，他明白流畅而有回味。我只能跟他学叙事说理，学不到抒情写景，他毕竟只是广义的文学家。

投身广播，见证一页古早史

我应该是在 1950 年 9 月进入“中国广播公司”所辖的台湾广播电台工作，我说“应该”，因为我申请退休的时候，人事室查不到我的到职年月，要我自己填写，我没有用心推算，显然写错了。记得那年中秋，福利社发给每人一个月饼，我刚刚进来，福利名册上还没有我的名字，我的顶头上司资料室主任蒋颐替我争取到一份。中秋节总该在阳历的 9 月。几个月后，我调任编撰，迎头重任是参与制作“蒋总统”复职周年的庆祝节目，蒋氏 1949 年 3 月引退，1950 年复位，1951 年 3 月一周年，据此推算，我 1951 年 1 月或 2 月已经在编撰科了。

中秋福利只有“一个”月饼，可见那时台湾广播电台很穷。我们坐藤椅，用桌面有坑洞的桌子，领到有臭味的浆糊、有缺口的米达尺，后来调到楼上写稿，脚下踏着有弹性有声响的地板。伙食房长桌长凳，铝制的盘子凸凹不平，生了灰色的锈。男女合厕，日本人遗留的习俗，男生出入眼观鼻、鼻观心。上午有卫生纸可用，用完了，下午不再补充，因为总经理只有上午来办公。有一次某“立法委员”来发表广播演说，内急出恭，无法善后，只好掏出手帕来草草了事。

台湾广播电台的前身是日本“台北放送局”，抗战胜利由“中国广播公司”接收，“中国广播公司”前身是中央广播事业管理处，这个“中央”是国民党中央党部，“中广公司”是国民党的党营事业。那时撤退来台的“中央机关”都穷，“引退”后的蒋介石“总统”住在阳明山（那时还叫草山），连纱窗纱门都没装，魏景蒙去见他，他一面跟魏讲话一面用手掌打蚊子（后来魏先生做“中广”总经理，常要我纪录他口述的资料，其中有这一段秘闻）。“中广公司”从南京撤到台北，副总经理吴道一主持其事，他说那时没钱交电费，没钱发薪水，他想辞职，没人收他的辞呈。他依照国民党中央党部的口头指示，变卖带出来的发电机，渡过难关。

当时播音必须照文稿说话，文稿播出之后送资料室永久保管（电台由南京带来很多旧日剪报，上面有播音员播出之后的签字）。有一次外面倾盆大雨，播音员却要播报天气“晴”，那时台湾气象局每四小时发布气象报告一次，没有雷达，没有电脑，气象预报总有些阴差阳错，播音员明知预报失准，也不能更改。还有一次，采访记者赶写新闻，写到“女士”二字，“士”下面一横拉得太长，播音员播出来的是女“土”，电台也不能处罚。

广播如此依赖文稿，电台又没有雇用很多写手，编播人员只有到资料室找报纸杂志上登过的东西，填塞节目内容，资料室必须增添人手，我才有机会到电台工作。那时候我们都没有著作权观念，别人发表的作品拿来就用，后来保护著作权运动兴起，政府修正著作权法，成立著作权人协会，广播电台还是觉醒最晚配合最少的地方。

“中国广播公司”在南京成立时辖有电台三十九座，除了台湾六台、东北四台以外，都是中央广播事业管理处建造的，创业艰难，功不可没，所以管理处长吴道一虽然交出实权，改任公司副总经理，仍然终身受人尊敬。南京撤退时，许多机关首长只能带出几个左右亲信，若想搬运物资，员工反抗，码头工人拒绝装卸。吴道一能够拆运机器，连图书唱片剪报资料都能装箱上船。

当年广播任务简单，据“中广公司”海外组组长陈恩成博士一份报告说，当年各地建立电台，一律派工程师做台长，工程师建厂房，装机器，竖天线，雇两个年轻的女孩子，买一批唱片，订几份报纸杂志，就可以开播，对工程的投资高，对节目的投资低。我记得他强调中国广播事事都可以移用西洋现成的东西，唯有播出内容必须自己设计，语言风格必须自己形成，节目人才必须自己培养。后来“中广”庆祝成立四十周年，出版了吴道一著《中广四十年》一书，保存许多珍贵史料。书中记述，当年电台组织仅有技术、传音、事务三科，可以说为轻视“节目”提供证明。

你看轻节目，社会就看轻你。资深广播记者潘启元说，抗战胜利后他在南京中央广播电台跑新闻，申请加入南京记者公会，几番力争，公会勉强同意，他是全国广播记者加入记者公会的第一人。民本广播电台台长胡炯心说，内政部职业分类，广播列入“娱乐”，他这才知道自己是个跑马卖艺的。

来到台湾，广播突然十分重要。台湾使用日文五十年，马上改读中文，确有困难，听广播比较容易，政府想借广播普及知识，宣达政令，凝聚共识，此其一。中国大陆和台湾之间，一切交流的管道俱已严密封锁，唯有电波可以穿越海峡，深入内地，政府想借广播进行对大陆宣传，此其二。世界各重要国家都有专门机构收听外国广播，以便立即了解局势变化，国民政府想借广播打破孤立，争取友邦了解，此其三。有此三者，广播任务重大，层次提高，必须多方罗致节目人才，王大空、崔小萍、杨仲揆、王玫、白茜如、徐谦、还有我和骆仁逸，都在这种情势下分别就位。节目人员身价增高，导致节目和工程两大部门的长期摩擦。

台湾台的台长是工程师姚善辉，下设工程科、总务科、节目科，节目科之外又有播音科、新闻科，还有一个资料室，事实上播音和新闻都是节目工作，资料是为节目服务的，可是单从名称看不出组织系统来。我进电台的时候，省籍名人翁炳荣统率节目部门，增设编撰科。1951 年 3 月翁赴日本，邱楠接任，公司给他的名义是节目总编导，统摄新闻编撰、播音资料各科。不久台湾广播电台撤销，业务由“中国广播公司”直营，分设工程部、节目部、总务部，原台长姚善辉任工程部主任，原节目总编导邱楠任节目部主任。节目科升格为部，空间扩大，层级增多，下面设编审组、新闻组、播音组、资料组，眉目就清楚了。

那时无线电广播是新闻事业的尖端，却也是工程设备的幼年，但是对于我，一切都非常新奇。发音室冷气昼夜开放，为了使声音合乎标准，室内铺着很厚的地毯，挂着沉重的帷幕，窗子用整片玻璃镶成，内外两层，里面一层微微倾斜，以减少回音，伺候声音像伺候皇后。第一代录音机体积笨重，使用钢丝录音，必须由工程人员操作，节目人员使用录音机，必须工程部门批准，太尊贵了，可是它居然能保存声音反复重现，人定胜天，本是二次大战中研发的秘密武器，岂可视为等闲！唱片还是胶质，速度七十八转，有些沙声，硬脆易碎，怕压怕碰怕摔，那可是进口的奢侈品，送人一张唱片已是厚礼，电台唱片整箱整柜，工友经常捧着厚厚一叠上楼下楼。最不可思议的是，我每天写的文字都会变成声音，四方各地都有人专心收听，怎么可能？居然可能！

那时“中国广播公司”有全国知名的工程师冯简，据说机器故障播音中断的时候，他能坐在家中用电话指挥修复，无须亲临检查。南京时代有名的男播音梁栖，方面大耳，音质沉厚，播送政论文稿以声服人，走出发音室的时候满身大汗。重庆时代的女播音员刘若熙，美人迟暮，改调编辑，当年号称“重庆之莺”，与日本的“东京玫瑰”争鸣。想那1928年，全国没多少人见过收音机，中央广播事业管理处（“中广公司”的前身）训练了一批收音员，他们带着收音机前往各省，每天收听新闻节目和中央要人的演讲，纪录缮印，送到当地报馆发表，同时也制作壁报供大众阅览，当年的收音员，还有几位在“中广公司”担任行政工作。这些都是国民党光辉岁月中遗留的人物，后进置身其间，很能感受到历史的厚度。

资料室从南京带来一批图书，话剧剧本占很大的比例，曹禺、洪琛、郭沫若、陈白尘、李健吾、丁西林都有，出版日期都在抗战胜利以前，这些人是左翼作家，这些书是禁书，“中广”把它们运到台湾，也算是一批文物。那些著名的剧本，像曹禺的《日出》、《雷雨》等等，有人用铅笔勾点批注，哪个角色由哪个人演，哪个地方加入分场的音乐，分明是电台导播的作业，敢情中央广播事业管理处所辖的中央广播电台在节目中使用了这些剧本！我仿佛看见一群播音员挤在麦克风前伸长了脖子，共同使用一本书播出节目，那时节目制作如此因陋就简！今天严厉禁止的，正是昨天向各国播送的，“中央”的文化政策如此捉襟见肘！算得上是一个重大发现。

那时“中广公司”总经理董显光，国际宣传的教父，英美新闻界外交界的老朋友，为“中广”争取许多美援。他惯用英文批签呈，无为而治，一律OK，我从他的批示中第一次看到这个符号。有一次节目部签办一件事，送工程部会签，工程部提出相反的意见，董总批示OK。节目部只好和工程部联名再签，问总经理究竟OK了谁的意见，批示下来仍是OK。他娴熟国际社交礼仪，每天服装整齐，见了女同事就鞠躬，对我而言，新奇！

那时“中广公司”总经理是张道藩，“党国要人”，“领导国民政府的文艺运动”。他的作风不同，那时宣传政策由中央宣传部掌握，他轻易不说什么，倒是对行政事务的细节很注意监督。记得当年到新公园游览的人，往往沿着那条水泥小径误入电台，“总务部”特地在电台入口处左右竖立两根方形的柱子，示意这是电台的大门，又在右边柱子上制作“中国广播公司”大字招牌。张道公看见建造费用的账单，认为贵得离了谱，把负责人叫来“骂”了一顿。他私人写信从来不用公家的邮票，办私事也不坐公家的座车，对我而言也是新奇。

那时台湾电台的待遇很低，我调到编撰科以后，资料室添补新手，有一位小姐应征，她听见月薪只有两百二十元，变色而去，临别留言：“苏俄用农奴工奴，你们这里用文奴！”王大空任广播记者，工作表现优异，言谈诙谐有趣，有时却也愤然自语：“‘中广’！你有本事就饿死我！”只有我很满足，薪水加上稿费，我可以把弟弟妹妹零用金增加到每月五十元，一面计划如何迎养寄居台中的父亲。

那时兰陵王氏子弟多人从上海随上校爷爷撤退来台，分散在联勤各单位当兵，放假的日子，他们想到台北市逛逛大街，没钱买车票，没钱吃午饭，希望我接待。我到上海的那个把月，他们没人请我喝过一杯开水，我追慕上校爷爷县长爷爷的风范，不计前嫌，他们来找我，我奉上新台币二十元，天热可以吃红豆冰，口渴可以喝黑松汽水，饿了可以吃山东大馒头。那几年，我怎么也存不下一块钱。

台湾电台的外观优雅，看资料，这栋建筑由日本人栗山俊一设计，采用日本30年代流行的“帝国冠帽式建筑”，想当初是一栋漂亮的建筑。它位于公园一角，那占地七百一十五亩的绿地热带树林、露天音乐台、拱桥池塘（后来又有满园杜鹃花），仿佛是它的庭院。我们在楼上写稿，那时办公室尚未禁烟，同事作家骆仁逸常常把手臂伸到窗外“弹”掉烟灰，他说“我拿整座公园当烟灰缸”。日本把电台、法院、银行、外交宾馆都设在总督府周围，据说是表示对广播十分重视，电台虽在闹市中心，有了公园，也就闹中取静，躲掉多少尘嚣。“陈素卿殉情案”的男主角本是这家广播电台的编辑，殉情案发生后，女主角在感人至深的“遗书”中说，她常坐在公园喷水池边长椅上偷看男主角上班，我们读了遗书，也曾结伴来到新公园，坐在陈素卿坐过的地方瞻望这座小楼，那时我曾设想，谁能在这座小楼里办公真是一种幸福。我怎能知道它内部的诡谲骚动与外观的宁静幽雅恰成反比。

我听到老前辈讲古，抗战胜利，台湾光复，“中广公司”接收了这座电台，可是没办好产权转移。有人提醒经办人：现在实行“宪政”，有一天国民党不再执政，若是产权有问题，你就不能再使用这座房子了！那人听了大笑，他说怎么会有那一天！他万万没想到，后来本土意识高涨，还没等到政党轮替，房产就还给市政府了。

我由资料员调成编撰，座位靠近玻璃窗，凭窗下望，可以看见一条水泥小径由“总统府”前的大道分支，通往公园的出入口，看见少男少女一对恋人手牵手走过，看见新婚夫妇抱着小孩相互扶持走过，看见中年夫妻彼此保持三英尺的距离、孩子跟在后面走过。日复一日，听见仪队在“总统府”前奏乐降旗，年复一年，双十节，听见蒋介石“总统”在“总统府”前、公园旁边的广场阅兵。双十节本来放假，“中广”伺候“总统”的阅兵实况和国庆文告，节目工程的骨干人员照样上班，而且精神特别紧张。阅兵的时段内，公司大门外站着宪兵，楼上办公室站着穿中山装的内卫，玻璃窗关紧，我们都不可走近窗口。公司楼顶平台上由防空部队据守，架好高射机关枪。新奇之中隐隐有一丝恐惧。

这是一片新天新地，我可以脱去一层皮，换上一张脸，小心谨慎做个新人。

1951 年我调任编撰以后，“中国广播公司”尽力做政治宣传，当时的说法是“巩固领导中心”，“唤起同舟一命的危机感”，抗拒共产主义的扩张。节目内容时时宣扬蒋介石“总统”的伟大英明，国民党的历史光荣，时时抨击共产党革命谋略之诡异，统治手法之狠辣。1953 年，“中广”秉承中央党部旨意，负责制作“全国电台联播节目”，每天晚上 8 点到 8 点半播出（星期天延长到九点），“中广”发音，二十一家公营和民营电台同时转播，加紧“意志集中，力量集中”。

政治宣传节目的收听率很低，制作节目的人没有社会声望，节目的内容敏感，差之毫厘，失之千里，一言丧身，一字倾家，制作节目的风险很高，工作当前，人人缩手。他们欺我年轻新进，把这样重要的使命交给我这个资历最浅、待遇最低的人，我那时还有大头兵思想，任务分派下来，冒险犯难要去完成，听天由命也要去完成。我背后没有大官，左右没有帮派，袋中没有文凭，脑子里没有天才，每天以“傻小子”的姿态横冲直撞，跻人节目部的“三张王牌”，与王玫、王大空并列。

这个工作我做了许多年，积累了许多“没有用的经验”，但是经验可以转化，我的写作倒也因此有些长进。那时党方官方认为宣传就是“自外打进”，就是重复灌输，每一个政治主题都有陈腔滥调，可以反复使用，我曾告诉朋友：“只要学会五百句话就可以吃宣传饭。”那时每逢节日庆典，县市首长都要发表“告全县同胞书”，都在庆祝大会上演讲，秘书从档案里找出旧稿，稍加斟酌，县长拿去照念一遍。那时世界第二次大战结束未久，他们脑子里还存着戈培尔的一句话，“谎言千遍成真理”，他们没提防“真理千遍成空言”。

我那时年轻，不甘墨守成规，竟以在“小说组”修习所得，认为节目的宗旨不能变、技术可以变，主体不能变、角度可以变，内容不能变、修辞可以变。我拿政治节目做我的练习簿，小心实验。“蒋总统”“河山并寿日月同光”不能改变，“万寿无疆”不敢更换，每年此日我看会场和大街，看这四个字的大标语，它们的字体和颜色也年年照旧，远洋轮船沿着人家走过的航道行驶最安全。除此以外，我一个字一个字地改，一句话一句话地改，逢到植树节、青年节、体育节，我更可以放手放胆。我本来食古不化，小说组的同学给我起了个绰号叫“鼎公”，几年下来，我的作文渐渐化难为易，化古为今，化单调为多样，化严肃为平易。

大约是主办政治宣传的缘故，我常常看到“限阅”的文件。限阅是机密和公开之间的一个分类，这些文件可以给许多人看，但是并非所有的人都可以看，那年代新书难寻，报道评论千篇一律，这些文件别有洞天，对我的进境也有帮助。1952 年 10 月我读到一篇“奇文”，蒋介石“总统”主张用“爱”反共，他的训词里面有这样的警句：“爱是永远不会为恨所掩盖的，而且也只有爱，终于可以使恨得以消灭”。他说：“我们今日要召回我们民族的灵魂，提振我们爱的精神，以伦理为出发点，启发一般国民的父子之亲，兄弟之爱，推而至于邻里乡土之情，民族国家之爱，以提高国民对国对家对人对己的责任”。面对中国大陆，他宣示“我们要用爱去使他们觉醒，用爱去使他们坚定，用爱去使他们团结，让爱去交流，让爱去凝固，让爱结成整个民族的一体”。

我大吃一惊。1952年，正是蒋公“寒夜饮冰水，点滴在心头”的时候，正是他的心腹股肱高喊“对敌人仁慈就是对同志残忍”的时候，正是“仇匪恨匪”渐成军中教育主轴的时候，蒋公他老人家居然还有这个境界，这表示蒋公心中确有基督信仰（当然他并非“只有”基督信仰）。恰巧《广播杂志》催我写稿，我马上写了一篇《爱的宣传》表示响应，并加诠释。我说反共“要把人民受宰制的痛苦和大多数干部受里胁驱策的痛苦联在一起，想办法一齐解除，这就是爱，这就是悲天悯人。”我二十几岁能有这般见解，分明也出自基督教的熏陶。总编辑匡文炳看了我的文稿，沉吟有顷，他把训词原件要去查验了，然后发排。11月6日杂志出版，我打开一看，我的“回声”居然放在第一页社论的位置。

我觉得蒋公这篇训词非常重要，今天国民党力倡台湾和大陆和解共生，当年“爱”的训词更在意识形态上提供了基础。可是这篇训词当时无人转载，无人响应，后来无人引用，各种版本的蒋公言论集都没有收入，“爱的训词”究竟何时何地对何等人所发？我问过研究蒋总裁思想言行的专家，他也说不出话来。这篇训词竟然成了我的奇遇。

还有一些“无用的经验”终归无用，而今成了茶余酒后的笑谈，也算是“无用之用”了。50年代（还可以加上60、70年代），台湾的重大庆典都在10月：10月10日，双十节。10月25日，台湾光复节。10月31日，蒋介石“总统”诞辰。每一个日子都要高质量宣传，节前有酝酿，节后有余波，整个10月都在锣鼓喧天的气氛中。可是中华人民共和国的国庆偏偏定在10月1日！这一定是毛主席的杰作，他真是斗争天才。10月1日这天（甚至前一天）台湾媒体不能有任何喜乐庆贺的表示，广播节目不可祝寿庆生，不可开张剪彩，不可花落花开，不可否极泰来，快乐幸福的歌曲一律抽除，连气象报告播出“长江下游天气晴朗、台湾海峡乌云密布”，治安机关也要查究。这等于迎门一掌，黑巾蒙头，台湾10月庆典的光环都缩小了，光度也减弱了，节目气氛在技术上仍然可以做到兴奋热烈，工作人员在心理上总有戒慎恐惧强颜欢笑的感觉，这种感觉又必然影响节目中的真诚。

局促于大陆十一庆典的阴影之下，台湾媒体10月的禁忌特别多，衰老、死亡、病危、破产、高楼倒坍、孤岛漂流、王朝覆灭、大家庭的专制腐化，等等题材一律不可刊出或播出。尤其是“蒋总统”诞辰这天，副刊的连载小说必须重新审视，删去一切可供穿凿附会的意象、形容词或局部情节，如果事关小说的结构和未来发展无法删除，那就“续稿未到暂停一天”。副刊插图不许出现弧形和直线交叉，据说因为它好像是共产党的镰刀斧头，插图也不许有圆脸光头的人像，据说因为可能是毛泽东的造型。

每年双十节，蒋介石“总统”发表文告，“中广公司”照例要现场录音并向全球播出。有一年录音效果不佳，两个小段落听不清楚，上下大为紧张。检讨原因，50年代初期，麦克风的性能没有现在这样好，录音人员限于安全规定，必须和“总统”保持一定的距离，不能随时调整麦克风的角度。为了避免以后再发生同样的状况，“中广”特地引进一种新型麦克风，你可以称它为伏地式麦克风，一根长长的管子，下面装了脚架，麦克风可以穿越障碍，伸到离“总统”最近的地方，录音人员虽然站在较远的地方，仍然可以操控。工程部到现场装设摆放这些器材，当然经过安全人员的检查和许可，但是蒋介石“总统”望见了，他很不高兴，责问：“这是什么东西！”他大概觉得这玩艺儿太像一挺轻机枪吧，于是侍卫立即走过来拆除没收，事后再由总经理魏景蒙出面派人领回来。

1960年，蒋介石“总统”做满两任，他事先公开表示不再竞选连任。那时陈诚是“副总统”，国民党副总裁，还兼任“行政院长”，似乎是当然的接班人，胡适之、梅贻琦、蒋梦麟、王世杰纷纷站在陈诚一边，胡适还公开说：“陈先生可以做‘总统’”，陈诚也没有任何谦虚的表示。谁知蒋氏仍然做了第三任“总统”，他也仍然提名陈诚做“副总统”，选举揭晓的那天，“总统”照例发表演说由“中广”转播，“副总统”照例对“中广”记者发表简短谈话。播出之前，有关工作人员照例试听录音，陈诚第一句话竟是“今天本人当选‘中华民国第三届总统’”，中间少说了一个“副”字。从心理学角度看，陈诚的口误非常有趣，可是那天我们工作人员傻了眼，这怎么办！你必须播出“副总统”的谈话，可是绝对不能要求他再录一次。还是“中广”的名记者洪缙曾和资深工程师黄式贤本事大，两人闭门工作了两个小时，反复试验，好歹把错误掩饰过去。

有一年，某某电台报道“国民大会”开会的消息，有一句话是“美轮美奂的大会堂中间悬挂着‘总统’的肖像”，句子太长，播音时断句换气，说成了“悬挂着‘总统’”，引起惊扰。那时我代理编撰科长，一向注意长句之害，这一次更叮嘱撰稿同仁：“总统”之前切忌有任何动词。可是报馆的同业未能吸取教训，新闻稿说“全体同胞跟着‘总统’走”，那时还是活字平版印刷，同一部首的字容易拣错，加上校对疏忽，结果印成“踢着‘总统’走”

我在2007年写这篇文章，想到“经验总是没有用的”，因为走出去的脚步不会退回来，以前种种以后不再发生。谢天谢地，大江东去，经验如果还有用处，那就是“古今多少事，尽付笑谈中”。

特稿

往事杂忆：与宋恩荣谈晏阳初先生

秦宝雄

秦宝雄，1917年生于北京，美籍华人，早年就读于清华大学。1938年来美国入印第安那州普度大学，获电机工程学士和硕士双重学位。持有纽约州职业工程师（Licensed Professional Engineer）执照，获专利二十项，发表论文二十余篇。1986年从美国国际商业机器公司（简称IBM Corporation）高级顾问职位退休。现为国际乡村改造学院（I.I.R.R.）顾问。曾与前夫人颜彬生协助晏阳初先生推动国际乡村改造事业近半世纪。以下简称为“秦”。

宋恩荣，1937年生，中国教育科学研究院研究员，从事平民教育与乡村建设以及晏阳初、梁漱溟思想研究多年。曾主持“中国近现代教育家系列研究”（包含二十三部学术著作）、《日本侵华教育全史》等部委级重点课题。主要成果有《晏阳初教育思想研究》（合著）、《晏阳初及其平民教育与乡村建设》（日文版）、《晏阳初画传》（合著），主编《告语人民》、《晏阳初全集》、《晏阳初文集》、《梁漱溟教育文集》、《中华民国教育法规选编》等，发表有关论文近百篇。以下简称为“宋”。

宋：20 世纪前半叶，晏阳初（1890.10.26—1990.1.17）倡导平民教育和乡村建设，积极推行社会改革，是一位颇具影响的著名人士。他于 1916 年赴美留学，1918 年响应基督教青年会号召，奔赴第一次世界大战战场，到法国的华工营中，进行识字教育。1920 年回到中国，继续在市民、士兵、农民中开展平民教育识字运动。1926 年后，转向农村，先后以河北定县、湖南衡阳、四川巴县等地为基地进行乡村建设实验。由于他的杰出成就，1943 年，他与科学家爱因斯坦、哲学家杜威、汽车大王福特、卡通画家狄斯尼等人被评选为“现代世界最具革命性贡献伟人”。1950 年起，他离开祖国，把自己的事业推广至亚洲、非洲、拉丁美洲，在更为广阔的天地进行国际乡村改造运动。他的名字在中国逐渐淡出人们的视野，今天六十岁以下的中国人知道他的人已经绝少绝少。秦先生，请您谈谈您所知道的晏阳初，好吗？

秦：晏阳初先生是世界知名的乡村建设教育家。他在美国和第三世界国家知名度非常高，但在中国反倒低。

现在我举一个例：我在 Google 用中文名字搜寻关于陶行知（1891—1946）的材料，得到了两百五十六万条，用中文名字在 Google 搜寻关于梁漱溟（1893—1988）的材料，得到了一百一十六万条。陶是民主人士，1917 年从美国学成回国，即推动教育改良，包括乡村教育，前后共二十九年，为国内教育界所敬仰。梁是著名学者，在山东省邹平办乡村教育七年。

宋：梁先生的人类文化三路向说、东西文化比较学说、乡村建设论曾有相当影响。特别是 1953 年 9 月为农民仗义执言而遭到毛泽东的怒骂斥责，被批判斗争达三十年之久，更增强了他的社会影响。

秦：晏先生亲身从事乡村建设，在中国实干了三十年，以后在第三世界又实干了四十年，誉满全球，被公认为是世界乡村改造和平民教育之父。我在 Google 搜寻关于晏先生的材料。先用他中文名字，只搜出了六十七万条。与陶的两百五十六万条和梁的一百一十六万条来比，他在国内的声誉实在是太低了。我们细看他的一生，也许可以知道是什么道理。

设在北欧的诺贝尔奖，从 1901 年起开始颁奖，目的是表扬世界上多个领域的杰出人才。在自然科学方面，中国人获奖的不少。早年有杨振宁、李政道、丁肇中、李远哲，近年有朱棣文（现任美国国家能源部长）、崔琦、钱永健等。在“社会服务”领域中，中国人获奖的根本没有（有一个文学奖，有一个和平奖，都有很浓厚的政治色彩）。

在“个人为社会服务领域”里，有两个得奖的外国人值得一提。一个是德国的艾伯特 · 史怀则（Albert Schweitzer，1875—1965）。他早年在神学和音乐方面，均有杰出成就，后来决定去非洲做传教工作，所以先去学医。1913 年起，他到非洲偏僻的地方行医，还筹款建立医院。1952 年，他获得了诺贝尔和平奖。到 1960 年，设立了一个有五百张病床的医院。还有一位得奖的是信奉天主教的德兰修女（Mother Teresa，1910—1997），她在巴尔干半岛出生，十二岁决定成为天主教传教士，1931 至 1948 年在印度学校教书。由于她表现杰出，在 1965 年得到了罗马教皇的准许，建立了一个新的天主教分支“慈善的传教士”，专为贫困又无人照顾的平民服务。现在这样的组织，已经散布到世界各地。1979 年，她得到诺贝尔和平奖。

这两位诺贝尔和平奖获主，都有牺牲自己、舍身救人的精神，在世界上有相当的影响。可是他们的工作，只限于“救济”，而晏先生所推动的工作却是“发扬”：去发扬弱者和贫困者的力量，来改善他们自己的生活。我认为这是高人一等的办法。

晏先生在英语国家和第三世界，知名度非常高，用他英文名字（James Y. C. Yen）在谷歌上搜出了一千两百二十万条。但在欧洲，尤其是北欧，却没有得到他应该得到的认可。据我所知，美国多次有人向在北欧的诺贝尔和平奖的发奖组织提名晏阳初，可惜始终没有成功。

宋：秦先生您与晏阳初先生交谊近半个世纪，在当今世界您可以说是最了解晏先生的人了。您的前夫人颜彬生从上个世纪的 40 年代就成为晏先生的得力助手。可不可以请您回顾一下，你们和晏阳初先生最初认识的情形？

秦：我 1942 年在普度大学完成学业后，就去纽约州的通用电器公司（General Electric Company）做实习工程师。工作的地方斯城（Schenectady，NY），离纽约市很近。我在周末，常去纽约市，与其他的中国同学聚会，并乘机推动那时候学工程的同学，成立了一个“中国留美工程师协会”。

第一次开会的时候，选举了侯德榜（中国著名化学家，1890—1974）做会长，还有一位陈良辅（全国资源委员会在美国的代表）与我两人做副会长。我们那个时候经常有学术讨论会，并常邀请名人来演讲。1943 年抗日战争快要结束时，重庆政府派了二十多位知名人士到美国来，他们的任务是介绍中国艰苦抗战的情况，并且准备战后建设工作。我们工程师协会，乘机邀请了晏阳初先生和卢作孚先生（中国航运业巨子，1893—1952）给我们作报告。晏先生谈的是民主制度的问题。我们问他：“民主政治是一种新的观念，在中国推动民主制度，是不是会有很多困难？”我现在还清楚记得晏先生很有意思的回答，用骑自行车作比喻。他说：“骑自行车也是很不容易的事，但经过不断地摔跟头，就一定能学会的。”

我现在想，今天中国因为经济繁荣，骑自行车的人越来越少了，但是在民主制度上，恐怕还是在“摔跟头”的阶段吧。

宋：多年来您和前夫人颜彬生一起协助晏阳初先生工作，能谈谈这方面的情况吗？

秦：我过去的夫人颜彬生（1921—2002），跟我相依为伴，在一起共同生活了五十六年。她原来在上海圣约翰大学学土木工程，由于国际形势紧张，1941 年她父亲颜惠庆（资深外交家，1877—1950）就让她来美国读书。她去了康奈尔大学（Cornell University），还想继续读土木工程。可是发现美国大学土木工程系，根本不收女生，因为这个专业有田野工作，没有为女生服务的设备，所以她就改修了数学和物理。1943 年毕业后，到纽约州的通用电器公司做助理工程师，在实验室从事电磁研究工作。她所以能去通用电器公司做事，是因为那时正赶上 1941 年 12 月 7 日（在远东是 12 月 8 日）日本偷袭了珍珠港，太平洋上风云突变，美国急需人才。所以，在美国的中国学生，都有机会到美国工厂去工作。

她在通用电器公司一直做到 1945 年。不久，太平洋战事也结束了，她本准备回国，并且得到了南京政府资源委员会的聘书。可就在当她将离开通用电器公司的时候，公司的报纸上登出她要回国服务的消息，公司的总裁史沃普

1934年10月10至12日，定县，第二次乡村工作讨论会留影，左起：江问渔、梁漱溟、晏阳初、章元善、许仕廉。

(Gerald Swope，1872—1957）先生看见了，就找彬生去谈话。史沃普对她说：“现在你们中国有一个乡村建设的专家晏阳初正在美国捐款，罗致人才和购买物资，准备回中国大规模地推进乡村建设工作。”他还说：“我是晏阳初美国平教会理事会的理事，可以介绍你到晏的办公室去工作。”于是彬生就去了纽约市，到晏先生的办公室见他。晏先生对祖国乡村建设的一片赤诚，使她深受感动，就决定参加晏先生的工作。

那时候美国著名作家，1938年诺贝尔文学奖获得人，赛珍珠女士（Pearl S. Buck，1892—1973），也是晏先生在美国平教会的理事。她知道彬生在平教会工作，就给她写了一封很长的信，欢迎她参加这个组织，并说明这个工作的重要性。彬生1946年6月就开始到晏先生的机构工作，从打字员、书记开始，逐渐变成晏先生得力的助手，负责捐款、计划、管理等事情，成为纽约办事处主任。以后又升任为国际乡村改造学院（International Institute of Rural

Reconstruction，简称 I.I.R.R.）的副院长，及理事会的理事，总管多种项目和事务。1986 年她退休后，仍继任为 I.I.R.R. 理事会的理事，并接洽将晏先生的档案，全部移交给哥伦比亚大学保管。我也于同年，从 IBM 公司退休。此后，我们俩人就全力去推动晏先生乡村建设在中国的发展。一直到 2002 年彬生去世，后才终止。

从 1946 年到 1990 年晏先生去世，彬生和我就像是晏先生的家人一样。他们每逢节日和喜庆大事，都邀请我们一块儿庆祝。我们跟晏阳初先生和他的夫人、儿女，也有很多的来往。所以，我们不但对晏先生的工作和生活有相当的认识，和他们全家的人也有很深厚的感情。

宋：您自己协助晏先生具体的工作有哪些？

秦：我的帮助可以说是多方面的，第一，我尽力帮助彬生，使她能全力为晏先生服务。她多次去菲律宾帮助晏先生组织国际学员的训练，有三次，时间都在两个月以上，我那些时候就留在美国过单身的生活。

1985 年晏先生第一次回国之前，在他的二女儿华英家里，美国的西部亚利桑那州，开了一个会。参加的人除晏阳初外，还有前平教会定县公共卫生专家，刚从中国来美的陈志潜（1903—2000）、颜彬生和我，一起研究周谷城代表国家发来的欢迎晏先生回国的邀请函。大家认真读了信的内容，分析了国内形势，一致认为晏先生应该立刻回信接受邀请。给周谷城的回信，就是由我起草誊清，由晏先生签名发出的。

此外，我常为晏先生办些联络接洽的事情，比如去菲律宾、去南美洲，并多次回中国联络，都是由我自己出钱，从来没有花过国际乡村改造学院的钱。晏先生晚年的很多中文文稿也都是由我起草，经他审核，再代他书写。广西师范大学出版社宋恩荣编的《告语人民》，第 141 页起“乡村改造运动十大信条”，那里面的十条纲目，就是我从英文翻译成中文的。

宋：抗战时期，日寇进犯沪宁，国民政府西迁重庆，政府机关、文化机构、大专院校以及一大批文化人随迁重庆。中华平民教育促进会、中国乡村建设学

1943年，晏阳初荣列“现代世界最具革命性贡献十大名人”。

院也在歇马场的大磨滩落脚。1940年年底，晏阳初一家来到重庆北碚的歇马场，住进了白鹤林的“冯家洋房”。这套三层楼的洋房，是当地富豪冯敬敷于1930年所造，相当气派。许多著名人士曾先后在这里暂住，如王昆仑、曹孟君、翦伯赞、覃政、瞿菊农。晏阳初一家搬来后住在一楼，历史学家、哲学家侯外庐一家住在三楼。据侯外庐自传《韧的追求》一书说，两人虽说是楼上楼下的邻居，又都是一时之选的文化名人，但却“不曾有一次正面相遇的机会，不曾有过一回颔首之谊”。从《韧的追求》一书中看，侯外庐先生对晏阳初先生的“旁观印象”不佳，认为他的“生活标准、格调远离百姓”，且“拒人于千里之外”，也“不允许两家的孩子来往”，对生活窘迫的侯先生想在乡建院兼一点课的愿望置之不理。相比之下，晏夫人许雅丽（Alice Huie）却给当时的农民和住户留下了很好的印象。1941年夏天，白鹤林河水陡涨，一个农民不慎落水。晏夫人闻讯赶来，毫不犹豫跳进河水，救起了农民。侯外庐先生是我尊敬的乡贤长辈，山西平遥县人士，他的弟媳龚守静女士又是我同一个研究室的同事。晏阳初先生则是我几十年来悉心研究的人物，曾两度当面访谈，与他的后人和同事好友也多有结交。对他们两位的隔阂早有感觉，也自有判断。估计政治取向各异是一个原因，所谓“不同道者不为谋”。侯认为晏的理论和实践是“乌托邦”,只不过是“布施者构想的幻境”。晏则对侯的亲共倾向有所戒备。秦先生，您可不可以对晏先生的这方面情况谈些什么？

秦：侯外庐先生（1903—1987）是著名学者，在历史研究领域地位很高。早年在熟读马克斯《资本论》以后，1927 年，他二十四岁时在巴黎加入中国共产党。

我现在来回答侯先生对晏先生的评价和印象。“乌托邦”一词，通常用来指一种“无法实现的美好的理想社会”。晏先生的工作，三十年在国内，四十年在海外，成绩卓著。根据 I.I.R.R. 最近发表的 2010 年工作报告，全年工作收入有美金近五百万元。今天在亚洲有六个工作重点，非洲有八个工作重点，继续推动晏先生的乡村建设工作，怎能说是“乌托邦”？

相反地，众所周知，20 世纪前半叶在东欧建立的好几个政治体系才是货真价实的“乌托邦”，因为它们都已烟消云散，被扫到历史的垃圾箱里去了。

现在，让我来说说晏先生为人处世的方法和问题。晏先生的生活方式，主要是尽量适应环境。在定县时，他深入民间，虽并不住在茅屋里，也没有人说他脱离农民。在美国，他没有穿长袍布鞋，衣着是质量很好的西服，为的是便于与各界交往。他夫人出生和成长在美国，所以在生活方面，他们也有不同的习俗和需要，这些应该是可以理解的。

晏先生一生事业成功的要素，就是从青年时就树立为平民服务的决心。意志坚强，绝不通融，绝不妥协。做事如此，为人处世也是如此。有时候，这就会发生问题。

据我所知，他的高级助手，有几位就是出于这个原因先后离他而去。彬生和他如有不同看法，他就再三讲解一定要彬生口服心服。有很多次，彬生不得不按他的方法去做，但仍表示持有异议，他就会对彬生很不高兴。到了他晚年，I.I.R.R. 理事会觉得他办事方式不合时代，最后改选了约翰逊（James G. Johnson, Jr. 1915—2011）主持学院事务，在很不情愿情况下，晏先生把一部分

晏阳初夫妇与子女们。

职权交出。以后有短短一段时间，晏先生对彬生表示不满，觉得彬生没有在理事会上，为他据理力争，使他孤掌难鸣。但一下也就过去了。

他对家事也有问题。他和夫人对两个女儿的婚事，起先非常不赞成。最后她们只好不顾反对，径自进行了。他的两个孙女，福民的女儿，在美国读书时，住在纽约他家。他对她们的私生活、交朋友等事，也多有干预。

我认为他的一个长处是：每有挫折，都能控制情感，从大处着想。即使是晏夫人的突然去世，他也能处之泰然。也许这就是基督教精神的表现。

他对朋友和访客都非常客气友善。他夫人去世后，我和彬生去他家，如赶上吃饭时间，他一定会叫他的助手去附近饭馆买饭菜，留我们吃饭。

他对夫人许雅丽有西方血统这一点，非常敏感。在50年代，我们一次在他家闲聊。我随意说他的二女儿稍带棕色的头发，非常美观，他立刻去把台灯关了，表示不悦。他还极力避免暴露自己的弱点，晚年时一再叮嘱帮他办事的人，用粗笔写大字，可是却从不提及他视力的衰退。

宋：您能不能说一说晏夫人的事?

秦：我上面说过，晏先生为他的女儿有西方人的血统而感到敏感，其实这完全是不必要的，任何人看见过晏夫人或者是听到过她说话，就知道她有西方的血统，而且是在西方长大的。我对晏夫人有极好的印象，她为人忠厚，温和，在生活和事业方面都是百分之百地支持晏先生。

我现在再说说她家的事。她父亲许芹（Kin Huie，1854—1934）出生在广东台山。十四岁时跟随他的表兄一同从香港来到美国谋生，先是在人家做帮工，那时他每个礼拜随着他的雇主去做礼拜。1874 年，就在那个教堂受洗，成为基督徒。他的雇主和教堂的牧师认为他极为勤奋，而且天资很好，所以资助他到美国东部的大学去念书，毕业以后，又进入了一个神学院，学成后，他被派到纽约去做传教的事。他工作非常努力，并和一位荷兰移民的女儿在 1887 年结婚。三年后，用教友的捐款在曼哈顿哥伦比亚大学附近买地，建了一所教堂，由他主持，来做礼拜的人多半都是中国人。他热诚接待远来的中国访客，孙中山和王宠惠也在他家住过很久，在那里策划革命。

许芹和他的夫人一共生了三个儿子和六个女儿。三个儿子都和美国人结婚，留在美国，事业都还做得不错。六个女儿都嫁了来美国留学的中国学生，后来都回到了中国。这些留学生包括张福良、桂质庭和晏阳初，晏夫人是许芹的三女儿。许芹夫妇 1917 年退休后，就回中国定居。许芹 1934 年在北平去世，埋葬在本土。他的夫人回到美国，在 1944 年去世，埋葬的地方离我在纽约居住了五十三年的家，仅有咫尺之遥。

许芹的后人先后在美国和中国繁衍，他们有很强的家族观念，互通音信，保持联系。2006 年 8 月，许家后人在美国马里兰州开家族联欢会，从世界各地来到会的有两百多人，非常热闹。

宋：您能说说晏先生和晏夫人的生活吗？

秦：晏先生所以能活到一百岁，我认为和他的生活方式和人生目标有很大关系。晏先生和夫人深信基督教，他们的生活，完全遵照基督教规程，一丝不苟。晏先生有非常强烈的使命感，认为他的使命就是乡村建设。他和夫人的举止行动，必须要有利于完成这个使命。

他们的生活可以说是相当简单朴素。虽然居住在繁华的大都市，他们绝不赴社交性的宴会，不去跳舞，不打麻将，不打桥牌，也不做消遣的旅游。他非常注意身体健康，60至70年代，在纽约每天坚持走过三十几条街，步行去办公室，再步行回家。他注意养生，从60年代起，就每天吃多种维生素，家里的饭菜也都清淡而注重营养。

晏先生的生活习惯，很值得我们学习。他看书很仔细，看过的书空白的边缘常常有很多旁批和圈点。他每看到认为有意义的字句，就抄到小卡片上放到口袋里，时常拿出来温习，每遇演讲时就会非常自然地"引经据典"，产生极好效果。

晏先生的薪水，跟几位I.I.R.R.高级职员差不多，没有享受什么特权，也没有拿办公费。但因为生活节俭，开支很低，也稍有积蓄。根据他的遗嘱，全部给了乡村建设学院。

宋：抗战胜利后，晏阳初曾向美国高层呈献中国乡村建设的计划，获得总统杜鲁门的理解和支持。1948年4月，美国国会通过"援华法案"，其中规定"在总款项三亿三千八百万美元中，拨付百分之十以下的金额用于乡村建设事业"，俗称"晏阳初条款"。关于这件事，您知道哪些情节？美国两院以及社会许多著名人士支持晏阳初的事业，帮他游说总统和国务卿，依您看原因是什么？

秦：晏先生在美国的朋友很多，在各方面帮助他，出力最多的是美国最高法院大法官道格拉斯（William O. Douglas，1898—1990）。

道格拉斯在美国西部一个小城长大，家道贫寒，在哥伦比亚大学获得法律学位后，又先后在纽约几个律师事务所工作。最后在耶鲁大学做法学教授。1933年美国经济大恐慌时候，民主党开明的罗斯福总统（1882—1945）请他出来主持经济改革，由他建议并协助制订了很多管制银行的法案。

道格拉斯与罗斯福总统政见相同，私交甚密，常在下午 4 点工作后，进入白宫和总统及多位助理，一起谈笑。他会调制一种非常好的鸡尾酒（酒名叫马狄尼，Martini），很受在座人的欢迎。1939 年，罗斯福总统推荐他做最高法院的大法官。那是个终身职位，所以他在大法官的任上做了三十六年又两百零九天，是美国历史上在任时间最长的大法官。道格拉斯的思想非常先进。他的行为和所判的案子，和民主党内思想保守的，以及更为保守的共和党人，简直是格格不入。

1940 年，罗斯福总统被民主党提名做第四任总统的候选人。那是美国历史上的第一次，也是最后的一次有总统在两任以后再连任（现在法律限制总统任期不得超过两任）。当时传说，道格拉斯是罗斯福预定的副总统候选人。可是民主党内保守派的势力太大了，最后选择杜鲁门（1884—1972）成为罗斯福的副总统候选人。罗斯福就任后，做了八十二天就去世了。杜鲁门就由副总统成升为总统。但是罗斯福生前和杜鲁门非常疏远，很多重要的事，如将要完成的原子弹、二战结束后的和平计划，罗斯福都没有告诉杜鲁门。

在内地一个小城开服装店出身的杜鲁门，和道格拉斯相处很好。1944 年，道格拉斯认识了晏阳初，非常赞成晏阳初的工作，两人成了好友。他对晏先生在美国的活动，多方面给予帮助。美国国会通过的援华法案，规定有百分之十交给晏先生做乡村工作，就是由道格拉斯极力推动的。

以后在新中国成立时（1949），晏先生和卢作孚想扭转乾坤，使新政府脱离苏联的控制，转而与美国友善，接受美国援助，也是由道格拉斯牵线的。可是中共决定要一面倒，所以没有成功。道格拉斯不但在美国政府方面给晏帮了很多忙，而且还给晏先生的机构做义务律师。50 年代在美国成立的平教会职工福利社的组织法，就是由他起草的。这个福利社在 80 年代，由晏主动叫颜彬生和陈志潜，找到了过去为平教会服务过的职工，每人或家人，发给了一笔福利金。

宋：还有一些其他的美国朋友在帮助晏阳初先生吧？

秦：是的。美国总统罗斯福夫人爱兰娜（Anna Eleanor Roosevelt，1884—

1962）在50年代也是晏先生在美国平教会的理事。我几次有机会和她谈话，觉得她非常坦直和善。第二次世界大战时，罗斯福总统因为在三十九岁时（1921年）就得了小儿麻痹症，行动不便，所以总统夫人就代他到各地访问，调查民间疾苦，鼓励战时情绪，极为人民爱护。

谈到1943年2月蒋夫人（宋美龄，1897—2003）访美住在白宫的事，她说蒋夫人需要丝绸做的床单，可是白宫没有这样豪华的设备。她还说，蒋家有一位小姐穿着男装走来走去，罗总统好几次错叫她为年轻人（young man）。我就告诉她那位是孔祥熙的二小姐，孔令俊。

杜鲁门总统因为有道格拉斯沟通，起先对国民政府是支持的，后来发生了一件事，杜鲁门和蒋政府开始失和，这个缘故我是知道的。

从副总统升任总统杜鲁门做了将近四年，转眼就到了1948年的大选。杜鲁门很多的措施，引起了争论，与他竞选的又是名声甚高的共和党的托马斯·杜威（Thomas E. Dewey，1902—1971）。当时所有的民意测验，和一般政论家的推测，都说杜鲁门没有希望再当选。

1948年夏天，蒋介石的亲信陈立夫（1900—2001）来到纽约，我和哥哥秦宝同去陈住的旅馆拜望他们夫妇。我们到的时候，陈正在读一份中文的报纸。他放下报纸，就摇头叹息，好像是不满意报上记载的国民政府的一项措施。以后外间传说，国民政府也相信了一般人的预测，认为杜威一定会当选，所以给了杜威一笔很大的赞助金。这笔钱，据说是美金五万元，就是由陈立夫送来的。（我认为那是很大的错误，应该两边都给钱）

选举的那天，杜鲁门投票以后就回到旅馆休息。第二天，他清早起来出去散步，满街都有号外说杜威已经当选。杜鲁门回到旅馆打开无线电，才知道杜威最后票数不够，自己当选连任。原因是城市的选票，在选举那天很早就清点完毕公布。而乡村的选票，需要较长的时间，常要在次日清晨才能数清报出。由于乡村的选民，多数支持杜鲁门，所以他就后来居上了。以后杜鲁门对蒋介石政府的态度，明显地很受蒋在竞选时捐款给杜威的影响。

宋：还有别人吗？

秦：您主编的《告语人民》一书的第306页，提到了福莱特·菲尔德

(Fred Field，1905—2002)。这人是 19 世纪美国首富范特皮尔德（Cornelius Vanderbilt，1794—1877）家族的后代。承袭了亿万家产的菲尔德，年轻时就是一位思想左倾的活动家。他在哈佛大学做学生时，是学生刊物的主编。以后又去伦敦经济学院，学习有先进思想的各种经济理论。1928 年，当他在美国太平洋关系学社（Institute of Pacific Relations）工作时，结识了晏先生，很赞赏晏先生的工作，就义务为晏先生服务了九个月。他帮助晏先生安排访问各界人物，办理旅行手续等事，成为晏的得力助手，还去定县参观过。后来他大概是觉得晏先生的工作，不是他想像那样“前进”，所以又去加入了共产党。“麦卡锡主义时代”，他逃到墨西躲避，到 1981 年回美。

《告语人民》第 306 页，还提到一位奥女士，其实是晏的英文秘书金淑英(Ellie Auchincloss,这位女士的生年月日不详)。她家和美国总统肯尼迪(John F. Kennedy ，1917—1963）夫人有亲戚关系，在上层社会地位很高。金淑英 1929 年去定县工作了六年。回国后和一位律师结婚，丈夫以后成为一位州长。晏先生在美国定居以后，金淑英还常与晏先生夫妇有来往。后来金淑英设立了一个为社会服务的基金会，并且还继续为晏的工作捐款和做宣传。

50 至 70 年代，美国朝野有很多人同情台湾的国民政府。在国会里，有一个六十多个议员的非正式组织，被称为“中国集团”(China Lobby)。其中有众议院的周以德（Walter Judd，1898—1994)，曾在中国山西做过传教士。还有加州选出的参议员诺兰德（William F. Knowland ，1908—1974)。诺兰德对台湾非常友善，处处帮忙，甚至被人称为“台湾省参议员”。由于晏先生在 1949 年以后与台湾的国民党政府很少来往，所以与“中国集团”成员也很疏远。

还有一位大名鼎鼎的埃德加 ·斯诺（Edgar Snow，1905—1972)。这位先生早年在密苏里大学新闻系就读，但是没有毕业，就去纽约炒股票，赚了不少钱。在 1928 年美国股票大跌以前，他就把股票都卖掉了，去周游世界。那年他到中国就留下了，一直待到 1941 年。

到中国后，他就任欧美几家报社驻华记者、通讯员。他起先支持蒋介石的国民政府。他说蒋介石政府任用了好多哈佛大学毕业生，比美国罗斯福总统任用的哈佛大学毕业生还要多。这个观察是不错的，30 年代哈佛毕业的宋子

1951 年，晏阳初和赛珍珠（戴帽者）、查尔士 · P. 塔夫特（左五）、德维特 · 华莱士（右三），在国际平民教育运动促进委员会会议上。

文（1894—1971）主持国民政府财政时，把中国的哈佛毕业生，几乎罗致殆尽。我哈佛毕业的父亲秦汾（1887—1973）就是在 1930 年经宋邀请，放弃了北京大学天文数学教授的十五年粉笔生涯，到南京财政部作会计司司长。

1933 年斯诺移居北京，在燕京大学新闻系任讲师。并去河北省定县，参观了晏先生的工作。回来后在美国《纽约星期日先驱论坛报》上发表了《唤醒中国的民众》一文，高度赞扬晏阳初的乡村建设实验工作。

1936 年 6 月，斯诺访问陕甘宁边区，会见了很多共产党的要员，写了大量通讯报道，成为第一个采访红区的西方记者。他 1937 年在伦敦出版了《西行漫记》（*Red Star Over China*），报告那次访问的详情，就此一举成名。

抗日战争爆发后，1942 年他离开了中国回到美国。在 50 年代，麦卡锡主义泛滥之时，受到美国政府种种的压迫，1959 年就举家移居到瑞士日内瓦。新中国成立后，曾三次（1960，1964，1970）赴华访问。1971 年，美国总统尼克松（Richard M. Nixon，1913—1994）有意和新中国建交，派人和斯诺谈话，并请他去牵线。1972年，尼克松去北京进行历史性访问前夕，斯诺就去世了，未能见到中美正式建交。他夫人遵照遗愿，将他一部分骨灰葬在北京大学未名湖畔。

宋：您提到麦卡锡主义，我知道像赛珍珠女士就曾深受其害。她写的小说《大地》（*The Good Earth*），"因其对中国农民生活丰富而真实的史诗般描写"，而荣获1938年诺贝尔文学奖。同时，也由于她的超阶级超种族立场，以及对中国抗战和乡村建设事业的支持而受到非难和打击。她与菲尔德、斯诺这样和中国有过关系的人，都受到麦卡锡主义的迫害。关于麦卡锡主义，您能做一简单介绍吗？

秦：1950年，美苏冷战已经开始，中国成了共产国家，美国上下都非常惊讶，觉得那是因为美国政府受了内部共产阴谋而造成的。麦卡锡（Joseph McCarthy，1908—1957）那时是参议院的共和党议员。1952年2月，他在演说时说美国国务院（外交部）有五十七个共产党员，一时举国哗然。以后国会就开始调查，叫了很多国务院官员来问话。麦卡锡先只提出了几个名字，以后说可能有两百零五个人，语气十分含糊。国会调查的范围逐渐扩大，波及很多政府、电影、文化、艺术、学术各界有进步思想或者和中国沾一点关系的人，拷问他们是不是共产党员，还强迫他们举报别人。各种骚扰，搞了两年，才告平息。这时期，就被称为"麦卡锡主义时期"（McCarthyism Period，1952—1955）。

宋：过去的几十年中，您和晏阳初的子女接触较多，能谈谈他们的情况吗？其中长子晏振东、次子晏新民40年代都在美国留学，后来相继回国。据说他们在回国这一问题上，和父亲的意见并不一致。您能谈谈您所了解的晏先生和他家人的关系吗？

秦：每个人都是非常复杂的，不要说旁人不了解他，就是他本人，也不见得能够完全了解自己。外人去观察，也只是用观察者有色的眼镜，做一种片面的推测而已。现在世界上还活着的人中，我可以说是知道晏先生家庭还相当清楚的，但是也不敢说真正了解他们。

先说振东和新民。二子新民沉默寡言，不大说话，我不太认识他。长子振东是一个非常诚实的人。他在美国大学毕业以后，我介绍他去做一些工作，包括把纽约图书馆捐赠的旧版书，包装运回中国。他那个时候有两个毛病。一个是白天要睡觉，工作时常困得不行。还有一个毛病是直言不讳——这也许是毛病，也许是美德。有一次我们一起在史沃普家吃饭，他要求史沃普夫人把耳朵上戴的助听器拿下来，给他试听一下。这在美国是很不礼貌的，但是他觉得这样做是很正当的。他心里想要怎么样做，就怎么样做。

振东和新民那时候认为只有共产主义可以救中国，才可以解决中国的一切问题。1949 年，美国移民局问振东对中国政局变化的观感，他说他认为共产是最好的制度，美国也应该采用。您想，这种话能够跟美国移民局讲吗?

当晏先生向他两个儿子解释他自己工作的重要和他对中国政局的想法后，他们齐声说："你的办法是不行的！我们要在共产党领导下的新中国，去为人民服务！"在这种情况下，晏先生无奈就只好帮他们在 1950 年回国去了。

三十年以后，我和彬生每次到北京时都会去看望振东和新民。他们两人一片赤诚回归祖国为人民服务，但经历了种种政治运动和空前浩劫的磨难以后，都罹患痼疾，身体衰弱，生活也非常清苦。我每想到这事，不禁怅惋不已。

在他的三个儿子中，晏阳初期望最高的是小儿子福民。1949 年以前福民已经是北平激进学生的领袖，投身中共领导的反对独裁实行民主的斗争。1949 年后当选为最年轻的政协委员，成为国家体育运动委员会的高级干部。"文化大革命"期间他因惨遭迫害卧轨自杀。有很长一段时间，家里人没有向晏先生讲福民的实情。1984 年，晏先生接福民的两个女儿，小青和小谊，去菲律宾学英文，她们经不住晏先生不断追问，只得说出实情，晏先生悲伤不已。

晏先生的两个女儿，群英和华英，40 年代来美读书，就居留下来了。姐姐群英与丈夫刁开义（土木工程师），结婚后就住在我家不远的地方，和我们过从甚密。他们有两个儿子，现都在商业界做事。妹妹华英嫁给一个华侨后裔邓新贤（Robert Hing），一直住在亚利桑那州。他是哈佛毕业的律师兼营地产，非常成功。他们有六个女儿和一个儿子，全家大小已有二十多人。

宋：能谈谈洛克菲勒家族和晏阳初的关系吗？

秦：给晏先生捐款最多的是美国两个家族：一个是美国石油大王洛克菲勒一世家族（John D. Rockefeller Sr.，1839—1937）。另外一个家族是华莱士夫妇（Dewitt Wallace and Lila Acheson Wallace）。

石油大王一世在19世纪末叶，以垄断石油生产及运输工具即铁路，发了大财，成为美国首富。他起先住在美国东部克利弗兰城，后来搬到纽约市近郊的小村庄（Pocantico Hills）。他在那里造了宫殿式的住宅，还买了很多的地。总共加起来有六千英亩，也就是等于中国的三万六千亩，他家族的人都住在一个有围墙的地区里。

我很幸运1953年在洛氏家园旁边买了小小的一英亩地，那里树深林密，前面有石墙可将街道和住房挡开，后山有一道小溪清水常流。我请一位哈佛大学建筑系的教授，给我设计了一个小小的有东方风味木制平顶的玻璃住宅，隐藏在枫树叶中。造好后，我和夫人颜彬生在1953年10月搬到那个小屋（以后又稍加扩充），蛰居了半个世纪。和洛氏家人，既是邻居，故也稍有交往。

晏先生大概是在1927年被洛克菲勒二世（John D. Rockefeller, Jr.，1874—1960）邀请去他家在北方的一个别墅去度假，与三世的几兄弟一起打网球，洛克菲勒二世是独生子，负责家族慈善事业。他1928年给晏先生的定县实验区捐了十万美元，是晏先生捐款目标五十万美元的五分之一。以后洛氏家族通过几个不同的基金会，不断资助晏先生的工作。

洛克菲勒二世一共有六个子女（一个女儿和五个儿子），他们就是洛克菲勒三世。这几个兄弟与晏先生关系较好的是第二个儿子纳尔逊（Nelson Rockefeller，1908—1979），和最小的弟弟大卫（David Rockefeller，1915）。二战以后纳尔逊想要开发南美洲北岸的委内瑞拉国（Venezuela）与晏先生频频商讨各种开发落后国家的办法，过从甚密。以后纳尔孙转入仕途，做了纽约州长和国家副总统，与晏先生的关系就渐渐疏远了。小弟弟大卫是管理银行的。1983年晏先生九十三岁大寿的庆祝会，就是颜彬生和大卫的部下协同办理的。那个庆祝会，是在纽约市联合国的大厅举行的。我那时也在场，听到大卫介绍晏先生时，用说笑话的语气说："……晏先生把我家二世和三世的钱捐去不少，

某次乡村工作讨论会后的合影，前排左一为梁漱溟，前排右二为晏阳初。

恐怕我们的四世和五世，也要遭受同样的命运……”

我还要说的是美国华莱士夫妇（Dewitt Wallace，1889—1981；Lila Acheson Wallace，1889—1984）。他们自从1944年认识晏先生以后，就开始帮助晏先生的乡村建设工作，做经济上支持，终生不渝。

他们夫妇二人在1922年独资倡办了《读者文摘》杂志（*Reader's Digest*）。杂志的内容是精选全国在其他报纸或杂志已经发表的有意义和价值的文章，把它们简化摘要登出来，介绍给广大群众。这个杂志在很短的时间内就风行全美国，成了销路最广的杂志，以后并出版了其他文字的版本，散布到全球。他们二人就成了出版界的巨人，在政治上也有举足轻重的影响，生活也非常富裕。

华莱士夫妇在1944年认识了晏先生之后，很惊奇地发现了一个志同道合的知己。他们认为晏先生的识字教育和乡村建设运动，和他们要推动的大众教育是异曲同工，所以对晏先生的工作非常赞同，在经济和宣扬方面给予大力支持。值得大书特书的是华莱士夫妇在1963—1964年举办了三次午餐会，邀请工商界的朋友为晏先生捐款，得到了超过百万美元的资助。这笔款被 I.I.R.R. 用来在菲律宾建设大规模的校舍，招待各国来的朋友和受训学员，这都是他们捐款的功劳。

宋：您认为晏阳初事业成功的原因有哪些？

秦：晏先生之所以能推动中国乃至世界的乡村建设事业的发展，最重要的一个原因是：他有天赋的推销能力和捐款能力，尤其表现在和美国商业界的领袖人物打交道上。这些人本身就是具有超级推销能力的高手，所以毕然也就是抵御推销能力非常低的人。每当他们听了晏先生铿锵动听有声有色的工作报告，和前途似锦无限光明的未来计划，马上就会纷纷解囊。美国芝加哥大学校长赫卿斯（Robert Hutchins，1889—1977），曾开玩笑地说："晏先生有个强有力的真空吸尘器，能很容易地从听众的口袋里把钱都吸出来。"晏先生也常说："有'贝'之财易得，无'贝'之才难求。"意思是对他来说，找钱不是太难的事。

宋：秦先生，您已经从好几个侧面回忆了晏阳初先生和他的人际关系，最后您能不能对晏先生这个人物做一个简单的总体概括？或者对他的成就谈一点感想。

秦：晏先生是 20 世纪世界上乡村建设理论的最高权威，和最成功的实践者。他一生的成就，您已有好几本书和很多篇文章发表，我就不在这里重复。我只想强调晏先生改造乡村的方法是基于普世价值，尊重人权，尊重农民，是和平的，是民主的。

晏先生常说自己没有超人的才智和特殊的能力，这是谦虚的话。我认为他不但有高度的才智，超凡的魅力，流利的英语，绅士的风度，更有一种灵性能透视和运用人际，环境，时机，种种明显或隐藏的关系。加上他坚定不移的目标，勇往直前的干劲，和与上层社会人物交往的能力，所以就无往而不胜了。

晏先生在 1950 年，得知中国新政权已经明令取缔了他创办的中华平民教育促进会和中国乡村建设学院，彻底否定并摧垮了他过去的事业，他就毅然决然地放弃了在中国奋斗了三十年的成果，开始转向第三世界国家继续他的乡村建设工作，在海外又奋斗了四十年。

晏夫人是他终身忠实的伙伴，在事业和家庭方面，全面支持他，这也是他成功的一个要素。他的五个子女因为环境关系没有一个能为他出力，使他很为失望。

晏阳初是一个胸怀天下的世界公民，同时还是一个心系中华的爱国志士。叶落应该归根，历经风霜享誉全球的乡村教育家晏阳初在九十岁以后又两次回到祖国观光和考察，希望还能有所贡献。虽然得到隆重的礼遇，但是他为祖国再尽绵薄的愿望却没有得到积极的响应。今天，1930 年以后出生的人几乎没有听到过晏阳初这个名字。他的辉煌成就，在祖国现今的社会被认为无足轻重，所以他的名字也就渐渐地“被消失”了。

但是我相信随着各种媒介的传播宣扬，和有识之士的研究探讨，越来越多的人对晏先生会有深入的了解，他在中国的声誉一定会渐渐升高，他所推行的乡村建设的方法也一定会渐渐在中国被采用。

我更相信晏阳初先生在世界教育史上，会是永垂不朽名传千古的。

附记：北京师范大学的研究生杨燕、张睦楚、王浩在把录音输入为电子版文稿过程中给予协助，谨表谢忱。

记 忆

身历朝战与越战：一位美军退役上校的讲述

郑凯梅采访 郑菁整理

2011 年 2 月，美国陆军退役上校，一个标准的美国鹰派军人，西点军校毕业生，前巴黎和平谈判美国军方代表，陆军部长财务参谋，前美国铁路总局财务总监查理 ·黑沃特走完他光彩的一生，在弗吉尼亚州的牧场家中去世，享年八十四岁。

笔者的堂姐夫唐纳德 ·詹金斯（后面简称为“唐”），是这位退役上校的表弟。于是，笔者的堂姐郑凯梅（美籍华人作家）有幸于 2002 年和 2005 年对这位神奇的美军上校作了采访，下面就是她所记录的一些鲜为人知的故事。

出身寒门

我确实很好奇，查理这个出身贫寒的农民儿子，是怎么走进西点军校，怎么经历这坎坷的从朝鲜战场到越南战场，又直到巴黎和会美国军方代表的仕途的呢?

在我一再追问下，查理慢慢地从书架上拿下并翻开他发黄的相册，看着他详细叙述一张张照片中的历史：他的父亲，他的母亲，他的祖辈等等，还有他高中的生活。随着查理打开他记忆的阀门，展现在我们面前的是以查理一家人作为故事的主角的上世纪美国军队参加第一次世界大战、第二次世界大战、朝鲜战争和越南战争的连续画面。在查理的相册里，有他和他妹妹穿着第一次世界大战美军军服的照片，有查理穿二战军装在欧洲战场的照片，他在西点军校穿军校双排扣军装的照片，有他在朝鲜战场坦克前的留影，有他在越南穿着迷彩服的照片，还有晋升上校时的雄姿。他雄赳赳气昂昂的，说话有声有色、有板有眼，很有美国高级军官的风度。

查理出生于1927年5月30日。他母亲说，那一天，正好是美国著名飞行家林·勃格第一次驾驶飞机跨越大西洋的一天。查理在十八岁前一直生活在麻省东部安多闻镇的一个农庄里。他的祖辈在这里生存了二百年。黑沃特家是1633年从英格兰移民到美洲大陆的，到30年代他们在美国已经生活三百年了。

黑沃特家族的祖辈确实比其他移民要殷实些，当其他移民在19世纪被迫向美国西部迁徙开发荒地的时候，黑沃特家人在麻省的安多闻扎下了根，并且以农耕为生。查理说："我的手里现在有一张遗嘱，这个老祖先给他的十六个孩子留下一共三万美金。在1802年，这是一笔巨款，分给了十六个孩子虽然每人没有多少了，但足够他们安安稳稳地生活。但是财富还是随着岁月的流逝而消失了。"

查理的父亲十三岁时，查理祖父去世了。查理的父亲因为学校离家远而且他是这条路上唯一的孩子，镇上的校车不给停车，所以他连一天正规学校都没有上过。查理父亲的文化都是他的母亲和姐姐教授给他的。

查理的父亲做过电话公司的线路员，后来应征入伍参加了第一次世界大战到法国去作战。战后回来在一家电路公司工作。他同家中领养的女孩结婚后，在查理上高中的时候，他的父亲四十多岁就去世了。

父亲去世后，查理一边打工一边上学。他从小聪明好学，到高中毕业时已经名列前茅。他回忆道：

"那时麻省盛产苹果，到秋收时，只要你能把地上的苹果捡起来装筐，你就能赚工资了。有一次，我给一个银行家的院子里剪草坪，大概一小时五十美分，就算高工资了，四十八小时就是二十四美元。"

二战爆发后，美国实行强制征兵制。

"那时候年轻人在上高中的时候就打算自己适龄后怎么办？如果我们坐等征兵，那么到十八岁时就回去当兵，这是毫无疑问的。征兵委员会就将决定你的命运，把你送去前线当步兵。

“所以在 1944 年秋天，空军来我们的学校招收飞行员的时候，我与十几个同学一起报名参加了考试，主要是数理化一类的考试。我通过了考试，而且也通过了体检。这样当我满十八岁半的时候我就将去空军服役。1944 年 10 月 26 日，当我举起右手宣誓的时候，我已经是美国军队的一员了。”

1945 年的春天，查理上了高三，二战已经接近尾声。空军认为他们已经有足够的飞行员执行任务了，让查理他们这些预备军人自行选择，既可以继续留在空军从事地勤也可以复员回家当平民。查理和许多同学选择了前者。同时，查理还作出一个决定：申请就读西点军校！

考入西点军校

“我在上高中前夕，有一个很优秀的辅导员，他是从耶鲁大学毕业的。他跟我谈过上大学的事情，就我们家的经济状况，我是上不起大学的。但是，他对我说，美国政府有一个很好的鼓励征兵的政策，就是给那些为国应征的军人免费上大学机会，并给他们便宜的住房贷款等等福利。”

这样查理在高中毕业之后参加了空军，并且一面与本州的参议员联系，希望在参议员的推荐下报考西点军校，因为这是美国西点军校招生的规定：只有考生所在州的参议员经过考察认可的优秀人才，经过他推荐才能报考西点军校。

查理当兵的那天，正好是美国在日本投下第一颗原子弹的日子。没多久日本投降，二战就结束了。但是，不等于查理为国家服务的义务解除了。查理像二战时期的其他士兵一样，乘船跨海到达了法国，后来到了德国。在美国驻德国一个空军基地干了几个月地勤。

“我一路坐火车经过许多地方，这些地方的名字对我来说都很熟悉，因为我父亲第一次世界大战的时候都来过这些地方。什么梅斯城、凡尔登……啊，我父亲都常常说起这些地名，甚至我们在法国铁路上乘坐的运兵闷罐子列车也是和一次大战时期的一样，上面标着可以装四十人或者八匹马。行驶很慢，车门还经常震开。”

查理在德国期间接到西点军校报名的批准文件，并且军方给所有报考西点军校的士兵一段复习时间准备考试。这时，查理搭军车来到巴黎待命。

我问："巴黎是个什么样子，当时？"

他说："巴黎是个开放的城市，盟军没有轰炸它。希特勒命令巴黎的指挥官在撤退前摧毁巴黎，但他没有执行。希特勒想把巴黎变成废墟。这个没有执行命令的将军后来保全了性命，没有被送纽伦堡国际法庭审判。"

查理在巴黎百无聊赖地干干等了几天，终于坐上飞往美国的飞机回到美国。在美国麻省州立大学的安穆赫斯特分校里开始复习高中的几何、代数，准备考试。

"6 月初的一天，我们上了陆军的汽车，向西点军校开去。我们中间有十几个人已经是军官了，但是他们想进西点军校。我们在西点军校参加了考试。

"我们中间有一半人被录取了，我还能记得当时参加考试的人的名字。于是在 7 月 1 日我们脱下了陆军的军装（美国空军当时隶属美国陆军或者海军，名义上叫做陆军或者海军航空队），换上了西点军校学生的校服。

"我在西点军校的时候，校内生活非常严格，也比较单调枯燥。我们那时只有一个课程表，没有选修课，唯一可以选择的课程就是外语。你可以选择德语、西班牙语等等。我因为学过法文和西班牙文，报名时候我填的志愿第一选择法文，第二选择西班牙文，第三选择俄文。结果学校让我学俄文。我就这样学了两年的俄文。如果这两年学法文的话，到毕业时，我的总成绩会高出一百分。但这最终也没有什么太大的影响，只是我后来在法国进行和越南共产党政府谈判的时候，又花了不少工夫才捡起法文来。可惜，我从来没有用过俄文。

"不过后来在朝鲜作战时期，有一件事情和我学过俄语有关。1951 年的夏天，我在朝鲜当代理坦克兵连长，正当的蛮起劲的时候，有希望被提升为上尉军衔了。因为当时在作战地区有规定，如果临时代理一个比现任职务高级的职务，代理到一定时间，就会被自动提拔到这个军衔上。8 月，我忽然接到上级一个通知，说我属于比较关键的'俄文专家'，调我到美八军总部执行临时任务，美军翻译部门将成我顶头上司，我只能在远东美军司令部范围内工作。我心里不高兴。那样我的提拔不就吹了？我跑到我们步兵第九师司令部那里抱怨，那

位军官对我说：‘尿他？别理他，甭去！’

“结果，我就没有理会那个命令。当连长的时候总是一天也离不开部队。结果那些翻译专家再也不来找我了。”

我问：“如果你去了呢？会怎么样？”

查理说：“他们可能会把我赶回来的，我的俄文不行。嘿，我只能说那么几句俄语（查理用俄语说了一句，大家都笑起来）。这是课堂用语中老师进教室学生问候老师的话。”

在西点军校的日子

我问：“那么，西点军校的什么课程你最感兴趣？”

查理毫不犹豫回答：“军事历史、体育，加上许多有意思的朋友。我当了一年曲棍球守门员，后来打了三年美式足球。

“西点军校的生活十分严格，每天早晨五六点钟起床铃就响了，我们跳起来跑到了营房外面集合，按传统队列排好，点名。然后大家跑回去洗漱刮脸，再站队，行军去吃早饭。每天晚上实行熄灯制度。我们行动受到限制，一直到四年级才允许离开学校。”

我问：“那么周末呢？”

查理说：“到四年级才允许周末离开学校。四年级之下只有几个周末是允许出去的。”

唐问：“不能有女朋友？”

查理说：“那时对女朋友在制度方面十分传统。首先，军校学生不能有钱，家里不允许邮寄，学校也不发，但是允许女朋友来学校看你。所以女朋友要自己掏腰包来花路费，住旅馆。但是还是一群群来。”

唐说：“这样倒可以保证军校学生和有钱的女人结婚。”

查理说：“我却经常感到窘迫惭愧，因为这种制度降低我们的地位。”

唐说：“如果你出身上流社会，你大概能接受了这些。但你是一个纯朴的中产阶级子弟。”

查理说："我不知道现在这个制度改变了吗？还有，那时候上教堂是强制性的。每一个人都要去。列队去基督和天主教堂，列队去犹太人教堂——当然犹太人很少，卫理公会派的人去他们自己的教堂。当时的西点军校校长总是盯在教堂监督我们，声称：'我们在找你们的缺点，在物理课上找，在代数课上找，在教堂里找，然后把你踢出去。'"

我不经意地问了查理一个问题："西点军校是怎么培养军官的领导指挥能力的？"

查理这次稍稍犹豫了一下："榜样大概是最好的方法了。不过，实际上领袖和领导人才能是天赋的。当然，你也可以对一个愚蠢的人灌输领导必须的做人的准则，比如不拐弯抹角的，不要两面派，公平、公正、平等的待人等等。也许这些有用的概念会渐渐的渗透到他的头脑中去。但是，在课堂上，你不可能把从美国各地选来的这十二个人一下全变成领导的。"

我说："那么你是说领导人是天生的了？"

查理点点头说："领导和领袖人物正在从我们的社会不断地涌现出来。现代的军事训练中正是这样培养领袖人物的，这大概是从大学培养人才的课程中发展而来的。就是把一组人放到类似实战的环境中，给他们一个十分难解决的问题，比如说在毫无材料的情况下建筑一所房子或者跨过一个深渊等等这样的难题，在解决这些难题的过程中，这组人里面，就会显示出某个人的主意特别多，脑子有逻辑性，或者某人能够耐心合理地向其他人解释自己的方案，劝说大家服从。就这样，一个领导人就出现了。

"就像我刚才说的，在军校的课程里你可以学到做领导人的理论和途径，但并不能培养出领导人来。"

查理说："在军队这个等级森严的组织里，你可以模仿别人的领导指挥方式方法，从最底层的少尉、中尉、上尉到少校、中校、上校。你也可以从那些成功的指挥官里学到他们的领导方式。我做职业军人三十年，沿着这一层层的军阶走来，看到那么多指挥官，既有英才也有庸人。

"在朝鲜战场上，我有一个平庸的挂上校衔的上级，我是他的下属。我还有出色的指挥官，后来他成为少将，另外我还有另一个老朽的上校领导；这三个人全是西点军校毕业的。有一个人在 30 年代是全美最好的橄榄球员。这样在我的前后左右，有这样一群领导。

“在这些领导中，有些人的错误甚至导致无故地牺牲了许多士兵的生命。比如说在朝鲜战场上，1951 年 2 月的横城战役的失利就是由于一个军官的错误决策造成的。他只想利用南朝鲜的军队去和中国军队作战，而让美军做策应。结果，南朝鲜军队大败。这个人是爱德华 ·沃门德将军。

“沃门德将军是弗吉尼亚军校毕业的。20 年代从军，经历过二战的意大利战场，当时他是师长。到朝鲜战场的时候，他已经很老了。他在弗吉尼亚长大，从小对黑人有偏见和歧视。但是在意大利时，他指挥一个黑人师，包括三个团、四个营都是黑人，这个师中只是在营团级有白人指挥官，师一级绝对都是白人指挥官。但在 1944 － 1945 年间，意大利的德军已经处于退败之势，他的这个黑人师居然被德国人打败了，溃逃了。我想，溃逃的原因之一是沃门德对黑人的态度。他当不了黑人的领导。我们美国军队有许多出色的将军，十分勇猛并且能够鼓舞士气。但沃门德却不是。

“在朝鲜战场上，沃门德是军团的指挥官。我们在朝鲜开始搞士兵黑人和白人混合编制。沃门德领导的这个军团因为有了他这个种族歧视的领导也就那么回事了，战斗力可想而知。”

我想了想就问 ：“那么在西点军校，最令你兴奋的是什么？”

查理毫不犹豫地说 ：“交了许多很好的朋友。那时，最兴奋的是毕业，期盼着未来。我在学习上总是中等偏上的成绩。我们最后的总分包括了学习成绩和身体素质，还有同班同学给你的评分。各个部分的比重不同。同级同学评价你作为军官的能力，实际上是非常主观的，很难评价的一个东西。实际上，军校学生在校取得的评价与他们后来的实际能力往往并不相符。

“每一年，全年级的学生的总成绩都排名。入学八百人，毕业时剩下七百人左右。我在年级里的排名每年都在稳定上升，到我毕业时候，在七百人中我排名第一百三十五名。学校里很多比我聪明的人，中间有些人知道自己能够毕业，所以在学习上没有那么下功夫，他们舒舒服服地过了四年，把精力放在其他的事上，比如找女朋友这类事情上。”

唐追问 :“你是说，在毕业时，除了学习成绩做衡量标准外，还有其他同学的评价？”

查理说 :“是的。三个因素 :学习成绩、战略战术还有同学评价。”

唐说 :“这个排名中一部分是同学给你评分，那么肯定很主观的了？”

查理 :“是的。”

唐问 :“当年艾森豪威尔排名第几？”

查理 :“前一百名吧。他不在前面。”

“麦克阿瑟呢？”

“他名列前茅。不是第一就是第二。泰勒将军（二战著名将领）大概是第四名左右。但同样闻名世界的巴顿将军排名并不靠前，他是 1909 年毕业的。当时，西点军校的制度不同，学生少多了。

“李奇微将军智慧超人，但他在学校也没有名列前茅。”

唐问 :“乔治 . 马歇尔将军上过西点军校吗？”

“他上的是弗吉尼亚军校。

“毕业时排名次很重要。华盛顿的陆军总部决定，当年在七百名毕业生中，二百名去步兵部队，一百二十五名去炮兵部队，九十名去工兵部队，以此类推。这中间有一个阶层排序，最令人向往的是工兵。我来解释一下。

“毕业那年春天，每天晚上都给毕业生开会。教官们介绍各兵种情况特点，在这个兵种里的‘预期寿命’是多少等等。然后各兵种军官出来，向毕业生推销他们的职位，如何如何地令人向往。有些兵种推销起来很困难，比如说通信兵，每年报这个兵种的就很少。除非你热衷于无线电，这个兵种不会有什么立功的机会。辎重后勤兵种更冷清。

“真正有吸引力的是炮兵、步兵和工兵部队。工兵部队是这样推广自己的 :我们兵种很好。如果你分配到我们这里来，前三年把你分到工兵营学习，学习工程兵基础知识、野战建桥和修路技术等。但是，他们不谈地雷的危险。三年之后，我们送你到美国最好的学校去读工程硕士学位。我们送你去麻省理工学院和加州理工学院等一流的学校。从学校里出来以后，你们就会负责一些很大的工程项目。比如说，疏浚海港，修建大坝。而实际上，你做的只是监督合同

西点军校时的查理

60年代，查理被授予上校军衔。

公司质量的军方代表。与此同时，你可以接触很多人，很多大公司的人。二十年之后你退役的时候，带着百分之五十的工资的退休金，你们的工作前景多么令人羡慕?

“工兵的人说，我们是一个知识密集型的兵种。不像炮兵只会装填炮弹，不像和平时期的步兵军官在无聊中了此一生。所以，每一届的西点军校状元都趋向工兵部队。麦克阿瑟将军毕业时选择工兵，后来才调出的。

“毕业生的第二理想一般是炮兵部队。因为，作战时，炮兵部队至少离开前线一公里，他们的伤亡率比步兵低。但是，如果你是刚毕业的炮兵少尉，你必须和步兵一起到前线侦察计算敌人的方位，背着无线电步话机报告给指挥部。聪明的敌人也许会因你背着步话机，来上一炮。但是，他们不用率领步兵冲山头阵地”

身历朝鲜战争

查理在朝鲜受伤两次，在清川江战役中，他的手受伤，他说是轻伤。后来在南朝鲜，他被中国人民志愿军的地雷炸了，进了医院，到现在脖子还不能灵活转动。

查理说:"那天，我带着坦克连在一条道路上开进，这是一条很窄的单行线。那天早上我们开过去，下午原路返回。这时，对面又一辆坦克开过来，面对面停下来。我下了坦克，向他们走去。看看谁先过这个单行线。没有想到我的坦克开始慢慢地向前爬行，一下子触响了地雷。地雷爆炸带起的红色岩石击中了我，我一下子失去了知觉。但我马上醒了过来，爬起来就跑。上了一辆吉普车，他们开到了救护站。医生给我包扎说：'你得马上撤下去。'一辆装肉的卡车把我带到了医院。

"中国的土地雷是用木头做的外壳，里面放上炸药、铁钉，埋在红色的岩石下。那天大概是那条路没有扫过雷。我的背上满是红色的岩石碎块。

"在医院的时候，一位副师长波特纳将军来这里看望战士们，鼓励我们。他一看到我的情况，在朝鲜服役一年多了，而大多数人九个月就回国了。他说：'你得离开这里。你想上哪儿？'我说，我想回国。他给我开了一道命令，让我到东京报到。到了东京以后，接待我的长官问我：'你愿意去菲律宾吗？那儿有一个将军需要一个助手。'我马上答应了。"

就在这战火纷飞的战场上，查理第一次接触到怎样理财的观念。

"我认识了一个准将，波特纳将军。是我西点军校的一个同学的父亲。在'喋血岭'战役中，他多次来到我们团阵地上，观察我们一位新团长的指挥能力。我一面看着我的坦克连在山头向敌人开炮，一面倾听这位将军的教诲。他给我讲了很多道理，包括一个谨慎的人应该怎么样管理钱财。这成为我后来整个理财哲学的一个基础。算是启蒙教育。"

查理退役后成为了美国铁道总局的财政总监，现在在弗吉尼亚拥有一个几十英亩的牧场。这要感谢朝鲜战场炮声中的将军的教诲。

悠哉马尼拉

这样，1951 年查理从硝烟弥漫、冰天雪地的朝鲜战场挣满点数（点数是参战美军军人计算在战场时间长短的一种计算方法，点数攒够以后便可以回到后方），来到温暖的和平安宁的马尼拉。一下子从坦克连长成了一位将军的助手。这位将军是刚刚独立不久的菲律宾政府国防部的美军顾问，查理每天的工作就是早上把当天当地报纸都读一遍，摘出重要消息放在将军的案头。再就是帮助将军办理例行公文，如果将军夫人来电话，查理就要开车到将军家里听他夫人抱怨厨房里的水龙头坏了等等，找人帮她修理。这样将军就不用操心了。下午和晚上，经常有鸡尾酒会或者晚宴应酬。将军需要的一切查理都得给准备，既像个管家，又像个秘书。

“我的生活一下子转了一百八十度。”

这个英俊的上尉军官，二十四岁，在战场上屡建战功，正好落在美军马尼拉总部这个小小社交圈子里。二十多个军官和家属住在马尼拉郊外的山坡上。查理是这里唯一的单身汉。不难想象他在女人圈子里的反响了。这些女人家里都有菲律宾佣人，所以无所事事。那么最好的消遣就是说媒，查理是他们唯一的男主顾。

“在这个社交圈子里，有几个将军的女儿到了出嫁的年龄。有一个寡妇，她的丈夫在朝鲜战场被打死了，正好还是我们那个团的。还有一个女佣，与朝鲜战场上一个中尉订了婚。他们这些女人忙着给我牵线。在这个圈子里我实在看不出有什么中意的人。其中一个比我年龄大的女律师，很吸引人。后来他们说，在空军基地有一个将军的女儿，是驻澳大利亚大使的女儿，他们让我与她交往。”

查理正被许许多多媒人纠缠的时候，1952 年 1 月，他去参加了一个决定命运的婚礼——他碰到了芭芭拉。

其实，查理早就认识芭芭拉的父亲，一位西点军校的老毕业生。而查理每次去参加酒会总要遇到芭芭拉的母亲，而她总要向查理夸奖她十七岁的女儿如何能干，如何会烧菜。而那时美国驻菲律宾大使馆的酒会天天都有，一天甚至三次。下午 4 点半到 5 点半一次，5 点半到 6 点半一次，6 点半到 7 点半一次。餐桌上极其丰盛，海鲜堆积如山。查理尽可能逃避一些酒会，但他几乎每次都遇到芭芭拉的母亲。

“所以经过这么一段时间推销之后，我终于在一次婚礼上见到了芭芭拉，同时还有比她小一岁半的妹妹。”

唐问："这妹妹也像芭芭拉这么漂亮吗？芭芭拉可是惊世骇俗的。"

查理低着头说："她比芭芭拉还漂亮。"

我们都笑了起来。年近八十的查理对当年面对美人的感受记忆犹新，毫不隐讳。

唐说："你是个诚实的家伙。"

查理说："但这妹妹是个进监狱的诱饵（美国法律规定不能与年纪小于十六岁的幼女发生性关系，即使她本人愿意也算犯罪）。我想我做了正确的选择。我告诉你，这个妹妹后来成了一个悍妇。她善良，友好，但是十分固执己见。更可气的是，她到现在还是一个十分虔诚的天主教徒。但她那时真吸引人。"

查理对芭芭拉的求婚马上得到了她父亲的认可。虽然两家不是一个教派的。查理这个西点军校上尉的牌子是冲破任何阻碍和分歧的利器。查理说："她父亲有个条件就是要到她十八岁才能结婚。所以刚过她 11 月 4 日生日我们就在 11 月 8 日结婚了。我想，与丈母娘家住这么近没有好处，'脐带'一定要剪掉。所以婚后不久，我就想办法调回美国了。"

查理在几十年里，调动了多次。同时，芭芭拉给她生了六个孩子：三男、三女，足够组成一个班。

我问查理："是不是就好像电影《音乐之声》那样？"查理会心地笑了。

一个偶然的机遇，一次汽车中的谈话，启发了查理。

"有一次我和其他三位西点军校的军官乘坐同一辆车，他们比我高几届，其中两个人已经取得了硕士学位。一位取得了工程硕士学位，另外一位拿到了硕士学位后，回到西点军校当体育教官。

"我那时认识到这是上帝赐予最好机会，我将取得另外一种资格，一种与杀人专业完全不同的资格。无论任何时候，市场经济都不会需要一个步兵军官，一个只懂得杀人职业的人。"

查理上了纽约州的锡拉丘兹大学，取得了工商管理硕士学位。为他今后退役做好准备。

几经调动之后，查里又被送进更高级的指挥和参谋学院深造了一年，这里主要是培养上尉和少校，师级参谋和团指挥员。

“我们研究战术，解析战例。我记得很清楚的是，有一次，我们的课程是后勤供给。假设的情形是，德军摧毁了法国的港口，我们的弹药给养已经运到海滩，放在浮桥上。我们的任务是当部队飞快向前推进时，怎样才能有秩序地把弹药给养送到。我们研究的最后结论是：无论在何种条件下，都应该尽可能把给养从最后方送到莱茵河的最前沿，尽量避免在半途卸下来，停在那里。这就是我们当时这些人的智慧和头脑。”

驻防西柏林

指挥参谋学院的课程只有一年。随后查理带着妻子儿女来到了多事之秋的柏林，这是 1961 年。正是赫鲁晓夫发誓要埋葬西方的年月。

二战之后，四个战胜国美国、苏联、英国和法国分别占领了德国，而首都柏林处在苏联占领区内。柏林被分为四块，由四国分别占领。战后十几年大家相安无事，表面和平相处。

查理说：“柏林是那么宁静，我们驻扎在那里的部队生活得很舒服。比我们在欧洲其他地方驻扎好得多。部队驻在前德国陆军总部。古老的建筑，和平的环境。结果在 1961 年 7 月 25 日，我们早上起来都吃了一惊。一夜之间，一堵围墙矗立在那里，把东西柏林给分隔了。这马上引起了一连串的反应。我们把另一支战斗部队从德国调到柏林来备战。从二战结束以后，柏林人可以随便在任何一个国家占领区走动，结果苏联人用了三天的时间，单方面建立起了这堵围墙。前面还有铁丝网。架上机关枪、探照灯、壕沟和地雷，他们单方面在柏林苏联占领区边界建立了一条死亡线。只留下五六个路口。

“但是他们仍然允许美国人、英国人和法国人通行。但那些从东柏林到西柏林来工作的人统统不能过来了。

“俄国人这种行为使美国政府很焦虑，不知道俄国人的下一步打算是不是要禁止欧洲人去东柏林，甚至攻打西德？总之，柏林的气氛变了。美国、俄国和德国之间产生了许多对抗，但终究没有升级到大规模军事行动。后来事情渐渐平息下来，但处处布防得很严。

“二战结束以后，本来按照四国签订的规定，从西德到柏林除了建立一条高速路、一条铁路之外，还有三条航空通道专门供各国飞机飞行。后来关系恶化之后，俄国人向我们挑衅，他们派出米格喷气式战斗机飞到我们泛美航空公司的民用客机航线上巡行，看起来好像要劫持的样子，紧跟在我们飞机后面，制造紧张气氛。

“俄国这么干了一阵子，一直到美国空军向他们挑战。我们的空军制定了一个方案，他们用伞兵用的螺旋桨推进的飞机来阻止俄国飞机。这种飞机在伞兵跳伞时候可以突然减速，防止伞兵被气流截成两段。

“我们的伞兵运输机飞上天，进入这个航道，等到俄国人的喷气式飞机盯在屁股后面时，突然减速，只有俄国飞机速度的一半。一瞬间，好戏开场了。俄国飞机一架架地向左向右落荒而逃，生怕撞上了前面骤然减速的美机。

“从此俄国空军不再向我们挑衅了。

“总之，柏林的生活是悠闲的，你可以在炎热的下午去打高尔夫球，很舒服。我们在那里生活了一年多，到 1962 年时，我知道我的名字已经在提拔中校的名单上了，我就自动要求从柏林调到德国的东南部，这里有大量的军队，有大量的营级中校的位置。”

查理以连长身份离开朝鲜战场之后，结婚生孩子。拿到了商业管理硕士学位之后在指挥参谋学院进修，又在美军柏林总部工作了一年多，这么辗转十年后，他又回到了基层。这次他自己指挥一个营。在德国奥斯堡。

在美军参谋学院深造

60 年代，美苏冷战时期，美军不断地提高军官的素质和指挥能力。查理在当了两年营长之后，1964 年调回了美国，进了美军参谋学院继续深造。

“这又是一次军官们带家属驻在一起的那种悠闲的培训，但不同的地方是：我们培训的焦点是陆海空军协同作战。学员们来自陆海空三军，包括美国的盟国澳大利亚和新西兰的军官。我们住在弗吉尼亚的一个镇子里。课程一半是社交，家属来往，还有一半是课堂讨论。整个培训气氛轻松，友好。”

很显然，以查理的智力和分析能力，他马上就被选入了更高一层的军事培训——作战学院。在这里："我们培训目标是让我们达到美国内阁成员的水平，学会怎么与国务院政府高官以及外交官们打交道。作战学院的培养对象是将军级别的高级军官。让你思考世界范围内的战略问题。他们把我送到了位于阿拉巴马州的空军作战学院，这是一种特殊的光荣，因为陆军一般不送自己的军官去其他军种的军官学校。

"我们全家住在一座老式的南方大住宅里，学院里的课程安排得十分'绅士化'：早晨两个小时课程的讲授人可能是国务卿或者一个大使，或者刚从海外回来的上将，都是一连串的'明星'。"

唐插嘴说："这些都是有知识的人，不像现在国防部长那么无知。"

查理大笑着说："对了。我实在想不起来他们中间有什么人会令人看轻或者让人对他的智商提出问题。课后，我们分散到组里，这些演讲者还参加我们的讨论。我们不仅认真咀嚼消化他们的演讲，而且讨论前一天发给我们的阅读材料。我们不断地研究那些比你当时级别要高一层次的问题。我们中间有很少几个人专门研究武器和裁军问题。

"总之，学院里压力不大。就像大学里教授们休假一样。只是在这里，因为大家都住得很远，学员之间的社交并不多。"

我问："当时越南战争已经开始了，你们讨论越南战争吗？"

查理说："当然，早在参谋学院的时候我们就讨论北部湾事件了。那就是美国军队真正向越南派遣大部队的开端。"

唐说："约翰逊总统捏造了北部湾事件向国会撒谎，利用北部湾事件作为向越南大量派兵的借口。但这方面查理你比我了解得多。"

查理说："我不敢肯定是约翰逊总统撒的谎，但肯定有人撒谎了。我想我们可以拿今天关于伊拉克有没有大规模杀伤性武器的问题与当年越南北部湾事件相比较。最高层的官僚机构中，有人可能无辜地或者恶毒地单方面地解释了一些现象或事实。可能是有人就现象做出了错误的结论，说北部湾事件对越南是一个很大威胁。结果我们就以此大量派兵去越南。

"当然，约翰逊的臭名声也挡不住别人骂他撒谎，就像唐这样的人现在在骂他一样。但是我是一个谨慎的人，不会轻易便下这种结论的人。

“那时候我们讨论了大量的越南战争问题。从 1964 年到 1968 年之间，我们打了许多艰难困苦的战役。到 1968 年春季攻势之后，形势转坏了。”

供职五角大楼

查理经过层层军事教育培训，从尉校级到将领级的培训。到 1966 年，他以出类拔萃的才华，调到五角大楼的国防部陆军总部，在陆军部长手下任财政参谋。

美国国防部长从来就不是军人担任，在他手下的海陆空三军的部长也不是军人。美国开国开始就强调民主，强调政府指挥军队。所以美国军人是受文职的政府官员管辖的。美军的四星上将是受文官的国防部长管辖的。美军的高层结构是：文职的国防部部长手下有三个海、陆、空军部长。在这些文职的部长之下，是美军海、陆、空军的四星上将们。

查理作为陆军部长的财政参谋，处于一个高级幕僚的位置。陆军各级部队送到国防部长那里的文件、行动计划、建议都要经过查理的审查，然后上报文职的陆军部长手里。

查理说：“我当时的工作好极了，身居高位而显赫。”

实际上，查理中校的工作是夹在陆军部长和陆军四星上将的总长之间。

他说：“有一次我在工作中无意被官僚主义测试了一下我的诚信程度。那是一个报告，送到我的桌子上。那时陆军总长签字的报告：第一，那是一个陆军总长手下参谋们起草的一个拙劣的计划；第二，陆军总长没有认真地看就批准了。我记不清具体内容了，大概是有关培训计划的。我作为一个陆军军官，处于一个极其矛盾的地位。我是按照正确的方法，建议陆军部长不批准这个计划呢，还是不说什么送上去。前者我要得罪陆军总长，后者忠实支持陆军总长但造成我工作的失误。

“我记得很清楚，计划做得很糟糕，大概是有关培训的，申请经费不多。我考虑了很久。”

唐说："很清楚，这是一个有关是非的职业操守问题。"

查理说："是呀，我最后面对了这个问题，否定了这个计划。结果陆军部长支持了我，我的上司支持了我。而陆军总长这一边根本没有听到他们抱怨，大概他们看到我的反对理由之后，也会说自己为什么没早点想到。

"总之，我这样干了几年，然后到越南去了。芭芭拉和孩子们在一起在家等我。"

越南战场上的美军旅长

在一次聊天中，为了争取上校谈谈他对一直缄口不言的越南战争的看法，郑凯梅以一个美国士兵的姿态开玩笑地说道："报告长官！请允许我采访您关于越战的情况。"查理犹豫了好一阵才回答说："好吧！"

第二天早饭后，查理的妻子芭芭拉清理了饭桌。郑凯梅和唐架好了摄像机，查理拿来了一张折叠的军用地图铺在桌上说："这是我在越南战场上随身携带的军用地图。"

他用铅笔敲击着这张三十多年前在越南战争的热带雨林中当旅长时用过的地图说："你看，这是湄公河，从它的入海口这里流入南中国海。当然，你知道它发源于中国。它在越南境内分成几个分支，形成了一片著名的'湄公河三角洲'。在三角洲的北面，是南越政府所在地西贡（现在称胡志明市）。越南的大多数地区属于热带和亚热带雨林气候的多山丘陵地带，主要农作物是水稻。而湄公河三角洲这一带却截然不同，有许多茂密的热带丛林，真的像迷宫一般。这一带南越的政府军从来没有真正意义上的控制过，只是美军在这里设有一个叫做岘港的海军基地，才使这里稍微地平静一点。

"我是 1969 年 1 月到达越南的。那时正是'春节攻势'之前。我被任命为第二十五步兵旅旅长，驻防于西贡之北的西宁（Tay Ninh），位于西贡西北部一百一十英里。从西贡到西宁的道路要经过一个叫做'鹅油下'的地方，这是越南共产党经常出没的地方。我的第二十五旅总部设在古芝，而我的大部分时间则住在西宁。"

查理指着地图说："这里是南越和柬埔寨的边境线。柬埔寨当时是西哈努克亲王当政时期，尽管他的本意一直抵制北越游击队进入他的国家，用做进攻我们的跳板。但是，由于这条边境线的存在，我们是不准进入柬埔寨的。所以，我们驻在西宁的整个第二十五旅；而北越的第九师在柬埔寨边境那一边。他们可以在某天的一个下午离开他们的根据地，穿过丛林，晚上袭击南越军队和驻越美军，然后，第二天这条新闻就上了报纸的头版头条。我们则只能坐等挨打，因为我们不能越过国境。

"当我到达越南的时候，我的上司是沃特 ·科文（Walter T. Kirwin）。他当时指挥第九旅、第二十五旅，还有第一空骑师。他坚持每天视察所有的部队，从不间断。而且，从来不带一大群军官，不像今天的伊拉克战争中那些指挥官，巡查时带上八个将军，还打着星条旗，无比夸张。

"当我向科文将军报到的时候，他对我说：'如果敌人从柬埔寨那边打过来，你要不惜一切竭尽全力地打击他们，追击他们。'这样我心里就有了底。

"众所周知，在这一年前，1968 年的春节，北越共产党违反了交战双方签订的春节停火协议，使南越政府军和美军处于一种十分被动的尴尬境地。当时南越军队十分放松警惕，许多士兵回家过春节去了。而在春节那天，北越发动了全面的全国性的大进攻。全国各地一片战火纷飞，他们甚至从丛林穿插到西贡郊区来。整个越南上上下下都给震动了。

"这次春节攻势中，人人都被打得焦头烂额的。后来，我们反攻回去，使得北越军队遭受很大的损失，把他们赶回到丛林中，安静了近一年吧。1968 年 8 月，我陪同陆军总长视察了越南，大约是'春节攻势'的六个月之后，我们巡视了在湄公河三角洲的第九旅，西贡旁边的第一旅，整个形势还是比较平静的。六个月之后，我被调到越南，指挥第二十五旅。大概是 1969 年 1 月 20 日左右，我把所有的营团都调配好了（查理指挥三个步兵营、一个装甲兵营和一个炮兵营），布防好了，所有的情报系统都处于严密监视的状态。我们绝不会再轻易相信敌人的话，绝不会再让敌人偷袭我们了。

"在当时，美军情报系统用电子装置来监控敌人的能力是绝对保密的。但这些年来，已经成了众所周知的。有不少的出版物和媒体公开的谈论美军的情报能力。在马里兰州的密斯关堡国家安全局办公大楼，他们能够截获和确定几乎全世界任何一个电波，确认是谁发送的，是不是本·拉登在阿富汗的人发出的等等。他们的确不错，但在 60 至 70 年代，他们是最优秀的。所以，越南的这场战争是和其他任何战争截然不同的。

“西方军队里有句老话：‘找到敌人，瞄准敌人，打击敌人。’这句话用在越南战场上十分恰当，但瞄准敌人却像手里捧着水一样困难。这里既不像在法国的第一次世界大战那样两军对垒，战线分明；也不像第二次世界大战那样，军队各个部分可以肩并肩地形成一条防线，敌人不能从你的侧面绕到后面去袭击你。但在越南战场上，从来就没有成形的战线。

“在我的驻地西宁，我们围绕着过去法国人在越南留下的几座营房，几座二层楼的法国式建筑，建成了一个飞机跑道，修建了南越政府军的基地，还有我们美军的基地等。基本上都是用沥青油毡做顶棚的简易建筑。我们的后勤基地也在里面，我的下属的几个营也都分散在这一带，各自建立他们的基地和火力网。当你需要保卫一个基地的时候，你必须在它的周围建立三到四个火力点，几个在基地的火炮射程之内的火力点。这些火炮的炮弹不是触地爆炸的。二战之后，火控兵器制造专家改进了炮弹，在弹头中加入一种英文简写‘AT’的装置，里面有一个传感器，在炮弹距离地面一定高度的时候传感器触发炸药，炮弹在目标上空爆炸，杀伤力巨大。

“所以当我们决定要在哪里建立一个火力点的时候，我们的工兵连就出发，带上推土机，在丛林中推出一个大的圆圈，围上铁丝网，把火炮架在中间，地堡建在四周。这样这个营的火力点就建成了。他们可以有一个晚上安全休息的地方，并且离他们白天巡逻的区域很近。

“我们在西宁一带建立了不少这样的火力基地和火力点，有一个离柬埔寨边境很近。这些步兵白天出去巡逻侦查，寻找敌人，不让敌人接近城市。几乎是每天，这些部队都与敌人有接火。

“我来到越南不久，1969 年的春节到了，就是 1968 年‘春节攻势’一周年的时候，北约军队有一次发起了进攻。这回，就不是什么袭击了，我们有了准备，而且他们的力量也比以前弱多了。当敌人开始进攻时，我们在古芝的指挥官又给了我三个营的兵力，加上我原来的三个营，还有一个属于第一旅的一个营驻在密执林橡胶园那里，共七个营由我指挥。春节那天，敌人向我们这个地区全面进攻，到处都是战场，有些就在西宁市的中心，有的往南一点，但我们很快就控制了局面，把他们打得很惨，没有占领多少土地，就龟缩到柬埔寨的避难所去了。

“那天在古芝镇，敌人摸过了地雷密布的铁丝网封锁区域，那里停放着我们十二架秦克诺直升机。他们在第一次进攻时炸坏了不少直升机。这是惨重的损失，我们在越南的总指挥官奎顿 · 阿伯姆说：‘我们可以再买新的直升机，我们还有很多直升机。这和我们损失了很多士兵不一样。’他根本没有放在心上。

“在我们附近的密执林橡胶园那里，打得很激烈。敌人几乎占领了主要基地。我的第二十五旅的所有基地，只有西宁基地没有被敌人攻破。我在那里，主要是我们有八千到九千人的兵力。我们知道这里会是敌人进攻的主要目标。因为这里离柬埔寨的边境很近。我们增加了兵力，加固了防守。敌人最终不得不退回丛林中。

“1969 年‘春季攻势’过去几个月之后，为了引诱敌人，大量的消耗敌人，我设计了一个圈套。我在西宁的西北，你看这地图（他手指地图），这里有一条通往柬埔寨的小路，我用手指一量，就在我们‘法国关堡基地’火炮射程范围之内。我们判定这条带有小溪的峡谷就是北越军队经常走的路。小溪的两边没有山岭，这肯定是北越军队从避难所出来的路线。如果我们在越南境内的小溪边建立一个营地，他们一定会认为这是对他们的巨大威胁，认为是对他们的侵犯。他们绝不会放过这个‘拔钉子’的机会。如果他们一拥而上，占领了这个营地的话，那等于在他们的顶戴上加了一根翎毛。

“这就是我为什么选择这个地方的原因。另外，这个地方是 C 战区所属，是我们的空骑兵一师的活动范围，他们的直升机比步兵师的多五倍。他们经常在这一带飞来飞去，北越的游击队最安全的地带便是藏在浓密的丛林里。除了这一切的巡逻监视、红外线监视之外，我们还有精确的化学监测仪器的监测，我们叫‘嗅觉飞机’。我们的飞机可以无声无息地飞过一片丛林，如果丛林有五百以上的人藏在里面，他们的排泄物和人的味道就可以被我们‘闻到’。我们的‘嗅觉飞机’可以闻到他们做米饭的竹筒味道（越南人喜欢吃竹筒煮饭）。这里肯定与丛林的味道不同。总之，北越游击队躲在柬埔寨的丛林里是安全的，只有当南越这边有进攻目标时，他们才会跑出来。所以，我们给他们制造一个进攻目标。

“那一天，仅仅一天的时间，我们搭好了围墙，建立了地堡，运进了弹药。地堡用枕木支持加固，拉好电话线和电力线，当夜幕降临时，一个基地形成了。一切准备就绪。就在这天晚上23点，敌人对这个基地展开了大规模的进攻。他们先用迫击炮和火箭筒向我们打来。当敌人开始进攻时，我坐上直升机飞到战场的上空。空军的火力也已经事先做了准备。那时，我们在DC—3运输机的机身边上凿了几个射击孔，架上机关枪。这些飞机盘旋在战场上空，倾泻20毫米和50毫米口径的机枪子弹。地面的火炮标尺是事前预测过的。这样我们轻而易举地在天亮之前把敌人打退了。他们退回到了丛林里。

“第二天，我们派人从基地出去看看，还有没有活着的人。再数一数堆在铁丝网前的尸体数字，把他们拉走。这些游击队对人的生命并不珍惜。他们的战术是：让前面的人在铁丝网上趴下，后面的人踩着前面人的尸体往前冲。那一晚上，敌人死了有二百多人吧。我记不得准确的数字了。但我们没有一个人伤亡。

“俄国人在第二次世界大战时首先使用了火箭弹，你们大概听说过喀秋莎之类的火箭炮。这些武器看上去像炮弹，但在它的尾部有一个火箭发动机推动它。越南共产党人把它们改造得十分适于野战需要。他们用竹子做一个支架(查理用手比划着说)。把火箭弹靠在上边发射，不是很准确，但也差不多。我们在西宁和古芝的两个大基地，经常受到迫击炮和火箭弹的攻击。这里我们有很多直升机，所以敌人经常可以炸中几架，弄得我们飞不起来。”

郑凯梅问：“你这设计好的诱饵，让他们来上钩了？”

查理点点头说：“对了，另外在这里，”他指指地图上离西宁南边的一个地方说：“我们建立了一个诱饵基地叫‘天使的翅膀’。敌人像狗熊见了蜂蜜一样，一建好之后就上来向我们进攻。在这里我们搞了两次战斗。我们总是先上直升机把木制的瞭望塔吊进来，把雷达架在瞭望塔上。雷达可以探测到丛林边缘的任何移动，我们可以很早地了解到敌人的动静。在瞭望塔上的哨兵往往觉得自己赤裸裸地暴露着。但实际上，信不信由你，在敌人进攻时，我们在瞭望塔上的哨兵从来没有伤亡过。当敌人进攻时，晚上的视线并不好，敌人只是向一个大致的方向开枪，大致以地面平行的角度开枪。这就是自动枪的原理。我不清楚真正的命中率是多少，但是我知道，大约每十发自动枪子弹有九发是打在空中的。

“敌人每次总是以迫击炮开始进攻，把我们战士的头压得抬不起来。一个躲避炮弹的人在守卫战中没有什么作用。另外，我们的战士处在沙袋和地堡的保护之下，即使枪林弹雨也没有多大的危险。”

郑凯梅问：“这整个计划是你做的吗？”

查理说：“怎么说呢？军队里有一群参谋人员，就像公司有一群助手一样。领导只要拿主意，这些助手就会干具体的工作。我这个上校手下有四名参谋，一个是人事组织参谋，一个是情报参谋，一个是作战训练参谋，另一个是后勤参谋。我还有一个参谋长，他负责这些部门之间的配合协同。

“我在研究这次行动的可行性时，主要是与我的情报参谋和作战参谋商量。这两人配合得非常密切，像手套和手掌一样紧密。在我行动之前，我向师部的将军汇报，他非常感兴趣。这次行动，后勤参谋的任务非常重要，因为他要派挖掘机和推土机在丛林中推出一块地方，挖战壕和地堡。然后用飞机把木材、瞭望塔、弹药等等都及时运进去。推土机是一种小型的工程机械，是用飞机吊装过去的。

“我在西宁，像所有的上校一样，在那里驻防了六个月。主要是我们军队的政策，尽可能让所有的军官都取得在第一线作战的经验。所以8月份，把我调到了边和（Bien Hoa）一个叫‘两野’的集团军总部。集团军是由三星上将指挥。我被任命为三星将军的助手，负责物资和武器调配，比如直升机和其他资源的分配，给将军当参谋官。我出主意，他批准。

“总的来说，在越南，我们在军事上是胜利了。但在国内，我们在政治上失败了。从根本上说，全国的各个大学校园里，人人都反战。对此，每个人都有不同的看法。是否这些示威抗议的人都是高尚的？但我相信，而且永远相信，是由于强制性征兵引起的。人们，男人或女人，并不想被拉入军队，去参加一场认为与己无关的战争。这种观念，从年轻的男人传到女人，那些自称高尚的女人，比如说简 · 方达，认为我们在越南保护一方而打击另一方，是错误的。他们这些人并不了解越南人，特别是那些南越政府中相信罗马天主教来自北方的人。

“总之，1970 年 3 月，吉普车把我送到了飞机场，一架美国航空公司的波音 707 客机在等着我，把我送回了加州，离开了越南。

“我一共去了越南五次。第一次是陪同陆军总参谋长，那时我在五角大楼工作，那一次只巡视了各个总部，第九旅和第一师总部。第二次是在我从 1969 年 1 月到 1970 年 3 月驻越南一年零三个月。之后，又到巴黎参加和平谈判。在这期间，我每年回越南一次，到每个师部去，了解当时的战况和形势，更新我的观念。我先后回去了三次。”

郑凯梅问 ：“查理不懂法文，和平谈判这么重要的工作怎么会派你去呢？”

查理回答很简单 ：“因为他们需要一个有过越南战场实际战斗经验的军官去做和谈代表。将军们高高在上，他们并不了解下面步兵艰苦生活的细节。”

查理以冷静的头脑，说话滴水不漏的风范，敏锐的观察力，丰富的作战经验在那么众多的参战军官中脱颖而出，他肯定是出类拔萃的参加和平谈判的最佳人选。

巴黎和谈是一场马拉松式的战斗。从 1968 年春天开始，就是北越“春季攻势”之后，约翰逊政府与北越政府开始在巴黎进行秘密会谈。谈谈停停，双方都没有诚意。到 1970 年 5 月，查理来到巴黎时，他说 ：“谈判开始阶段双方总是为一些小事争个没完。例如怎么摆放桌子啦，议程啦，拖延又拖延。

“每星期双方只会面一次，在法国人给我们设置的十分漂亮的金色大厅里开会，什么实质性内容也没谈成。有时，会谈往往中止一个月左右，在有些关键时刻，北越人就回河内去，美国人回到华盛顿去。这阶段，除互相谴责和吹毛求疵之外，没有任何实质性进展。

“到 1968 年 11 月约翰逊总统下台。那么美方的两位高级代表也跟着离了职，他们取得了唯一成绩就是双方谈妥了一件事，就是用圆形桌子谈判。尼克松总统上台后，派来代表仍是一无所获。

“我在那两年多里，与对方从来没有过一句实质性的谈话。我与他们最近距离的接触是坐在巨大的桌子面前，遥远地看着他们，从来没有与他们交谈过。

“我的上级一个又一个地轮换，总是不断地向华盛顿抱怨：我们没有任何理由谈下去，纯粹是浪费时间。

“在我离开的前一个月，我们的将军回去了。结果我成了级别最高的军事代表。作为上校，成了谈判桌上的美方最高军事代表。

“我离开后的几个月，形势有了发展。双方同意真正地坐下来谈判。那么他们开始了分组谈判。美军的军事顾问和越南的军事顾问分在一组。再加上双方的政府官员。我们的政府官员不肯让我们军方单独与越南军方谈判，他们的政府官员也不放心。但双方终于在1972年的秋天开始了实质性谈判。但忽然间，1972年圣诞节美军轰炸了河内，打断了谈判。

“凡是研究过苏联与西方谈判策略的人，研究过毛泽东的板门店谈判的还有世界上其他谈判案例的人，加上苏联学者的研究报告，都指出他们的策略是首先同意一些条件，把对方的胃口吊起来，他们知道对方由于国内的政治压力急于停火，然后又反悔，迫使对方让步。争取对他们有利的条件。在巴黎谈判中又是如此。”

郑凯梅问：“这是不是美军轰炸河内的原因？”

查理说：“1972年美国的总统是尼克松，众所周知他的丑闻了（水门事件）。这家伙是又臭又硬，而他的顾问是冷血的基辛格。我在巴黎那两年多，基辛格经常定期来视察。基辛格是尼克松的国家安全顾问。这两人在一起制定了计划，他们等了一年，一直到1972年12月河内反悔了双方签订的合约，他们开始轰炸河内。河内当时认为我们已经撤走了很多军队，我们已经夹着尾巴回家了，不能再重新返回越南了。

“我们并没有与北越协定正式的和平，我们答复的是签订正式的撤军合约，包括他们保证不向西贡发动战争。我们开始一点点地撤军，到1973年底，我们基本上全部撤出了。当时我在欧洲，每天都阅读当天的报纸。”

郑凯梅又问：“美军撤走了，那么南越的军队呢？”

他说：“他们仍然留在那里。当北越军队开过来的时候，他们抵挡了一下，就被席卷而去了。共产党的军队开进了西贡，他们没有像苏联人那样对待波兰军官处以极刑，而是把他们关起来，放在丛林中的集中营。我们从西贡大使馆的屋顶上用直升机撤走了很多支持我们的南越官员。

“自从离开越南后我就没有回头想那里的事情了。我认识的人很多大概都死了。现在美国人到越南旅游去，但我认识的人没有一个人愿意回到越南去旧地重游。我很羞愧没有去研究越南的佛教，在西宁有一个佛教的庙宇很漂亮，而且没有遭受战火的破坏，我们与越共经常在它的周围发生战斗，但从没有毁坏过它。这是我唯一想回去看看的地方。”

美国职业军官的出路

唐说：“当你听到去越南的命令时，一定很吃惊吧？”

查理说：“没有，我自愿要求去的。”

唐问：“你去越南的时候已经是上校了吗？”

查理说：“是的，我刚到五角大楼工作的时候是中校。”

查理有这么一个万人之上一人之下的工作，在五角大楼里，每天穿着笔挺的军装在整洁的办公室与国防部长和陆军总长、将军们打交道。但他却自愿要求去肮脏危险、酷暑难耐的热带丛林，我不由地糊涂了：“你自愿要求去越南，是不是出于一种责任感？还是你认为这是你应该做的？”

查理说：“如果我不主动要求指挥一支部队的话，我就打算退出现役。我推迟了退役去了越南战场，我在五角大楼有很多朋友，他们在被提升为上校之前退役了。他们在平民社会里扶摇直上，有一位成了波士顿银行的副行长，另一个在广播公司担任重要职务。

“咱们看看：一个职业军人一生的经济状况。如果你的职业军人生涯一帆风顺的话，军队保证你服役三十年后，你退休可以拿到百分之七十的工资。比如说，我最终在1975年退休，我的退休金是一年三万美元。当时全国只有百分之五的人比这个工资高。当然今天看来三万美元不多，但我刚从西点军校毕业时一个月的工资是两百一十三美元，还没有包括住房和伙食补贴。

“总之，从经济学角度来看，从收入角度来看，最佳的是职业军人在服役二十年后，在四十三岁时，拿着一半工资退伍，开始自己的第二事业。

“所以如果我不去越南，我就退役了。”

我说：“我明白了。”

他说：“这么说吧，百分之九十的上校到越南都是自愿的。年轻军官许多也是。因为这是被提升的捷径之一。

“我们军队里有一些人雄心勃勃，比如说他们志愿到伊拉克去。有一些人去越南就是为了在他们的履历里面加上‘有战斗经验’这样的字眼。”

我说：“在我采访的参加越南战争的美国老兵中，很多人抱怨部队里的指挥官经常更换，军官们来来往往。他们在自己的简历上加上一笔战斗经历就走了。这样对鼓舞士气不好吧？”

查理严肃地说：“听着，你作为作家一定要非常谨慎写这些。”

唐也说：“你要尽可能不做任何道德公理判断地把事实写出来。”

查理继续说：“就这个问题而言，那些义务兵服役的人员意见可能在一定程度上是对的。但美国军方的基本政策就是尽可能让更多的军官取得更多的实战指挥经验。另外还有一个好处就是，在这种流动的制度下，那些不称职的糟粕军官会淘汰掉。在军队里，什么样的人都有。

“我曾经有一个上司，他原来是国防部的财政总管，后来又到铁路总局作财务总管。我退役以后他雇佣了我。他说过一句话：‘你了解的魔鬼，比你不了解的魔鬼要好。’这句话有很深的含义和哲理。

“比如说我刚到五角大楼时，我的上司，陆军部长的财政主管，是一个哈佛商学院的毕业生，一个成绩优秀的怪癖人。他其实是一个头号傻瓜。我看过他的简历，他从一个工作换到另一个工作，跳来跳去的。大多数情况下，哈佛的校友雇佣他是因为他是哈佛的 MBA。当时的国防部长麦克纳马拉是个哈佛毕业生，他上任的时候从哈佛带来了一名商学院的教授作国防部的财政副主管。这个教授本身是个白痴，一个出身贵族的毫无常识的人。是这个教授把我

老年查理夫妇和表弟唐（右）留影。

的这个傻瓜上司安排到陆军部财务主管这么一个位置上来的。

“当时，陆军部长是个著名律师，参加过二战，是个好人。当时的陆军副部长是耶鲁大学毕业的，这两个人最终也看透了这个傻瓜，想用什么办法让他走人？

“他俩最终想出一个主意，不炒他的鱿鱼（这大概是哈佛俱乐部的规矩）。他俩对他说：‘嘿，这届总统（约翰逊）快到期了，我们知道你想离开，所以如果你现在不离开的话，我们没有时间安排别人来顶替你了。’

“这家伙并没有说他不想走，那么他开始在全国寻找工作。我是他的助手，我每天在他的办公室出出进进。我每天总比他早到达一个小时，他坐着豪华轿车来上班。他找一大张会计用的坐标纸，把他看中的工作的价值作了一个评估树形图进行分析，什么住房、工资（有的工资在60年代就是年薪九万美金）还有就是地理位置，地理位置为主线，圈定在美国东部纽约、波士顿一带。最后写了满满一大张纸。他后来选定了波士顿银行。当他来到波士顿银行不到一年，人家也发现上当了。这些年我一直在追寻他的踪迹。当我后来来到铁路总局时，我参加了美国财务总管协会，我发现会员名单也有他，他当时大概又换过五六个工作了。哈佛俱乐部也不会让他抹黑，总是给他换工作。

“最终人人都知道他是个傻瓜，但没人肯对他说：‘你行不行呀？老兄？’

“有意思的是，代替他的是一个普林斯顿大学学文科的，没有学过一点财政经济学的学者。但他是罗得奖金（美国大学毕业生最高奖金）获得者。他大学毕业时拿了一个文科文凭，第一个工作在华尔街卖债券，一个纽约州长竞选人看中了他，竞选成功之后任命他做了纽约市的财政总管。”

唐说：“简直和菲斯杰拉的小说一样，世界上的事情真是无奇不有！”

查理说：“就是。我在他的手下工作，真的十分愉快。每天早上，他在黄色的大笔记本上写下今天要做的事情。第二天，他把前一天的那一页纸撕掉，又重新开始一页。他的案头总是干干净净的。头脑清晰，思路开阔，井然有序。”

查理于 1975 年退役。退役后在美国铁路总局任财务总监。2011 年 2 月在弗吉尼亚自己的牧场家中逝世。

记 忆

边缘生命

苏凤

我生于 50 年代初，在湄公河畔南越的鱼米之乡——西贡，我母亲的出生地。我的父亲是道地中国血统的福建同安县人。父亲很少和我们说从前，也很少和孩子们沟通说话，孩子也没有什么发言的机会，但父亲有时会自个高兴地唱歌，孩子们也可以自由地唱歌。我依稀记得，他提过一两次他小时候住在海边，天天捡贝蚌，喜欢在海里游泳，喜欢吃鱼……并没有说起他的父亲和母亲，似是讨海人。他的祖母是茹素的人。我猜想，大概是在鼓浪屿一带的海边。父亲高大壮硕，姓苏名允泰。他在十九岁的时候，也该是 30 年代末，国内拉壮丁战祸连连的那段期间，他乘船渡过中国海到南越西贡去投靠长兄，在他的磨咖啡店里帮活。后来似和嫂子不是那么的和谐，自己出来替别人工作。父亲只上到初中，可是写一手秀丽的钢笔字。他一辈子从商，没有像我们第二代人享受到笔墨之逸趣。

父亲常带我们去离家百公里以外的头顿海边度周末，在海里游泳是父亲最喜爱的活动，经常自己一个人在深海遥远的波浪上起伏，好像回到母亲的怀里一样，久久才入岸来。然后，带我们到饭店吃海鲜。每天大清晨，还没有涨潮，太阳刚照亮大海的时分，渔人刚打鱼回来之时，父亲已经在那一望无边的白沙滩上，在那细浪的节奏声中等候他们，等购买鲜鱼活虾。回想起来，像一幅美丽幸福的图画。

左起：外婆的养女，外婆，外姨婆，金枝姨，金叶姨……以及外公，十岁的母亲金华。

母亲的童年比较抑郁，她是家中长女，姓洪名金华。秀外慧中，孝顺，自小除了帮忙外婆做水果买卖的生意外，还照顾两幼妹。外婆对她却特别严厉，也随意谩骂，母亲长得美丽出众，白皮肤凤眼高鼻梁樱桃红唇尖下巴，她经常暗自流泪。她爱读书，也爱写故事。她说有时在学校里，自己写了小故事画插图以后在课堂上给同学传阅，看的人要付一分钱，那样她就可以去买纸和彩笔再写下去。后来也写诗，在战乱离开南越 1978 年前全部焚烧了，没有带出国让孩子们分享，也从没有发表过。记得小时候，晚间，她会以母语越文读报上的新闻和小文章给我们听。

后来，母亲告诉我，外祖母很能干，但没有什么学识。那时的人生怕女孩“学坏”或认识人，所以从小就极其严厉管教。母亲小学上的越语学校，中学上的是法语中学，初中毕业就不能上学了，要在家里帮忙做生意，女大当嫁是必然的。外祖父是福建同安人，早期出国在西贡的一个商行里当买办。他很疼爱母亲，可在家里没有发言权，外祖母比较有权威，越南妇女能干，家里的事务都

金枝姨和苏凤的大姐、大哥在公园合影。

是女人操持的。外祖父在外只是交女友喝酒。在他的一辈子中只坚持争取了一件事，就是要把女儿嫁给一个福建人。祖父不到五十因病去世，以后我才出生。母亲回忆说那年的大年初一，祖父去看戏，戏演半场才进去，看自己当年的预兆如何，结果是一位武官在马上摔下阵亡，祖父就回家和长女说这事，担心自己今年有厄运。

母亲有两个幼妹，金枝和金叶。金枝阿姨快二十岁的时候，有位法越混血的年轻人喜欢她，经常在她家门外走过，他们后来也说上了话，两人一直暗恋着对方，只有母亲察觉到这事。有一天，外祖母和金枝阿姨说她的父亲已经和她看好了一门亲事，订婚日期也定了，是和一个福建人联姻。金枝阿姨痛苦万分，那青年也请家人来说媒，结果被婉拒。无可奈何，阿姨只有听从父母之言订了婚。那个夏天，全家到海边玩耍，回来金枝阿姨得了感冒发高烧，一病不起，还经常昏迷说呓语，外婆甚急，无法可施的时候便求救于巫术，令金枝阿姨惊骇不已，当天晚上，金枝阿姨便与世长辞。

母亲抱着老五，老四苏凤在前排左。

每个月总有一个周末，父母亲带我们全家去乡下探望外婆，她住在一个庄园里，周围是果树椰子树，后面有水稻田；是我接触大自然的机会，经常满园蝴蝶在阳光底下，花果树中飞舞。祖母每次都采颉瓜果和忙煮丰盛的菜肴给我们。连同小姨和九个表兄弟都来。外婆看到小姨就眼笑眉开，也很喜欢她的大群小孩。小庄园里还养了几支懂得听话的大土狗。在这里，许多年后，最让我怀念的是天未亮前的鸡啼声和母鸡带小鸡群时的咯咯声。

在我的记忆中很害怕外祖母，她长得白皙姣好，大眼睛圆脸小嘴唇，富态的身型，一把长过臀部，又浓又黑的长发，散发一种檀香的香味，往上结个如柚子般大的髻子。她爱穿白色丝的长袖便衣，黑宽松的长裤。她不大爱说话，但双目犀利，似乎她望我们一眼，我们就要赶快躲开似的。几次印象深刻的声音是她吆喝她的越南养女佣仆和打骂她的声音，简直十分残酷吓人，把那女孩关在厨房里用木棍打，只听到那女孩求饶的哭，所以我自小就不喜欢外婆。

在 1968 年越共围攻南越首府西贡的时候，外祖母的大宅院前面部分遭到枪击后千疮百孔，倒塌了。可是外婆还是坚持留住在乡下，一直到 1975 年越南统一后的几年才因失忆和疾病逝世。

母　亲

在母亲十七岁的时候，外祖父认为女大当嫁，就应允媒人来家里说亲。那时我的父亲闻说老乡洪先生的家里有女初长成，勤奋又貌美，所以时不时骑自行车经过家门看看在店面帮活的少女。不久，有一天便和两位朋友一起到家里探访外祖父。母亲那时就拿茶水出来招待客人，在倒水的时候，一不小心，整个人摔到父亲的怀里，惹得大家哄堂大笑，那时母亲极为尴尬，也不知道这就是要来相亲的人。事后不久，媒人上门说亲了。母亲知道以后非常气愤，不愿意和素不相识的陌生人结婚。可是经外祖母一再的劝说，‘让你的父亲安心吧，这年轻人又是你父亲的同乡，人很勤劳上进，就顺从吧’。母亲后来回忆说，自从结婚有了家庭以后，外祖母对她说话就温柔了，不再严厉。也说，自从自己当母亲以后才了解当母亲的辛苦，也就更爱自己的母亲。

然而，这两个新人操两种不同的语言兼不同的生活背景和习惯，这使他俩一辈子都有说不出的不和谐，母亲也一辈子在适应和忍受。父亲只说闽南语，起先母亲只说越南话，后来母亲和家佣学会了闽南和广东话，她和父亲才开始沟通。

过去旧式的男人在家不和妻儿交谈，也不照顾他们，只是女人单方面顺从命运和丈夫，以及一切的一切，这是我母亲的写照，不幸地也是我自己后来的写照。

母亲现在会和我说生到我，老四的时候，你的爸爸开始生意好起来。后来，母亲因为向丈夫讨钱不容易也难过，自己就开始做起生意来。父亲起先开了个卖洋货食品的铺店；母亲从事多种不同的事，从私下买卖首饰到开舶来商品店等等。60 年代，父亲已经经营出入口公司和战机铜铁的回收，以及化学原料的入口等。他念及幼时失学的遗憾，所以对侨社的教育慈善很支持，对侨社医院的资助也义不容辞，成为苏氏宗亲会会长、福建帮帮长和福善医院名誉董事长等职衔。越南并没有社会福利和医药保险，学费也得缴付，所以海外华人自己于是建立各帮的医院和奖学金等传统，这是侨社团结和互助的原因，是为海外华人得以世代相传茁壮的基石。

母亲慈蔼可亲识大体，得到周围人的敬慕。孩子们每天早上起床躺着看母亲做体操换衣打扮是我们小孩的乐趣，穿上时尚的高跟鞋前一定会喷上点法国香水才出门。她谙越法语，会说闽南话和广东话，后来学英语。她是我们那时代的先进妇女，大部分的妇人都在家伺候丈夫和孩子，而母亲是在外经营的人。她除了是钻石和玉器专家外，还在西贡国会附近最高档的繁华区（Nguyen Hue）开了一间著名的奢侈品商店（Hong Thai）。

母亲经常在父亲商务遭到困难或当局人士来找麻烦的时候，全由母亲奔跑解决问题。这亦是母亲深恶痛绝的事，她常和孩子们感慨地说，父母亲不会给你们留下什么，只希望你们都能把书念好，有一技之长，以后不必从商那么的受苦。

小时候，母亲除了给我们缝制漂亮的裙子，还会驾驶和摄像，给我们拍短片电影和时不时给我们街坊的小朋友到家里来放映卓别琳的无声黑白电影。

外祖母信奉佛教和膜拜祖先，母亲也很虔诚，看母亲拜拜时心中默念的样子，真像神明在倾听，是为她心灵的唯一依附。逢年过节和每月阴历初二和十六，母亲都特别慎重，让六婶准备菜肴香烛来拜拜。母亲当天一定带回美丽的鲜花供奉。她偶尔也到庙堂去，和庙里的师傅结缘。每年春节前都有穿袈裟的师傅从乡下带大棵黄梅花送到家里来给我们过年，年年如此。母亲的灵感很好，直觉敏感也通常是心想事成。相信和她的慈悲和善良有关系。犹记得小时候过年，端午，中秋和祖先忌辰的各种礼拜以及香火缭绕的气氛，大人尤其妇人们对神明的那种敬畏和信念，仿佛一种完好的美化剂，使人和人和神明以及生命添增一种和谐与祝福，让辛苦的人间得到某种慰藉。

结婚五年以后，在大陆的小姑妈丈夫因病逝世，无以凭依，父亲便接她和她的两岁女儿从福建乡下到西贡堤岸家里来一起生活。大陆那时，尤其国内乡下的生活特别贫乏，到家以后，母亲悉心的照料她们，教她生活的方式。母亲最记得当姑母刚到家的时候，眼睛瞪得很大，好像从来没有见过那样姣好的妇

苏凤与大哥及父亲在游乐园，旁边是六婶。

人，一直很久都以惊愕的眼光望母亲。

姑妈熟悉环境以后就开始在父亲的面前多说话，有时嫌佣人的不是或我年幼的和表姐同龄的哥哥怎样‘欺负’小表姐了，芝麻小事，可对母亲来说变成一种心里的压力，因而姑嫂之间开始有点误解和不快。可是姑妈本人又不识字，不可能自己独立生活，所以情况很困难。母亲经常为这事困扰郁闷哭泣，也正是这个时候母亲怀了我。

诞　生

我是腊月底生，母亲给我取的名字叫‘苏凤英’。还有一周就要过年，那时父亲生意忙，没有时间给我报生，直到过了年才去报户口，所以我的生日晚了一周。来看望母亲和新生儿的亲友都会说这孩子长的酷肖她的姑姑，真像，尤其是突出的额头和稀少的毛发，大家都那样认为。可以想像那时的母亲是如

母亲留影。

何的难受，看到我就像看到姑妈一样。

我们的名字都是母亲取的，只有两个哥哥的名字是父亲和他的书记查字典取的。母亲常以为快，由她以越文取的名字有诗意，如一幅幅美景（如秋霞、凤英、碧云、雪娥，等等）。对于自身，出生与名字都是父母给予的，别无选择。

母亲因为后来因为生意忙，经常早出晚回，家里的事务都交由广东管家六婶操持。只要母亲每两年生个婴孩，家里就多添一个年轻的佣仆，后来竟然一共有六个，加上父亲外面铺店的四个员工、司机，和七个小孩。

那个年代，有一类终身当佣仆的中国妇女，大多是广东一带出来的，她们‘梳喜’，意为把头发留长，涂油，打个长辫子，一辈子不结婚，或不再婚，到主人家帮佣做家务带孩子，甚至当奶妈，忠诚于主人，主人也把她当家里的一员。她们好像之间也结拜，形成一个小家庭，互相照料支持，倾诉心事，也做‘会’，攒些利息，买路费回乡探亲，有的还在家乡建房子防老。我们家的六婶

50 年代苏凤在南越堤岸的第一个家，振泰行，父亲和越南朋友合影。

就是那样渡过她的一生，勤勤恳恳的为我父母亲工作，伺奉全家，从无怨尤。

家里房子也不大，是一间两层的房子。下面是洋货铺面和后边的饭室和天井式的厨房，楼上是纯粹的两间卧房，父母用前面的一间，孩子和佣人共用后面的一大间。白天六婶就在那里缝衣和熨衣。我出生的这房子位于堤岸的一条商业街，666 Nguyen Trai。前面是洋货店，生意繁忙，家便都是人，街外整天车水马龙，没有一刻没有车子和闹市的声响，加上满街小吃，卖贩的叫卖声。

家里还有一个从伯父那儿过来上学和学办公的堂哥，他比大姐还大两岁，比我大九岁，人老实质朴，常和我们玩闹，念书和讲笑话，在我记忆里他是我的好哥哥和玩伴。他说我婴儿襁褓的时候也常是他抱的。

而我的周围，大哥总是脾气不好，乖巧的大姐因为自小被外祖母带到西贡上学，很少在家。家里的佣人都忙干活，要么和小的在一起，二哥自小常生病要六婶的特别看护，处在中间的我就没人理睬，即使受到大哥的打骂也没人管，受到佣人的白眼和烦厌也无人知晓。我是家里的丑小鸭，被欺负和哭泣的时候从没有人理睬，自小已经体会到冷落和孤独，虽然这一切都在无意识中漫过，从而镂刻成每个孩子独特的个性和特征。

我们家的斜对面是一个宣道书室。里面有许多基督的小图书，有清静的小桌子。有一天我贸然的进去，和那看守图书的姑娘讲话，她很欢迎我来，还借了故事书给我，也欢迎我到那儿唱歌‘美丽的心田’，我挺开心的，竟有人那么友好温柔。带了几本小书回家。大哥问我去哪儿了，他就一手把书抢过来仍在地上，还挨打。

母亲白天不在，晚上回来就问哪个孩子不乖，没做功课或调皮做错事的，就要挨母亲的眼泪带藤条的处分。在这种只有处罚没有呵护鼓励的环境，每个小孩心里别扭，缺乏爱与安全感，因而小孩之间便存在争执和嫉妒，总在一种不和谐的氛围之中，一直到后来我们各分东西，成人立业以后重逢，这重隔阂才消弭。母亲如今已经年迈，有时还遗憾地说当时对我们实在过分严厉，是因为在那么动荡的战争年代，生怕小孩没管教变坏，别人说闲话才那么严格。其实回想外祖母养育母亲的老方式，对母亲不无影响。

在美越交战的烽火年代我们着实得到父母各方面的保护，生活富裕有余，从来没有吃过苦，也没有受过难。八个孩子分别送到不同的最好的私立学校上学。我和两兄长上华语学校，大姐和我以下的四个妹妹上天主教修女办的法语学校（Couvant des Oiseaux）。

60年代中旬有一个晚上母亲回家，心中非常惶恐，读报告诉全家人政府要征兵，所有孩子都得重新报户口；男孩年满二十得向军方报到，禁止年轻人出境，晚间11点开始戒严，全国动员对抗北方的侵犯。从此母亲特别焦虑，立意把我们，尤其两个哥哥送离越南。母亲更要加倍的努力赚钱，也同时寻找所有可能让孩子们出国的办法。她仍然每两年到世界各国旅行采购货品，也同时考察留学情况，加拿大当时给她的印象是世界以外的桃园乐土，人心善良，回来以后便鼓励我们将来到那儿留学。

童　年

我三岁的时候，母亲认为我已经可以到幼儿园，所以一早就送去崇正小学。学校就在同一条街，我和两个哥哥都去那里上学。学校是在一个大的祠堂范围里。中间是关帝庙，左边是客家帮会办的崇正小学，右边是潮州帮会办的义安小学。前面是个操场和小池塘，让祭拜的时候放生。福建人的学校离家远，其实所有华人学校的教育方式和沿用的课本全是台湾中正书局的教科书和学国语，内容都没有分别。我在学校里的成绩比普通好些，但经常参加舞蹈和唱歌演出。上到三年级，学校被强迫要教越语课而且校长要换一越南女士，故此我们也有机会学好当地的语文。这也是我们的优点，因为在家里讲的双语，而纯华人家庭是不会越语甚至是抗拒的，所以我经常得到老师和校长的喜爱。

下课回家后并不用功念书，爱和街坊的小朋友躲到祠堂的大操场和小池塘玩耍，跳绳、踢毽子、骑小自行车、捉迷藏、讲故事等等。但我绝少进那关帝庙，大门进去以后有两个极高大泥造的守门神，面貌凶恶。里头又是什么一些菩萨，红脸的关公坐正堂，钟声和烟火缭绕，有人添油时便有鼓声鸣（冬邦冬邦冬冬邦），气氛阴深可怕，我也不喜欢那种浓俗的烟火味。

有一次，家隔壁邻居有人去世，连续好多晚上都听到和尚念经超度的声音，灯火也彻夜通明，有个晚上我要起来如厕，很害怕听到诵经的声音，我便起来摸到姑妈的床，让她陪我上厕所，然后返回床上睡觉。第二天早上，姑姑和妈妈说我晚上还害怕，怕什么怕，家里人那么多等等。妈妈就惩罚我，把我训责一顿。现在想起来，感到那个时代的人教养孩子是以威严，以暴力让人驯服听话，而不是以爱心和理解。妈妈当时的心里本来和姑妈有疙瘩，为了让姑妈知道她是个好妈妈，注意教养孩子，所以就以惩罚训责自己的孩子作为证明吧，着实让孩子很委屈。

我爱玩耍，皮肤也晒得黑些，家附近有些卖布绸的印度店铺，每次和佣人路过他们的铺面，他们都爱逗我玩，好像特别喜爱似的，所以家里的人说我的皮肤稍暗，眼睛大又带黑眼圈，肯定是印度人的后裔，所以呼我为“印度公主”。没想到人到中年的时候才明白这个乳名的真正涵义。

50 年代童年的玩伴和苏凤、大哥和五妹。

我有一个玩伴名玉彩，是父亲的书记宠爱的女儿，也是我们的邻居。她比我大一点，我们特爱互相讲故事，把看的电影从头述说一遍，讲到星星出来，天黑了才被佣人找回来，不用说又被母亲惩罚。

有一次，我们大群孩子，连同我哥姐到附近一个马戏场去玩。那里有许多大树，其中有棵开满红艳的凤凰花，羽状柔软的树叶，可枝桠都很高，玉彩便设法拣起一块石头往上仍，我在旁边观望，也希望得到一朵美丽的花儿；结果花没掉下来倒是石头往我头部掉落，马上流了一头鲜血，所有小孩都被惊吓到了。五十年后的一次在北京的画展会上，我和当年的小玩伴再次相见，如隔世的亲人般的感动惊喜，她特地从旧金山和美国先生过来见面，我们不免唏嘘说起从前，她提起了这段凤凰树下的童年旧事，调侃地和先生说你以为阿凤今日这么‘醒悟’，全凭那石头往她的天顶上一扔哦！

少年

我家左邻是写挽联的店铺，右邻是皮箱店，然后是油条店和中药铺，再过来是一条巷子，旁边就是学校了。挽联店的老板娘是我的班主任，先生写得一手好书法，我经常过去看他写大字，各种书体写得很棒，挽联的句子我都很熟悉。后来也和这位廖先生学古文，背木兰辞和归去来兮。我们在那儿住到我上初二，十二岁搬家到一个静谧的高尚住宅区（47 Chau Van Tiep），一栋三层楼的房子。每俩孩子得一间带空调的房间，不像过去都睡同一个大房间，和佣人一起挂上蚊帐打地铺。

中学六年，父亲把我们送到一所由台湾天主教会于斌神父办的英语中学——自由太平洋学院上学。那是一栋法式的典雅的米白色建筑，正门有大操场，周围有些高大的老树；正厅大会堂的天花顶上有浮雕，是让老师与学生集会用的厅堂。后面有庄严的大石板的楼梯领上校长的办公室和他的居所。建筑的后方一排全是教室，由初一到高中的课室，而每级都有两班，每班都有大概五十个学子，全校约一千多名学子。女生都穿白短袖上衣，上衣上方绣了一个小十字般的学校的英语简称，下方是宝蓝色的折裙子，男生穿白衬衫蓝色长裤。每周一早上在操场集会，全校师生要唱越南国歌（以前是唱中国国民党国歌）和校歌，然后校长致辞，教务长训话才散会。虽是天主教会办学，但没有布道的内容，也没有《圣经》课。

因为美国支持南越和共党执政的北越对抗的关系，1962 年以后陆续地更多的美军的太太到学校里教课，还有一些神父和少数的英国老师，教科书全是英语课本，除了国文和历史，从那时起打下英语的基础。

高一那年，来了一位年轻壮硕的美国老师 Mr. Oliver Stone，听说他是美国名校过来的，教书替代到前线去当兵。他很用心教学，可经常被这些华人弟子的无知和破英语气昏，激动无比。我们喊他‘Stone’先生，人健壮高大，有时也留了一脸胡子，不怎么梳头，爱穿黑裤白衣，印象深刻。他给我们讲各种语法和句型，然后让我们造句子，大部分时候，同学都不会回答，石头先生抓

60 年代南越，自由太平洋学院的老师陈梦群先生和同班同学，苏凤在左边第三人。

起自己的头发，快跳起来的样子，然后会喊我的名字：‘Florence!’我就很快的给了个比喻。嗨，他才嘘出一口气。有一次，中间下课时候，女班长小玲和我在大堂里手牵手的走，石头先生也在大堂里坐着歇息，他让我们过去，眯起眼问我们，你们俩为什么手牵手？

四十年后，我回加拿大才从老同学那儿得知石头先生几次获得最佳执导金像奖，专门拍摄越战和行动暴力电影，还有今日一部讲华尔街股市的传奇（*Wall Street: Money Never Sleeps*）。

父亲给我和两哥哥请来补习老师陈梦群先生到家里来陪我们读书做功课。现在回想，父母真为了我们的学习和出国费尽心思。我对文科比较得心应手，数理科目连补习老师怎么说我也不能明白，没有办法时就背数学，把数学题死记起来考试，每次都惊险百出，我偏偏很幸运都刚够及格过关，十六岁高中毕业，后来也都能考上好学校。

小学和中学一直都有图画课，自己感觉也一般，不好也不坏。不过上课的时候倒经常私下乱涂鸦画小图。音乐课成绩不错，但总是唱低音。体育课也一般。课外参加民族舞蹈班和向法国老师学芭蕾舞。母亲注重我们把英语学好，每周末都到英国老师以及越美会去补习英文。比起其他同学，我的机会比较优越些。但还是不爱用功学习，每天懒慵慵的，可能和我经常因为气候炎热的关系而头疼。而家里只听到批评，从来没有听到鼓励和赞许的温暖，哭了也不会有人理睬，后来就不再会哭了。自己对自己没有丝毫的了解，懵懵懂懂地活着，越长就越没有欢笑。稍长以后，爱和堂兄读报和看小说，看了几本琼瑶和武侠小说。平时母亲不让我参加校内的远足或同学家的生日会，限制接男同学的电话，每次和他们说话都非常紧张害怕。连在学校看到自己的兄长都避免打招呼，到了男女授受不亲的地步。

有一次，和母亲上街经过一个水果店，卖水果的年轻人和我一笑打招呼，母亲就不高兴地问那是谁，怎么认识他。我说我经常来这儿买苹果。说起苹果，让我想起至今孩子的爸会嘲笑说我在南越时没苹果就爱吃苹果，到西方以后就爱吃桂花芒果——意为总和人不一样，倒着活！后来母亲缝制的衣裙，因为是六姐妹穿的一样我就不愿意，自己买布找裁缝另外做自己设计的样式，使母亲很不高兴，我在母亲眼里就更另类了。

那时的西贡有小巴黎之称。因为南方曾经是法属殖民地，人们的生活受法国的影响，就如60年代以后受美国的影响一样。过去知识分子学法语后来又学英语。高阶层的人，无论在饮食，奢侈品，听的音乐和衣着打扮，都和国外的杂志一样时髦，休闲时到法国俱乐部打球游泳等等。所以后来到法国留学的时候，感到有回家的熟悉感，一点不陌生。我当时也很喜欢听唱片中流行的摇滚乐，猫王，披头四的歌，美国反战的民歌，好多歌到现在仍能唱诵。

在美国跟北越打战的初期，吴庭琰执政时期之后，经常因为政变而停课，全家大小得搬到楼下打地铺，等政局宣布稳定再恢复一切日常的活动。有时局势太紧张，母亲会携带我们到乡下外祖母那儿避避，有时到她的高官挚友家小住。孩子们什么也不懂，只感到很好玩，不用上学又能和其他家庭的小孩在一起乐。有一次，母亲犹记得，外祖母因为一直没有听到我们的消息，外面风声很紧张，她老人家乘木艇搭小车，扛着许多食物辗转到家里来看望我们的安危，

1968 年，外婆和五妹在她倒塌的房子旁，外婆还能言笑。

这令母亲永远难忘。

那时，我们住在首都，以及靠近首都的城市都没有被炮轰到，只是每夜都听到不少远处的炮声，时不时听到照明弹在空中飞扬。街道上很多美国大兵，几乎每区都有酒吧，陪酒女郎满街都是，衣着暴露妖艳，这也是母亲不让我们出门的原因，到哪儿都和家人或母亲一起才能去，看电影也只和母亲去，是她选好的电影才能看。有一遭，大哥私自和朋友去看了葛兰演的‘野玫瑰’回来被母亲处罚，对男生况且如此，对女生母亲更加严厉。后期街上流离失所无家可归的人也越来越多，满目疮痍，非常可怜。

我十二岁那年，母亲出国也把我一起带去香港一个月。住杨干妈妈家，香港的干妈妈是因为有次全家到堤岸我家玩时，母亲让我唱歌给大家听，唱毕干妈妈和爸爸一定要认我做干女儿。所以这次到香港，他们建议带我到邵氏制片厂参观，看大明星拍电影。当年凌波和乐蒂的‘梁山伯与祝英台’红遍亚洲，里面的歌我全会唱。去参观的时候，正是凌波和李菁在拍‘鱼美人’。休息时，干妈妈让我唱歌给导演和凌波听。等我们从香港回来之时，妈妈接到某导演的来信建议双亲让我到香港学电影当童星。不消说，母亲是绝对不同意的，我一直不知道此事，一直到好多年以后才获知。

离　家

在我离家的前一年，越南全国正值风声鹤唳的紧张情势，妈妈竟给大哥庆生申请到了护照，以旅游身份乘机去了香港，留在香港上珠海大学。二哥庆源是在我离开家的后一年，妈妈有一天接到中部芽庄某人的通知要带二哥到中部去。他们漏夜带了一套衣服就去了。抵达以后，那人说船还没来要等待。他俩经常到海边徘徊看海，尽管海边的细沙有多白，微风有多柔，母亲那时感触良多，二哥何尝不是？他后来告诉我那时会自问人生的意义何在，即使出了国又如何？ 结果母子俩在那儿等了三周才获知可以上一支香港过来的小商船，二哥就在夜里跟随那人上了甲板，被藏在一个隐秘的角落几天几夜，其中细节和遭遇，二哥从不愿提。把他送上船的一刻，母亲心里非常焦虑痛苦，怕他受难，每天不能饮食安寝，经常哭泣，极为忧虑，一直到获知他平安抵达香港和后来到了台湾升学才放心。

1967 年，我十六岁，高中毕业时，父亲同意我报考台湾办的回国升学考试。填表的时候，我什么学校都没填，感到自己还不可能上大学，心里很犹疑，所以只填了侨生大学先修班，考试后被录取了。那年秋天，母亲好不容易办成手续带我搭机离开越南，连同我十四岁的妹妹。大姐是比我们后离开一个月到加拿大蒙特利尔法语区上大学。

离家前，母亲都以越文给我们每人个别写一本小册，提醒我们在外要懂得添衣学习和照顾自己，父母亲是那样地不舍，关怀和疼爱我们等等，要我们努力用功，切勿谈恋爱和政治，要每星期给家里写信，免得父母牵挂等待，要经常翻看这小册子，好像母亲在我们的身边时的循循善诱般。

记 忆

我的求学生涯

祝万安

“路撞”蒋委员长

1940年8月，我和同学彭崇实二人同时接到重庆广益中学的录取通知，我们一起去学校注册。那天是农历八月十三，正好是我十三岁的生日，注册后，我们就到学校附近黄桷垭小镇上去玩。他听说这天是我的生日，一定要请我吃饭，然后又一起去学骑马。当时，从城里到学校要从龙门浩坐船过长江到南岸海棠溪，再爬半小时山路才能到学校。除了走路以外，还可以坐滑竿或骑马。男孩子都喜欢骑马，但我从来没有骑过，很想学学，以便日后上学方便。于是，我俩就来到黄桷垭公路旁一个专门供人马匹的地方。

我捡了一匹高头大马，好不容易才爬了上去，沿着公路向黄山方向跑去。开始还有些害怕，渐渐觉得骑马也不过如此，于是越跑越快，把赶马的小男孩远远抛在了后面。当我跑到一个急转弯处，突然，三辆黑色高级轿车冲我迎面驶来。刹车的尖叫声让马受了惊，嘶叫着就往山崖下跳，我急忙从马背上跳下来，才没有和马一起滚下崖去。跌落在汽车前面不到一米处，由于我右手先着地，当即骨折。只见车里出来一个人，身着西装，腰别手枪，上前将我抱了起来，问我是否受了伤。我气冲冲对他说：“手都断了，还未受伤？”他托起我的右手看了看，回身对第二辆车上的一个穿黑风衣戴黑礼帽的人说：“这孩子的手已断了，怎么办？”穿风衣的人叫他赶快将我送去医院急救，好好医治，然后就让司机开车走了。

那个穿西装、别手枪的人带着我，往回走了一段路，才碰上赶马的小孩。他让那个孩子去路边崖下找马，叫我坐在路边等车。不料，半天不见过往汽车，我问他是什么人，他也不说。后来，碰上一个上山割草的农民，他就叫住这个农民，将我放在背篓里，一直背到南山医院。

下午，父母亲得知我被汽车撞伤，急急忙忙赶来医院看我。医生给我做了手术，将骨头接了起来，上了石膏，因为不是开放性骨折，手术后不久就可以出院。在我住院期间，那个穿西装的人还多次来看我，每次都送些鲜花和水果。后来听说，他的女朋友就在这个医院当护士，难怪他往医院跑得这么勤。

事后，我才知道，车上那个穿风衣的人就是蒋介石，那时他就住在黄山，穿西装的人是他的侍从。

出院不久，我就忙去学校上课。第一天上早操，校长就把我叫了出来，向大家介绍说："这个新来的同学，别看他人小，胆子不小，他竟敢骑马闯蒋委员长！"并说，从那以后谁都不准在公路上跑马。而我，也因此在全校出了名。

许多年以后，和我的学生聊天谈起此事，大家都说"大难不死，必有后福"。可是，"文化大革命"一来，就有人说我"美化蒋介石"，甚至说，"蒋介石接见我十分钟"，分明是"大难不死，遭来横祸"。

校长杨芳龄

广益中学，1891 年英国公谊会创建的一所教会学校，以前叫广益书院、广益学堂。1905 年由城里迁来南岸文峰塔下，更名广益中学。1925 年杨芳龄任校长，后才改为私立学校，但仍有教会学校的传统和英式教育的色彩。

校长杨芳龄早年从广益书院毕业后，先后到上海圣约翰大学和英国伯明翰大学教育系深造。1923 年回国后，先是在广益中学当教师。1925 年，广益学生声援上海"五卅运动"，罢课退学，驱逐洋人校长，英国校长被迫辞职，公谊会推荐了杨芳龄出任校长。学校降下了英国旗，升起了中国旗，取消了圣经课，周日做礼拜也改为自愿参加。不过，学校仍保留了聘用的外籍教师，继承了强调英语教学、重视体育活动、实行学分制和抵制军训等传统。经过多年的努力，到抗日战争时期，广益已成为重庆市有名的中学之一。

广益中学位于重庆南岸文峰塔下，进门以后是一条林荫小路，路旁古木参天，即使是三伏酷暑，也会顿时感到幽静清凉。沿小路石级而上，是一栋按英国牛津、剑桥风格设计的教学主楼。一楼主要是各种教室和一个能够容纳三百人的自习室，二楼是办公室和宿舍，三楼也是宿舍。主楼右面是图书馆和实验室，后面是食堂，楼上是宿舍。主楼左面是健身房，楼上也是宿舍。我在广益六年，先后在主楼、食堂和健身房楼上宿舍住过。健身房右边是大操场，包括一个足球场、两个篮球场和一个排球场，侧面山凹里还有一个网球场。操场西边是小学，北边则是高高的南山，文峰塔就屹立在南山之巅。山上山下，松柏成林，房前房后，绿树成荫，四季花香，整个校园就是一个美丽而幽静的大花园。每到夜深人静，你会听到阵阵的松涛声，清晨老远就能听到教室里传来的朗朗读书声。

校长杨芳龄是一位受人尊敬的先生。从英国留学回来，一生从事教育事业，坚持德、智、体、群、美五育并举的教育方针，强调严格管理。他每天起得很早，总是西装革履，一副绅士派头，四只英国纯种斑点狗，尾随着他，寸步不离。他有时会到宿舍催促学生起床，然后带领学生早操，纠正学生的动作。上课时，他经常到教室门外巡视，发现有哪位学生不专心听讲，便毫不留情地把他叫出来训斥一顿，并让他在教室门外罚站。而一旦有学生病了，他便会派花师母看病送药，关怀备至。因此，同学们对杨校长是又怕又爱。

杨校长非常重视英语教学。他先后聘请了英、美、加等国的外籍教师来校教英语，他还亲自带高年级的英语课。他主张选用林语堂的课本作教材，强调语法修辞，反对死背单词。记得当时我们就读了不少西方名著，他还将《四书》孔孟语录译成英语教诲学生，宣扬中华传统美德。英国青年教师 Hold 教我们初中英语，生动有趣，大家都爱上他的课。他还教我们许多英文民歌，至今难忘。高中时有位女老师教我们英语，我忘了她的姓名，但我忘不了她教我朗诵的英文诗歌和总理遗嘱。中学毕业前我能考上美军翻译官，毕业后我能顺利考上北大，甚至在我倒霉的时候还能去教英语，都和我在广益打下了良好的基础有关。

杨校长除教英语课外，还教音乐课，通常都是教唱英语圣咏歌曲。当他教唱时，他的几只大洋狗也会跟着呜呜地哼叫，如果大家声音太小，他会讽刺大家不如他的狗的声音大。广益虽是教会学校，但并不要求学生信教。不过教师学生都喜欢圣咏歌曲，因为圣咏歌曲多系世界名曲，它的歌词和旋律都非常优美。几乎每天，校园里都能听到各班级合唱团在课外活动时间练习圣咏四部合唱的歌声。每年圣诞节前，各班加紧排练，然后在圣诞节晚会上表演难度很大的合唱曲，如《哈利路亚》、《圣母颂》等。晚会结束以后，有的女同学，几个一组，身上披着白床单，手里拿着点燃的蜡烛，扮成天使，在校园里边走边唱《平安夜》、《普世欢腾》、《听啊！天使高声唱》等歌曲，来到老师家里，送上贺卡，祝老师圣诞快乐。

此外，校园音乐活动中，大家也爱唱抗战救亡歌曲，如《松花江上》、《救亡进行曲》等。太平洋战争爆发以后，美国大兵和美国大片大量拥进重庆，美国电影歌曲如《当我们年轻的时候》等也在校园里流行起来。为了看电影，我们下午 4 点半放学后偷偷跑步下山，过江进城，连看几场，再连夜过江，跑步上山，摸黑溜回宿舍，倒头就睡，第二天照常起来上课。《魂断蓝桥》、《飘》、《出水芙蓉》、《塞班岛之战》等，都是偷偷跑去看过的影片，很快，这些电影的歌曲就在校园里流行起来。

广益的第三个传统特色是足球。杨校长以前就是足球爱好者，听说他过去曾司职后卫。周末，他经常邀请停泊在长江的英国军舰富尔康号的水兵，来学校和校队进行足球友谊赛。每次他都亲自到场充当教练，教学生如何攻守。尽管这些外国水兵身强力壮，牛高马大，却常常被我们打败。有一次他们输了球，就打我们学生，杨校长当场提出严重抗议，停止比赛，直到他们不得不向我们赔礼道歉。

同学少年

广益的学生主要来自社会的中上层家庭，在重庆也算是所谓的贵族学校。但比起沿海一带经济文化发达城市的学校，还是有较大的差距。内地学生大都朴实、勤奋，但缺点是比较闭塞、保守。抗日战争爆发以后，重庆成了陪都，大批“下江人”来到重庆，一向平静的山城，突然热闹起来，外地学生也越来越多，其中许多学生是全国各地达官贵人、富商巨贾和社会名流的子女。他们大多进入广益、清华和南开中学读书。我是1940年考上广益的，正好与不少贵族子女同学同班，有的还成了我的好朋友。他们的家庭背景、思想观念、兴趣爱好、生活习惯，都和我们内地学生不同。他们穿名牌服装，我们穿普通衣裳；他们吃饭自带山珍海味，我们只带一点咸菜；他们上学坐车骑马，我们爬坡走路。大家都觉得他们很特殊，很新奇。但是，他们大都见多识广，胸怀大志。他们用功读书，不是为了摆脱贫困、养家糊口、光宗耀祖，而是要干一番利国利民的大事。当然，也有个别纨绔子弟，不学无术，吃喝玩乐，甚至仗势欺人，殴打教师，但大多数还是好的。除了勤奋学习、刻苦努力、成绩优秀以外，他们都很关心国事。当时最大的国事就是抗日，不论是穷人家的孩子，还是富人家的孩子，都对日寇十分痛恨，虽小小年纪，莫不满怀爱国热情和报国壮志。

就拿我们班来说，班长卢长孺，父亲是南京国民政府要员，一贯学习努力，思想先进，待人和蔼，有一定的组织能力。1944年日寇为了挽救在南洋的败局，向华中、华南和西南进攻，一直打到贵州独山，贵阳告急，重庆惊震。在这国家生死存亡的关头，卢长孺毅然决然投笔从戎，报名参加了远征军，当时才十七岁。后来，他不幸在部队里受伤，摔断了小腿，伤好后，又回来读书。1946年他和我同时考上北大，他读教育系，我读政治系，那时我们都积极参加学生运动，他还秘密参加了共产党，任北大学生会主席。北平和平解放后，他辞去北大学生会主席（由胡启立继任），再次投笔从戎，随军南下，在中南军区工作。后因出身问题，档案里被注明“慎重使用”，遂由海防前线、首脑机关调往内地。至部队精简，转业地方，在一个工厂当领导。每次运动，都受海外关系之累。1987年离休后，怀念广益同学，寄来《再寄蜀中诸友》诗一首：“南望云天又一年，巴山夜雨梦魂牵。清波塔影文峰远，寂野松涛冷月圆。雾里登高挥汗急，庭中会友论时艰。青春未付沧桑去，伴我归来抵足眠。”可见，广益对我等一生的影响有多深。

另一位是我们班上的才子陈引川，他父亲是蒋介石亲自培养的秘书，也是国民党要员。1946 年广益毕业后，他考上清华大学数学系，和我一起同时在北平读书。1949 年，他不愿随父去台湾，和卢长孺一起随军南下到了湖南。为了脱胎换骨，改行学工，“枕傍尿桶于农家，头顶油灯入矿洞”，但仍不免因海外关系于 1952 年被整肃。此后，遂埋头钻研技术，从事工业与民用建筑机械设计施工。1961 年至南京从事桥梁、市政工程工作，曾参加长江大桥公路引桥拱桥的科研及试验。“文革”时再度挨整，所幸因建桥需要，每天工作近二十小时而免于蹲牛棚。当了三十年下放、劳动、挨整专业户，直到 80 年代以后，处境才好起来。又因海外关系而参加政协，当了劳模，聘为参事。终于在他父亲去世以前，到美国，到台湾，见到了父亲。

在广益，出身在社会上层家庭的同学还有很多，如陈立夫的子女，炮兵司令的儿子，空军司令周至柔的儿子周一西，等等。我们班还有杨森的女儿杨道先，前外交部长郭泰祺的侄儿郭懋功，以及上海著名大亨杜月笙的儿子，顾嘉棠的儿子顾龙胜，王筱籁的女儿，监察院副院长的女儿刘霞，等等。其中郭懋功和我同时考上北大，解放后在德国、美国从事外交工作；刘霞在英国 BBC 做播音员，为华国锋、赵紫阳、李鹏等访英作过翻译；杨道先考上南京中央音乐学院，后在北京中央乐团工作。总之，一大批广益同学，抛开家庭束缚和优裕的生活，冒着很大风险，为新中国服务，尽管因家庭出身问题，受尽折磨，仍痴心不改，这和他们从小接受的教育，为理想，而不是为生存，为国家，而不是为个人而奋斗的人生观是分不开的。

值得一提的是我的好友顾龙胜，他不仅是我的室友，而且是我的邻床。他成绩不太好，但十分努力。我们经常在一起做作业，他非常虚心地向我和其他同学请教，我被他这种好学的精神所感动。我听说他父亲是上海有名的大亨，是杜月笙等四大名人之一。但他坦率告诉我，他的父亲大字不识一个，只会写自己的名字，虽然有钱有势，却得不到社会的敬重和进一步的发展，因此下定决心让儿子好好读书，做一位受人尊敬的人。他家住在城里大军阀杨森家楼上，我去过几次，他父母亲都很客气，一再劝我们好好读书，将来做个有用的人。他妈妈是第三夫人，年轻漂亮，看上去似乎更像他的姐姐，经常邀请我们几个同学到她家的别墅去玩。这个别墅，就建在我们学校附近南山密林之中，是一栋石头盖的洋房，既可以避暑，又可以躲警报，我们常在那里做功课、打桥牌、吃点心。在大家的帮助和他自己的努力下，龙胜的成绩有了很大提高，后来考上了杭州大学。解放前夕，去了美国。可是他的父母仍留在香港，为杜月笙家清偿债务，从此家道中落。龙胜孤身一人在美，苦苦挣扎，读完大学，成家立业，在一个公司做事，直到退休，和夫人一道为国内希望小学筹集资金和善款。

但是，杜月笙的儿子，却不爱读书。十六七岁就有一米八高，一百多公斤，上课坐在我们班最后一排，我们叫他“大块头”，经常和他闹着玩，但他从不欺侮小同学。他的学习一直赶不上，校长杨芳龄不管他是名人的儿子，还是责令他留级，最后他不得不离开了学校。

其实，内地学生也多半来自社会中上层家庭，他们也有远大的理想和抱负。当时，正值抗日战争时期，人们最大的愿望就是将日本帝国主义赶出中国，建设一个民主、富强的国家。这也是我们大多数人的愿望。我们只知道国民党主张抗战建国，共产党也主张抗日救亡，不知道有什么不同。再说杨校长千方百计抵制党派进入学校，所以，当时广益既没有国民党、三青团活动，也没有共产党活动。

我的选择

1945年，日军为打通大陆交通线，一直打到贵州独山，疯狂进行垂死挣扎，许多同学实在坐不住了，纷纷参军上战场。我们班的卢长孺参加了远征军，同班同学左作祜参加了海军，去英国接战舰。同班同学舒昌天和我，也决定去报考美军翻译官，因为我俩都是独子，估计家庭不会同意，只好偷偷跑去报名应试。

考试那天，我俩瞒着家人，一早就来到林森路驻华美军办事处，上午参加笔试，下午参加口试。我最怕的是口试，一个美国大兵把我叫了进去，除了姓名、年龄、学历，家庭之类的问题我还能应付以外，突然问起一些怪问题，如：用你的左手摸你的右耳。我因为太紧张，就用左手从背后去摸自己的右耳，美国大兵也笑了起来。我想，完了完了，可能考不上了。后来，他问我喜欢玩什么球类，我说我爱玩垒球。他一听就高兴起来，其实我根本没有玩过几次垒球，只是听说美国人爱玩垒球，随便说说。考试以后，我不敢抱任何希望，不久也就将此事忘记了。

接着，抗日战争的形势急转直下，8 月 6 日和 9 日，美国在日本广岛和长崎投下两枚原子弹，苏联对日宣战，百万红军进入东北，抗战进入大反攻阶段，人们满怀信心地期待着最后胜利的到来。8 月 15 日这天，当时正值暑假，我和大姐，还有她的同学，一起去看电影《大独裁者》，突然电影中断，银幕上放出号外“日本无条件投降了”几个大字。顿时全场沸腾，大声欢呼“我们胜利啦”！人们纷纷涌上街头，和机关、单位、商店、学校的人聚在一起，载歌载舞，唱呀，跳呀，整个山城，人山人海，敲锣打鼓，一片欢腾。

8 月 28 日，毛泽东率中共代表团飞抵重庆，与蒋介石国民党进行谈判，重庆各大报小报和《新华日报》每天都有大量报道。也就是在这时，我才开始知道共产党和毛泽东，原来共产党也主张和平、民主，主张成立联合政府。

我因暑假在家休息，每天读报，很想多知道一点毛泽东和共产党的一些主张。就在这时，我在《中央日报》上见到驻华美军办事处关于报考美军翻译官的录取通知，我和舒昌天两人都被正式录取了。但是，我们二人都没去报到，不是因为家里反对，而是认为战争已经结束，日本已经投降，没有必要再去打仗了。《双十协定》以后，更以为和平、民主就要实现了，还是努力读书为好。

不料事与愿违，这年 12 月 1 日，昆明爆发了“一二·一”民主运动，次年 2 月，重庆又发生了“较场口事件”，打破了我对国民党的幻想。此时，又听说苏联从东北搬走许多工业设备和大量物资，同学们都很气愤，大家都参加了学校组织的“反苏游行”。我们在两路口碰见参军受伤的卢长孺班长，就一起跑回学校去了。这是我第一次参加学生游行，解放后有人说这是“反苏游行”，是反动的，我却认为我们的行为是爱国的、正义的。

我出生在一个职员家庭，父亲起初只是邮局的一位普通职员，只因负责工会，深受工人拥护，在重庆小有名气。直到抗战胜利以后才当上省级帮办、局长，社会地位和那些达官贵人相比还差得很远。我知道他多么希望我好好读书，将来青云直上，重振家业，光宗耀祖。在小学时，我只想当个画家，到了中学，深受这些达官贵人子女的影响，暗暗下定决心，一定要出人头地，跻身上层社会，做个为国为民的清官。其实，读书做官，学而优则仕，也是中国人的固有传统，有这种想法也不足为奇，也是无可非议的。所以，中学毕业以后我决定报考北大政治系。

抗战胜利以后，我家由文华街迁到林森路旁一栋楼房的三楼，二楼是父亲在邮局的同事王四姨爹家住，一楼是两家公用的客厅。这时我上高三，仍住在学校，只是周末才回家。

记得四姨爹爱喝酒，也爱跳舞。四姨妈怕他年纪大，周末喝醉酒去跳舞，不安全，就叫我陪他去。这是我第一次进舞厅，但我不会跳舞，那些漂亮的舞女们为了讨好我姨爹，争着来教我跳舞。我感到又好奇又害羞，偷偷买了本学跳舞的书，一个人躲在家里学习，然后再和姨爹去舞厅练习，很快也就会跳了。我想起此事，是因为那时我正在读高三，面临高考还有闲心学跳舞，直到高三下学期学校也没有停课复习准备高考，说明当时并未把应试作为教育的目的。

胜利不久，国民政府迁都南京，国府要员都变成了接收大员，急急忙忙飞回沦陷区去抢夺财富。邮政总局也从重庆黄桷垭迁回南京，留下大片房地产给东川邮局。我家在广益中学旁边，也分得了一小栋两层楼的别墅。我非常喜欢这个别墅，房前房后，绿树成荫，即使炎热的夏天，也会觉得清凉幽静。中学毕业后，外地来的同学纷纷准备回老家去高考，临别前我请了几个要好的同学在这里举行了一次晚会，大家又跳又唱，难分难舍。以后，我就住在这里复习功课，准备考大学。

报考北大

解放前，上大学不是通过全国统一高考录取，而是由各大专院校自行招生考试，择优录取。我一心想上北大政治系，不仅因为北大是名牌大学，也是中国民主的精神堡垒，而且因为我很想离开重庆去看看外面的世界。但是，我知道，父母亲是希望我就在本地上大学，叫我先考重庆大学，然后再考其他学校。我不好公然违背他们的意思，但又怕考上重大后就很难离开家乡去看外面的世界。于是，我在考重大时故意胡乱答题，甚至在试卷上画了考场上一位女生的头像，我相信，这样一来，我就不会被重大录取了。

为了考上北大，我去沙坪坝报名参加西南联大招生考试，回到家里，关起门来认真复习，不敢掉以轻心。那是一个炎热的夏天，白天的温度高达四十度，躲在家里看书，仍然汗流浃背，只好晚上不睡觉，先后苦战了十多天，然后就去考试。

不料到了考场发现，考题实在太怪、太难，吓得我出了一身冷汗。作文题是评巴金的《家》，英语作文题是《船的构造》。我已记不清自己答了些什么，只知道考得不好，数学肯定不会及格。这时我才感到非常后怕，重大肯定考不上，北大也很有可能考不上，怎么办？我连忙打听还有哪些学校招生。找来找去，只有山东大学比较好。于是，我又赶紧报考了山东大学水产系。考试那天，大考场里坐了一百多人，我把最后的希望寄托在此一举，不敢稍有松懈。尽管考后自我感觉还好，心里仍不放心。终于大病一场，而且是伤寒病，十多天高烧不退，卧床不起。母亲天天守护在床前，精心护理，病好后见我心情不好，劝我去成都找大姐玩玩。那时大姐在成都四川大学外语系读书，我也想去看看她。1946 年 8 月，我离开重庆去了成都，没想到这一去就是五十年没回家乡。

在成都，我住在幺姑妈家里，见到了多年不见的五姑父、姑母和表哥、表姐们。大姐带我参观了川大和金陵大学，游览了成都的名胜古迹，品尝了成都的各种小吃。这是我第一次出远门，去看外面的世界，我感到很兴奋很高兴。

但是，没过几天，各大学先后放榜公布录取名单，开学上课，我不由暗暗焦急起来。在金大，我碰上广益同班同学李树培，他已经在金大数学系上课，我还在那里闲逛，心里很不是滋味。一天，实在无聊，我就跑去他们班上听课。一个外国老太太正在教数学，突然向我提问，我一时答不上来，急得满头大汗，幸好下课铃响，老师也就宣布下课了。这时，听到有人大声呼叫："联大放榜啦！"许多人围在布告栏前观看，我挤不进去。这时，李树培跑来对我说："你考上北大啦！"我简直不敢相信自己的耳朵，等学生们去上课以后，连忙跑去查看《中央日报》上的录取名单，果然我被北大政治系录取了。一颗惴惴不安的心，终于定了下来。这一年，广益中学我们这一班考上北大、清华的，就有卢长孺、陈引川、李树培、郭懋功、王方正、何明德、冉泽霖和我，共八个人。

这时，远在重庆的爸爸、妈妈也知道了这个好消息，连忙打电报来叫我回重庆，再去北平。我同大姐商量，决定不回重庆，直接从成都飞北平，生怕回去后他们不让我上北大。父亲无法，只好同意。大姐陪我去买了御寒的衣服和用品。二表姐的丈夫苏继松在空军做事，准备让我乘空军便机飞北平，但是，什么时候有飞机还不确定，要等候通知。当时，成都飞机场在新津，离成都市还有几十公里，军用飞机，说走就走，只有你等它，不可能它等你，所以我只得先去飞机场等候。

那天，我告别了姑妈、大姐等亲人，由表姐夫将我送到机场，交代给机场的朋友，如果有飞机去北平，就带我去。表姐夫回成都后，留下我一个人在机场边一个四周荒无人烟、杂草丛生的仓库里。我发现这个仓库里，堆满了一袋袋的粮食，只有靠屋顶处才有一点空间。我爬了上去，睡在装满粮食的口袋上，伸手可以摸到屋顶。随着夜幕降临，刚才还因为要坐飞机去上大学而感到兴奋和激动的心情，一下子变得十分孤独和害怕起来。夜深了，四周一片漆黑，寂静的机场，远处不时传来几声狼嚎，我害怕得久久不能入睡。第二天起来，去问何时能有飞机，谁也不知道。我只得一个人在那空荡荡的机场上走来走去，我感到好难过，好可怜。要知道那时候我才十八岁，一个人第一次离家出远门，就这样孤零零地被滞留在一个十分荒凉的机场上，心里好难过。

第三天，我听见飞机轰鸣声，连忙跑去看，原来是一架教练机，驾驶员听说我要去北平，问我敢不敢坐他的飞机，我见教练机只有两个座位，而且头部还露在外边，我哪里敢乘这样的飞机？驾驶员说不用怕，他会将我固定在座位上，即使在空中翻筋斗也不会摔下来。其实，我知道他是在开玩笑，他是不会让我乘他的飞机走的。就这样，我在机场等了三天三夜，仍旧没有音信。到了晚上，一个人睡在漆黑的仓库里，只听见老鼠窜来窜去的声音，突然觉得外面的世界好可怕，为什么我要离开温暖的家，我实在坚持不下去了。第二天一早，我就搭上去成都的汽车，回到了姑妈家。

二表姐夫告诉我，正好他最近也要调到北平去工作，干脆等几天，和他们一起走。大家都觉得这样更好，爸妈和大姐也就放心了。就这样，我每天在街上闲逛，等待和二表姐夫全家一起去北平。眼看各地大专院校都已开学上课，我心里有些着急，因为1946年是联大最后一次统一招生，然后分别复校，所以北大还未开学，我还可以再等一等。

一天，我在街上闲逛，几个美国大兵从吉普上跳下来，向行人问路，可那些人不懂英语，正好我从旁路过，就替他们翻译。原来他们要回励志社住地，不知往哪里走，听到我还懂点英语，他们非常高兴，一定要请我给他们带路。我闲得无聊，就上车给他们带路。但我刚到成都不久，也不知道励志社在哪里，只好一路上边走边问，在城里转了半天才来到励志社。几个美国大兵非常感谢我，其中一个当官的是个记者，邀请我到他宿舍去参观他拍的照片。我看他很友好，很诚恳，就跟他去了。他床上床下，桌上桌下，满屋都是照片，而且拍得很好。他还请我吃巧克力，喝咖啡，一直玩到晚上才回姑妈家。大家都为我担心，不知我去了哪里。他们还告诉我，去北平的日期已定，要赶快做好准备。

不久，这一天终于到来了。我和二表姐一家登上了一架运输机，机舱里堆满了军用物资，我们只好坐在两边。从成都新津机场飞到西安，天色已晚，我们在西安古城住了一夜，第二天直飞北平。在北平南苑机场，我们下了飞机，坐车来到前门，二表姐一家就和我分手去了他们单位。我叫了一张三轮车，拉着我和行李箱去北大。这是我第一次坐三轮车，一个花白胡子的老大爷拉着我，飞快地在大街上边跑边吆喝："劳驾，劳驾了！"不一会儿，就到了沙滩。那时北大就在沙滩红楼里，离王府井不远。看门的是一位老爷爷，态度非常热情和蔼，带领我到报到处办好手续，我被安排住在北河沿二院学生宿舍。从此，开始了我的北大生活。后来我听说，这位老爷爷以前是清朝时候宫里的太监。开学后，我们经常去找他玩，听他讲宫里的故事。

1946年9月的北平，天是灰濛濛的天，地是灰濛濛的地，房子也是灰濛濛的房子，没有半点儿秋高气爽的感觉。只有紫禁城楼上已褪色的红墙绿瓦，还能说明它曾经有过的辉煌。这座一年前才从日本铁蹄下解放出来的古城，显得破旧不堪，没有一点儿生气。街上行人稀少，更显得有些荒凉。十里长街，偶尔才能见到几辆汽车，那一定是国民党接收大员的黑色轿车，还有美国大兵的吉普车，带着吉普女郎飞驰而过，卷起一路尘灰。王府井大街的商店里，卖的大都是美国货，很少有人问津。只有东安市场比较热闹，百货、土杂、小吃，店铺林立，人来人往。电影院演的都是美国片，地摊上卖的也是美军剩余物资，从奶粉、罐头到军衣、军裤，应有尽有。而人们因抗战胜利发自内心的喜悦，早已因内战的爆发而变得忧心忡忡。

名师云集

当时，北京大学主要的教学大楼就是著名的红楼。红楼北面是女生宿舍灰楼，红楼和灰楼之间就是有名的民主广场，西边是图书馆和北楼。校园不大，西面不远处还有一片叫西斋，有教室也有食堂和宿舍。校园南边是北河沿的二院学生宿舍，我就在这里住了两年多。现在的北大，是当年燕京大学的所在地，离市区较远，是解放后才迁过去的，而当年的红楼，如今已失去了昔日的光彩。

抗战胜利后，西南联大统一招生，北大、清华、南开分别录取，三校先后迁回北平、天津。北大原有校舍早已破旧不堪，学生宿舍很紧张。于是在二院盖了些临时宿舍，几十个人挤在一起，大家也没有怨言。一到冬天，大雪漫天，大地一片银白，北河沿的河水也结了冰，小学生背着书包在上面滑冰。我们南方来的学生特别怕冷，经常躲在宿舍里，围着炉子看书。文法学院就在红楼，离二院不远，那是用红砖砌的一栋四层大楼，下面还有一层地下室。这是蔡元培、李大钊、陈独秀、毛泽东等工作过的地方。每天早上我冒着寒风大雪，沿着北河沿到红楼去上课，下午没课就呆在图书馆里看书，或者去听别班的课。当时在北大，学生除了自己的主修和选修课以外，还可以自由去听别班的课。学校还经常举办各种专题讲座。所以，大家都是匆匆忙忙地从一个课堂到另一个课堂，跑来跑去听自己想听的课，特别是那些著名学者、教授的课。

其实，北大之所以有名，不是它的环境有多好，主要是它有许多著名的学者、教授。当时北大的校长是胡适，据说他曾获得三十六个博士学位。虽然他的工作很忙，还一直坚持给学生上课和从事科研工作，不像现在的大学校长，大多是些官僚。我常见他穿着长袍，坐着他那辆黑色的别克轿车来上班。我也听过他讲理学，深入浅出，通俗易懂。有一次他买了一套《水经注》，是刻在竹简上的古籍，用大卡车拉到图书馆珍藏起来，供大家研究。同学们知道以后，有些人表示反对，认为学校经费不多，为什么花许多钱去买这些老古董，而不去多买点马列主义的书。他耐心解释说，这是抢救国宝。记得在五四运动的纪念演讲会上，他讲的是“重新估计一切价值”。他从女人的小脚到大脚，从绣花鞋到高跟鞋，讲到美的观念在不断地变化；从古文到白话，一切都应根据时代的变化而重新估计其价值。有个学生问他：“你提倡白话文，为什么取名‘胡适’，而不是‘你到哪儿去’？”他说：“这样一来，我就分不清你是叫我，还是问我上哪儿去了。”而现在的大学校长，别说听他讲课，就连见他一面都很困难。

除了胡适，还有许多著名教授，如沈从文、周炳琳、闻家驷、朱光潜、翦伯赞、郑天挺、汤用彤，等等，我都听过他们的课，那真是讲得非常好，总会使你耳目一新。就拿我们政治系来说，系主任钱端升是国内最早研究比较宪法的学者，他教我们宪法和各国政府课；吴恩裕教授教我们西洋政治思想史，详细介绍了西欧启蒙思想家洛克、孟德斯鸠、伏尔泰、卢梭等人关于人权、民主、自由、平等的思想，以及多党制、三权分立、权力制衡的原则；王铁崖教授是国际法专家，教我们外交史，使我懂得了近百年来我国丧权辱国的历史和弱国无外交的道理；许德珩教授是五四运动的积极分子，教我们社会制度，也就是马克思主义的社会发展史，解放后他是九三学社负责人，全国人大副委员长；还有三大逻辑宗师之一的胡世华教授，教我们逻辑学；樊弘教授教我们经济学，实际上讲的是马克思主义的《资本论》。这些著名教授，大都留学英美，有的还参加过五四运动和一二九运动，不仅学问造诣很高，人品也很受人尊敬，既教书又教人，使我受益匪浅，终身难忘。

然而，对我一生影响最大的，还不是这些教授所教的内容，而是他们所教的学习方法和思维方式。这些教授在上课之前，通常都会给学生介绍一些必读和选读的书目，要求学生课前去图书馆认真阅读这些书的有关章节，做好笔记。这些参考书，有中文的，也有英文的和俄文的。我的英文水平还不能完全读懂英文原著，只好硬着头皮查字典，一字一句地去理解。我对俄文更是一窍不通，只好去找中译本。当时，北大师生正兴起一股学习俄语的热潮，我也将俄语作为我的第二外语来学，可惜只是在大二学了一年就没有再学了。通过这种预习，上课前就对要学的问题有了一个初步的认识，了解了各种学派不同的观点，还提高了我们的英语阅读能力。可是，到上课时，老师讲的并不是这些书上的观点，而是他们自己的观点和看法，同时评论其他观点。最后，提问、讨论和考试时，既不要求你死记硬背各种不同的观点，也不要求你按老师的观点回答问题，而是要求你说出自己的观点和看法。死记硬背别人的观点是不可取的，最多给你及格分；只有提出自己的观点，而且言之有物，言之成理，才能得到高分。这种教学方法，与今天大学的教学方法有很大的不同，它培养了我独立思考的能力和开拓创新的精神，它也使我养成了凡事都要问个为什么的习惯，不能人云亦云，盲目信从，绝不满于现状，更不随波逐流。

强调独立思考，必须要有一个学术自由的环境，没有学术自由的环境就不能独立思考。北大的传统之一就是学术自由，这在当时是很突出的。早在联大时，三校校长北大蒋梦麟、清华梅贻琦、南开张伯苓都主张学术自由。尽管三校历史传统不同，教师之间学术派别各异，政治见解也不尽相同，但都受到学校当局尊重，得以自由研究，自由讲授。正如联大纪念碑所记："同不妨异，异不害同，五色生辉，相得益彰，八音合奏，终和且平。"

北大复校以后，校长胡适，既是学者又是政府要员，在国民政府强大压力下仍能继续坚持学术自由，鼓励百花齐放，百家争鸣，政治上包容各种不同观点的存在，应该说是很不容易的，也是难能可贵的。当时北大不仅讲授西方政治经济学，也公开讲授马克思主义政治经济学。我就曾听过樊弘教授讲马克思主义剩余价值学说，记得听课的人太多，连教室也坐不下，只好站在门外。樊教授说："我是不怕杀头的，你们来听课，也不怕杀头？"同学们都说："不怕，怕就不来了。"

许德珩教授讲马克思主义社会发展史，考试时出了一道题，问社会发展的几个时期，即原始社会、奴隶社会、封建社会、资本主义社会、社会主义社会和共产主义社会，在发展过程中能不能飞跃的问题，让学生发表自己的意见。你可以主张能够跨越，也可以认为不能跨越，只要言之成理就行。像这样重大的问题，让大学生来回答实在太难了，但重要的不是你的结论，而是让你思考。中国是个经历了几千年封建社会的国家，如今是要向资本主义社会过渡，还是准备跨越资本主义社会，直接向社会主义社会，甚至共产主义社会过渡？许教授也介绍了毛泽东的观点：中国是个半封建、半殖民地社会，通过新民主主义革命，建立新民主主义社会，可以逐渐过渡到社会主义社会。而新民主主义社会，则是一个漫长的、不可逾越的历史时期，实际上就是资本主义社会。但是，后来的事实说明，我们过早地抛弃新民主主义社会，实行“三大改造”，建设社会主义，甚至企图跑步进入共产主义，为此，我们付出了惨痛的代价。

正是因为北大师生始终坚持学术自由和独立思考，他们的思想特别活跃，特别敏感，特别新颖，有利于学术繁荣，科学进步，思想创新，也有利于国家的发展和社会的进步。

学术自由和言论自由都是思想自由的表现，一个大学如果没有学术、言论自由，就不会有百家争鸣、百花齐放的繁荣景象，就没有比较、竞争、鉴别，也就没有精品、创新、大师。有人说，没有大师就没有大学，我说，没有学术自由就没有大师。北大之所以有名，不仅是有大师，而且更重要的是有学术自由。

人们都说，北大的传统是“科学和民主”，我却觉得是“学术自由和政治民主”。这是我的亲身感受。

校园民主

当年的北大，除了学术自由以外，政治民主也是它的重要传统。1946 年至 1949 年期间，北大是全国爱国民主运动高潮的中心。我从 1946 年 9 月复校到 1948 年 10 月停课的两年多，一直都在北大上学，亲身经历了这一时期北平的学生运动。

在上北大以前，我一直生活在国民党统治的中心重庆，当时还是国共第二次合作共同抗日时期。我只知道我们的敌人是日本帝国主义，对国民党的专制独裁、压制民主、丧失国土、破坏和谈、发动内战、贪污腐化等也很失望，但对共产党又一无所知。上北大以后，正好生活在爱国民主运动的中心，大家最关心的是抗战胜利以后中国的前途和命运，是走西方资本主义国家的道路，还是走苏联社会主义革命的道路。

学习马列，学习苏联，是北大当时的热门话题。我也是这时才开始阅读马、恩、列、斯的书籍，这些书当时在北大图书馆里基本上都能找到。我最早读到的是《共产党宣言》、《国家与革命》等中译本，虽然我当时并不十分理解，但却扩大了我的视野，动摇了我对西方资本主义的盲目崇拜。我还看过《资本论》，说实话，还不如我去听樊弘教授的马克思主义经济学更容易理解些。我还发现红楼三楼西边有个阅览室，在那里可以看到图书馆里找不到的书籍、刊物和报纸，包括新华社的报刊和毛泽东的小册子，大开眼界。我这才初步了解了一点中共的历史和解放区的情况，特别是中共有关现实问题的政策和主张。

此外，北大还有许多学会、读书会、演讲会、座谈会，和各种各样的墙报、黑板报、大字报、小字报和油印刊物，学习理论，讨论时局，鞭挞时弊，各抒己见，相互辩论，公开表达自己的观点和主张。不难发现，绝大部分言论是要求和平、民主和反对内战、独裁的声音。学校当局既不支持，也不反对。国民党、三青团也有他们的墙报和大字报，虽然少得可怜，大家同样尊重他们的言论自由。但是，有一天我看见他们故意将他们的墙报覆盖在别人的墙报上，立即遭到围观同学的愤怒斥责，不但将他们的墙报撕了下来，还用装面浆的桶罩在他们的头上。你有你的言论自由，我有我的言论自由，但是，你的自由不能妨碍我和别人的自由。这是我们的态度，也是学校当局的态度。

还有一天，我在西斋阶梯教室上心理学课，主讲教授陈雪屏是北大教务长，也是国民党三青团的领导。上课前，有同学向他提出："你主张党派退出学校，为什么你自己不辞职？"他说："我已经多次提出辞职，没有批准。"那个同学对大家说："我们大家要求陈老师，再向学校提出辞职好不好？"大家齐声高呼："好！"陈教授非常平静地说："好，我再提一次。现在我们开始上课。"大家也就平静下来了。

就在我上北大不久，1946 年 12 月 24 日那天晚上，北大先修班女同学沈崇在东单树林里被美军强奸，事情发生后，激起了广大师生的义愤，抗议美军暴行。反动派又派暴徒，打进学校抗暴办公室。12 月 29 日，学生会决定联合清华等高校，举行罢课游行示威，抗议美军暴行。同学们听了非常气愤，一致表示拥护学生会决定。第二天，开始了罢课游行示威，浩浩荡荡的游行队伍，高呼“抗议美军暴行”、“美军滚出中国”等口号，一直来到东交民巷外国使馆区，路上行人无不拍手称快。接着，上海、南京、天津等几十个大中城市，五十多万学生相继举行了罢课游行示威活动，掀起了国统区爱国民主运动的新高潮。这是我到北大以后第一次参加学生运动。

过去，我对美军并不反感，总认为他们是帮助我们抗日的盟军。但抗战胜利以后，他们却赖在中国不走，反而帮助蒋介石运兵打内战，甚至扶持日本军国主义，企图把中国变成他们的殖民地。他们以调处国共矛盾为名，处处支持国民党，反对共产党。他们在我们的土地上以征服者自居，处处横冲直撞，欺压百姓。北平几家较大的电影院只有美国人才能坐楼上，中国人只能坐楼下。有一次，我和几个同学去平安电影院楼上看电影，几个美国大兵居然叫我们到楼下去看，我们几个大声反问为什么。他们无法回答，引起全场义愤。我们坚持不去楼下，获得一片掌声，甚至有人高呼：“美国佬滚出去！”他们也无可奈何，显得狼狈不堪。如今他们竟敢强奸我们的女同学，所以我毅然参加罢课游行示威，后来还拒绝接受美国援华的面粉，宁吃窝窝头，不吃美国白面馒头。

1947年5月4日是五四运动二十八周年。北大是五四运动的发源地。学校除举办一系列讲座和集会以外，还在图书馆举办了一个大型“五四展览”，展出了五四运动时期许多珍贵的历史资料，包括文献、报刊、杂志、图片、旗帜，等等，内容十分丰富，其中特别突出的是胡适等在五四运动中的作用。与此同时，在北大北楼地下室里，还有一个“五四运动展览会”，也展出了许多历史资料，但内容与学校举办的展览会不太相同，其中特别突出的是鲁迅、陈独秀、李大钊和毛泽东的作用。学校当局对此也不干涉，胡适校长也不反对，反而鼓励大家两边都去参观，自行比较鉴别。我两边都去看了，说实话，我也不知谁对谁错，但是，通过这次纪念活动，我更加感到对任何事物，都不能盲目信从。

纪念五四运动以后不久，全国各地又爆发了“反饥饿、反内战、反迫害”的五二〇运动。这次运动首先是从上海开始，立即得到北平、天津、沈阳等许多城市学生的响应，成为席卷全国的洪流。国民党感到十分恐惧，5月18日颁布了《维持社会秩序临时办法》，严禁罢工罢课游行示威。北大、清华等校学生立即拥上街头，宣传“反饥饿、反内战、反迫害”，20日，宁、沪、苏、杭十六所大学五千多学生到南京举行联合游行请愿，要求增加伙食费和教育经费，遭到军警毒打、逮捕。我们听到以后非常气愤，有的主张通电声援，有的主张罢课游行，大家议论纷纷。

我也是在上社会制度课前，才知道这个情况。上课时，许德珩教授穿着长袍夹着书包，气冲冲跑来把书包往讲台上一丢，“我想先问大家一个问题”，他说，“是读书重要，还是做人重要？”同学们有的说读书重要，有的说做人重要。许教授又问：“如果别人不把你当人，你是先读书，还是先做人？”同学们都齐声回答说：“做人！”于是，许教授说：“那么，我也赞成罢课罢教，游行示威！”然后，就夹着书包离开了教室。同学们也一致高呼：“罢课了，罢课了！”纷纷走出了教室。

决定上街游行那天早上，说好各校先到北大民主广场集合，然后上街游行示威。不料我一出门，就看见从北河沿到沙滩，沿途布满了荷枪实弹的军警和特务打手，红楼门前还堆上了沙包，沙包上架着机枪，正对着红楼的大门。军警守在门前，如临大敌，只准进不准出，空气十分紧张。我来到民主广场，只见清华等高校师生都已先后到达，广场上人山人海，红旗飘扬，人们议论纷纷。许多人非常激动，主张大家冲出去和军警决斗，局面一触即发，难以控制，后果不堪设想。这时各校的学生会代表集中在灰楼开会，讨论是否上街游行的问题。我不是代表，也在场旁听。我见胡适校长也在那里，一言不发，既不表示支持也不表示反对学生上街，让学生自己做决定。经过热烈争论和冷静分析，最后代表们一致决定，为了同学们的安全，避免不必要的流血牺牲，仅在校园内集会声讨和游行示威。这时，胡适才走上前去和学生代表一一握手，说：“英明决定，英明。”于是，大家就在广场上开会声讨，在校园内游行示威。有几个特务在墙外向学生投掷砖头石块，学生们也用砖头石块还击，但始终没有发生更大的冲突，直到傍晚，学生们才分别回校。

北大的学生运动的确组织得很好，很有水平。每次上街游行，都很注意同学安全，大家都能自觉遵守纪律，所以秩序井然。我有一位中学同学在山东大学读书，这年暑假来北大找我玩，正好碰上我们上街游行。他酷爱摄影，随时都带着他那心爱的照相机。那天他借了我的自行车，随同我们一起去游行，顺便拍几张游行的照片。不料，我们游行队伍来到北河沿南边路口处，被大批军警拦住，不让去王府井大街。双方坚持不下，终于爆发了流血冲突。军警用高压水龙头向我们喷射，同学们手挽手向前冲。这位同学急忙冒着生命危险，跑到游行队伍最前面去拍照，正好拍到一个警察向学生开枪的照片。几个警察连忙跑来抢他的相机，他用力甩开了警察的包围，把相机递给了前来接应的同学，这个同学又将相机交给冲在队伍前面的同学，然后一个接一个地往后传，最后，他被救了回来，但是照相机下落不明，自行车也不见踪影。当晚回到学校，他正在生气，忽然听见高音喇叭广播通知：有谁在游行时丢失照相机和自行车，快到学生会去认领？他高兴得跳了起来，连忙和我一起去学生会，领回了相机和自行车，连声称赞北大学生运动组织得真好，水平真高。后来听说，他那张冒着生命危险拍下的警察向学生开枪的照片，发表在重庆《新华日报》上，他非常得意。

为了确保游行示威的顺利进行，学生会做了大量的工作。北大二院有几个三青团学生，就住在我们宿舍楼上，每次游行以前，学生会就会通知他们，考虑到大家的安全，也考虑到他们的安全，希望他们好好呆在宿舍里，不要去参加游行。他们也欣然同意，并将他们自己锁在宿舍里，打扑克或睡大觉。大家都知道，历次学生运动中，共产党员都起了很大的作用，但参加运动的并不都是共产党员，绝大多数都是非党群众。我也不是共产党员，但每次我都自愿地、积极地参加，没有任何人动员和强迫。我的觉悟不高，只不过觉得国家兴亡，匹夫有责，热爱祖国，热爱和平，热爱民主，热爱自由，是每个中国人的神圣职责，也是每个中国人的权利。

北大的这段经历，特别是北大学术自由、政治民主的优良传统，给我留下了很深的印象，使我终生难忘。

我的女友

1947 年 8 月，我从上海度假回到北大，农历八月十三是我二十岁生日。在过生日的前几天，我收到父亲的来信，祝我生日快乐，还送了我一把剃须刀，我跑到东四邮局取了回来。我明白，父亲的意思是说，男子二十而冠，我已经是大人了，今后的路该怎样走，主要靠自己了。他还建议，只要我愿意，现在就送我出国留学。我当时认为现在出去，为时过早，等我大学毕业再去也不迟。我还想多在国内学点东西，多了解一点国内的情况，再说，当时去美国上大学，要从一年级开始，我已经在北大上二年级了，再读一年级岂不是浪费？如果我那时同意去美国读书，我的一生将不会是现在这样。我哪里知道，两年后我还没有毕业，新中国就成立了，我原来准备毕业后出国留学的打算再也无法实现了。

二十岁这年，我也和其他年轻人一样，不仅关心国家大事，为了更多地了解社会，我开始参加更多的社交活动。

我到北平的时间不长，人生地不熟，除了广益中学的几个同学以外，就只有同宿舍的林国才同学是我最好的朋友。他是我的同班同学，广东中山人，据说是孙科的亲属，但他从不提到他的家庭背景，也没有纨绔子弟的恶习。他的衣着非常讲究，都是国际名牌，说实话，我也很羡慕，经常和他换衣服穿。他为人厚道，性格内向，学习勤奋，他向我学英语，我向他学广东话，我们成了几乎形影不离的知己。1948 年 10 月，我们一起离开北平，飞往上海。我回昆明，他回广州，从此再也没有他的下落。直到解放后，才知道他未去台湾而返回了北大，毕业后留校教书。1952 年院系调整，成立了北京政法学院，钱端升任院长，林国才当了他的秘书。1958 年钱端升被打成大右派，林国才也因家庭关系被打成特嫌，受了许多罪，最后含冤而死。

林国才有个女朋友，姓庄，北京人，家住西单一个胡同的四合院里。这个四合院很大，一共三进，据说是清朝一个大官的大宅子。庄家三姊妹，颇有姿色，也颇有名气，他们的母亲是清宫里的宫女，一辈子受尽深宫的孤独寂寞，清王朝覆灭后才得到解放，所以鼓励她的三个女儿自由交友，自由恋爱，自由婚配，因此当时在北平社交界小有名气。我不知道林国才是怎样认识这家的三小姐，他经常去庄家玩，并想将她家二小姐介绍给我做朋友，所以也带我去她家玩。这是我第一次参加校外的社交活动，我感到既新奇，又紧张。中学六年，虽然是男女合校，但男女同学之间，几乎互不讲话。上了大学，女生很少，政治系的女生更少，除了上课以外，平时很难碰在一起。如今和林一起去她家玩，还真有些紧张。有一次，她家举行舞会，要求男士都要穿晚礼服。我哪里有晚礼服？就不想去了。可是林一定要我去，并借给我一套白色的晚礼服，他穿黑色的一套晚礼服，二人一起去参加舞会。那天晚上，我俩大出风头。但我感到很不习惯，我对那些醉生梦死的少男少女，一点也不感兴趣，这里的女主人，我也觉得她们太自由，太开放，让人怀疑是在故意卖弄风情。至于那位二小姐，虽然活泼可爱，但我相信，如果她知道我并非什么公子哥儿，如果她知道我的晚礼服是借来穿的，可能就不会对我感兴趣了。后来，不仅是我不想和她们往来，连林也和她们疏远了。这是我到北平后认识的第一个女孩。

我认识的第二个女孩也不是我的同学，而是北平东单一家照相馆的女老板。她是一个混血儿，年纪比我还大两岁，在一次洗照片时偶然和她相识，就被她惊人的美貌和热情所吸引，一直无法忘怀，我便借口洗相片常跑去找她玩。后来，没有相片可洗，我就在宿舍大院贴了一张“代人洗相”的小广告，帮同学洗相，以便创造机会和她接近。这样，我们终于成了朋友，有空就在一起喝咖啡，逛北海。我逐渐知道她父亲是中国人，母亲是白俄罗斯人，后来父母亲去了欧洲，她同中国一位空军军官结了婚，丈夫对她不好，经常在外打仗，最终抛弃了她。离婚后，她准备去欧洲找她父母亲。临走前，她请我在东单一家西餐厅吃饭，和我告别，从此再无音信往来。这是我认识的第二个女孩。

我认识的第三个女孩是北平美国中学的校花，姓王，英文名字叫凯蒂，年纪很小，架子很大，而且很有名气。当时她有一个男朋友，也是她的同学，正在疯狂地追求她。这个男孩姓陈，名彼得，住在北河沿路口励志社的公寓里，还包了一辆汽车专供自己使用。后来我才知道，他是国民政府印钞局长的儿子，是个典型的小少爷。他二人不仅在一个学校上学，放学后也是形影不离。我既不认识他们，也没有想认识他们。我有个朋友马利洛却和他们很熟，他是东单平安电影院老板的儿子，父亲是意大利人，母亲是中国人。我们常去看电影，与他认识，而且成了朋友。他帮我学英语，我帮他学汉语，有时还帮他翻译一点电影字幕。那时电影院上演的都是美国好莱坞大片，没有中文配音和字幕，只好在银幕旁，简要介绍一点上演的内容。我有空就去帮他编写字幕，也就可以在影片公映前先睹为快。

一天晚上，马利洛和我做完字幕，来到附近一家俄国人开的舞厅喝咖啡，恰巧凯蒂和彼得也来这里玩，同行的还有一位女同学叫艾米。因为舞厅里人很多，还有一些美国水兵，显得十分拥挤和混乱。马利洛连忙请他们过来和我们坐在一起，并把我介绍给他们三人，大家也就认识了。我早就听说这位美国中学的校花如何漂亮，今日一见，果然名不虚传。舞厅里的客人都把目光聚焦在她身上，她却旁若无人似的谈笑自若。我猜她最多只有十八岁，但显得很老练，虽然有些傲慢，但却不失大家风范，举止也很文雅。她的英语说得很好，但我并不喜欢在中国人之间用英语交谈，这也许是他们美国中学的要求，我很不习惯。彼得也是美国中学的高中生，英语说得不太好，但长得很帅，看得出他正在追求凯蒂，处处讨她喜欢，作为她的男朋友，显然他很得意，一直和她跳舞，不让别人靠近。艾米是个文静的女孩，一直和马利洛讲话，我一个人坐在那里显得有些无聊。整个晚上，出于礼貌，我只请艾米跳了一曲，彼得最后才让我和凯蒂跳舞。

当我和她跳舞时，她问起我和马利洛正在编译字幕的电影什么时候上演，我告诉她那是一部最新的美国大片，明天就会上演。我趁机大胆邀请她明天下午去看这部电影，不料她却夸我舞跳得很好，顾左右而言他，故意避而不答。我感到很尴尬，后悔不该这么冒失，初次见面就约人家去看电影，何况人家还有男朋友在场。幸亏跳完后就散场了，不然坐在一起实在不好意思。我连忙买了单，和他们一起出来，马利洛的家就在附近，不用人送，彼得坚持用他的汽车先送两位小姐回家，再送我回学校。

一路上我们都未讲话，直到艾米下车以后，凯蒂突然问我是姓朱还是姓祝，在北大哪个系，读几年级。我一下子又激动起来，我本以为她对我的冒昧邀请很不高兴，所以不想理我，现在又来问这问那，说明她并不在意。

汽车开到她家门口，刚停下来，我连忙赶在彼得之前抢先下车，为她拉开车门，送她进家。我抓紧这个难得的机会，鼓起勇气悄悄问她："明天你来不来看电影？"她也小声地说："明天下午两点，在平安电影院门口等我。"说完，不等彼得赶来就径直进了家门。我顿时喜出望外，高兴得真想跳起来，但为了不让彼得觉察，我不动声色，让彼得送我回学校。

第二天是星期天，吃过中饭，我特意打扮一番，穿了一件流行的大花衬衫，早早就去平安影院等候。不料才到王府井大街，就看见彼得和几个男孩，穿着花花绿绿的衣裳，也去平安电影院看电影。我想，这下完了，凯蒂不来还好，真要来了，大家碰在一起，该有多难堪。如果彼得见我和他的女朋友约会，肯定非常生气，还不知会发生什么事。再说，如果凯蒂是来和彼得约会，而不是和我约会，岂不使我更难堪，莫非是这个小姑娘故意戏弄我？

我在电影院门口越想越感到不安，正准备离开，凯蒂和艾米乘车来到我的面前，下车后径直朝我走来。我连忙问她，见到彼得了吗？她很吃惊地说："不知道，我不是同他们一起来的。"我的心终于从半天云里落了下来，高高兴兴带着两位漂亮小姐去看电影。马利洛早已为我们留好楼上的票，我们三人在大厅玩了一会儿，开映后才上楼看电影。刚进去时眼睛还不适应，四周一片漆黑，过了一会儿，才发现彼得等一伙人就坐在我们旁边。原来马利洛以为我们是结伴来的，便将我们安排在一起。

我发现彼得很不高兴，嘴翘得很高，故意不理不睬我们。刚才还很得意的我，突然觉得很对不起彼得，昨天晚上才认识，今天就和人家的女朋友约会。我小声告诉凯蒂："你瞧，彼得很不高兴。"不料，凯蒂却用英语对我说："He will soon get used to."（他很快就会习惯的）我听了不觉一惊，没想到这个小丫头很不简单。

从此以后，我们真的成了朋友，几乎每个周末都在一起玩，有时看电影，有时逛公园，有时还邀请彼得和我们一起玩。彼得虽然有些不乐意，但又不愿离开凯蒂，只好跟我们一起。大家都崇拜这位骄傲的公主，都想赢得她的芳心，争着为她花钱买单。我们经常在王府井一家俱乐部里听音乐，喝咖啡，我也学会了签单消费，尽管我对这种生活方式并不感兴趣，但又不愿拒绝她的热情邀请。

她出门要坐汽车，我没有汽车，只有一辆自行车，为了同我一起出去玩，她也不坐汽车，改骑自行车。后来，不知她从哪里弄来一辆双人自行车，我俩骑在上面，车后还挂了一台半导体收音机，边骑边放音乐，在大街上招摇过市。在那时，双人自行车和半导体收音机，都是难得一见的新玩艺儿，一下子闹得满城风雨，我感到非常不安，她却很开心。

在她十八岁生日那天，我没有去参加她的生日聚会，她很不高兴，我决定补送她一件生日礼物，又不知送什么才好。后来，我发现她平时从不戴手表，就买了一只坤表，准备看完电影再送给她。不料在看电影时，我才发现她胸前戴的项链上，就挂着一个十分精致的钻石小挂表。我这块普通坤表，实在拿不出手。看完电影出来，我在街上买了一束鲜花送她，她很高兴，却不知道我买手表的事。我的自尊心很强，不愿处处讨好她，但又喜欢和她在一起，我不知道自己是否真的爱上了她。

不久以后，同学们都知道我和凯蒂的事，有的为我高兴，希望我们幸福；有的为我担心，怕我影响学业。我因最近花钱太多，母亲来信告诉我，父亲很生气，我只好写信告诉他们，我和凯蒂交往的事，父亲听了不但没有反对，反而感到高兴，还问我她的家庭情况。这时，我才发觉我对她的家庭情况一无所知，她也从未说起过。我只知道她是大户人家的千金小姐，但从未去过她家。我曾有意问起她家的情况，她也避而不谈。后来，我广益中学的同学郭懋功，前外交部长郭泰琪的侄子，似乎知道一点她家的情况，他委婉地劝我还是不要和她来往为好。我不明白他是什么意思，很不以为然。直到第二年的一天，他才把他知道的情况告诉了我。

原来，她的父亲是王揖唐，是个臭名昭著的大汉奸。抗战胜利后，被蒋介石关在南京，判处死刑。后来他家通过各种关系，用八吨黄金去买活命，一直没有执行。作为中国人，大家都恨日寇，也恨汉奸，更恨那种用钱买命、逃避惩罚的大汉奸。但是，他的女儿当时还不到十岁，不能因为她父亲当了汉奸，她也成了汉奸。我感到十分意外和苦恼，也感到非常困惑和矛盾，是继续发展下去，还是趁现在还陷得不太深，赶快分手？我下不了决心。

就在这时，国内形势发展很快，解放军发动了全面进攻，国民党一败再败，北平局势也很紧张，凯蒂一家决定逃往香港。临行前，凯蒂和我告别，希望我也到香港去。我以还要在北大继续学习和家在昆明为由，婉言谢绝了她的要求。后来，她在香港给马利洛来信说，彼得是个花花公子，我是一个勤奋的男孩，她对我是认真的，希望我有机会去找她。接下来，北平局势急转直下，三大战役即将开始，彼得也去了香港，临走前还向我借了二百美元，至今未还。我和凯蒂的这一段感情，也就成了一段难忘的回忆。

借读云南大学

1948 年 7 月，北大开始放暑假，二年级结束了。北平的上空，战云密布，东北战场上的国民党军队被解放军围困在几个大城市里，彼此孤立，再也无法摆脱被消灭的命运。

这时，接到家里来信，叫我尽早离开北平，回到云南昆明。我才知道，父亲已从西安调到昆明，先任云南省邮政管理局邮务帮办，后来又任局长。

大家都知道，以卢汉为代表的云南地方势力，与以蒋介石为代表的中央之间一直貌合神离。邮政、电报、铁路、公路等单位属于中央系统，但又和驻滇党、政、军、警、宪、特机关不同，既受中央领导，也受地方牵制，在战局急转直下的情况下，逐渐靠拢地方势力，以求自保。父亲此时来到云南，思想也很矛盾。他对国民党已很失望，但对共产党却不放心，对蒋介石“撤退东北，巩固华北，确保华中，经营华南”还抱有一定的幻想，认为云南地处西南边陲，至少还能苟安几年，所以，不断来信来电催我赶快回昆明。

当时正值 1948 年暑假，不少同学已经回家，有的还办了休学手续回南方去了。我已离家两年，我也很想念爸爸、妈妈，于是，我决定趁假期回趟家，开学以后再回来。但因南北交通阻塞，机票难求，五根金条也难买到一张飞上海的机票，所以没有走成。

1948 年 9 月，北大开学不久，形势突然急转直下。辽沈战役基本结束，东北全境解放，大军很快就会入关，古城北平很快就会兵临城下，国民党的各单位，正在往南撤退，为了躲避战乱，人们纷纷逃离北平。

这时，北大也开始停课了。我正在为走不了又无处可留而苦恼的时候，在北平中国航空公司工作的一位女友李琛，急急忙忙跑来告诉我，她们公司奉命南迁，她已将我作为她的家属，准备提前撤到上海，再请她在上海航空公司工作的姐姐，帮我买机票回昆明。随后，她也会撤到上海，再到广州，设法申请调来昆明工作。我听了这个消息，实在感到又惊又喜，连忙到学校去办理了休学手续，第三天就登上了飞上海的飞机。

飞机经过青岛，在机场做短暂停留，然后飞上海。经过徐州附近上空时，我听见下面突然传来隆隆的炮声，透过云层缝隙，隐约可以看见地面硝烟滚滚，战火纷飞，数十万大军云集淮海，国共两党正在进行空前的大决战。

飞机在上海龙华机场降落，空气显得十分紧张，到处都是荷枪实弹的军人。进入市区，繁华的南京路变得十分寂静和恐怖。昔日歌舞升平的上海滩，现在战云密布，人心惶惶，人们都在忙于逃离。在航空公司大楼里，到处都是打包的纸箱和废弃的文件，在楼上的办公室里，我找到了李琛的姐姐，托她帮我解决飞昆明的机票。她看了李琛的介绍信，答应一定设法帮我买到机票，并一再向我表示抱歉，顾不得请我吃饭，甚至连水都没有请我喝上一口，因为她们公司也正忙着撤往广州。

从航空公司出来，我就去找我在上海的同学，结果一个也找不到。我突然觉得上海就像一座快要消亡的死城，我就像一个被抛弃在这座死城里的一个孤儿，我只想赶快回家。

几天后，我拿到了机票，登上了去昆明的飞机。当天傍晚，飞机在昆明巫家坝机场降落，父亲派车来接我，一路上尘土飞扬，田野里显得一片荒凉，直到拓东路才见到一些低矮的瓦房。我问司机，这儿离市区还有多远。他告诉我，这儿就是昆明闹市区了。我还以为是郊区呢。

我家住在得胜桥旁的一栋法国式的小洋楼里，坐南朝北，除了两层主楼，还有底层和阁楼，楼前有个小花园，四周有铸铁栏杆围墙，园里还有个小亭子。东面临盘龙江，西面大门外是巡津街，街对面就是云南省邮政管理局，父亲上班非常方便，南面也是一排法国式的洋房，北面就是金碧路的得胜桥。我家主要住在一楼，底层是厨房和佣人住房，二楼是邮局许处长家住，我就住在阁楼上。

父亲比我早一年到昆明。他刚到昆明时，先是住在国民党省党部书记裴存藩的家里，听说还在圆通山公园里为他举行了一次盛大的欢迎会。我不明白，他来昆明时只是云南省邮政管理局的帮办，相当于副局长，为什么会受到如此礼遇？也许因为他还有全国邮政工会理事、蒋介石中央训练团的学生、特批党员等政治背景，才会受到如此关注吧。我在家里，就见过蒋中正签名送他的照片和颁发的抗战胜利勋章，客厅里还挂有林森、于右任等党国要人赠送的字画。至于后来说他还是“中统要员”，我们的确毫不知情，也不相信。或许正是由于他的这种政治背景，云南地方势力才既要提防他，又要拉拢他吧。这恐怕也是他起义后仍摆脱不了遇害厄运的重要原因了。

父亲在国民党节节败退之时来到云南，尽管受到各方面的重视和欢迎，他却高兴不起来。他既受中央监控，又受卢汉猜忌，更要考虑不能得罪中共，上下应付，左右为难，就怕稍有不慎，就会铸成大错。加上因为战乱，邮政业务困难重重，连职工工资都发不出来，每天下班回来，总是闷闷不乐，经常一个人独自坐到深夜，一支接一支地抽烟。

1948 年底，辽沈战役结束，东北大军入关，北平兵临城下，北京大学复课遥遥无期。我总不能无限期地呆在家里，终日无所事事，为了不至于中断学业，我决定到云南大学去借读，很快就被批准。于是，我又成了云南大学政治学系三年级学生，恢复了大学生活。

当时的云大，规模不大，主要建筑是会泽院大楼，既是办公室，又是教室和图书室，后面是至公堂。校长熊庆来是一位著名的数学家，政治系主任李德家是位受人尊敬的留美学者，还有我在北大就认识的秦瓒教授，还有汤鹤逸教授、陈复光教授、刘文典教授等等，也都是有名的学者。男生宿舍在以前的贡院，女生宿舍叫映秋院，男人不得入内。高高的水塔旁边有个网球场，北面就是城墙。从城门出去，是一片空地。空地东边有个库房，里面有一架破旧的飞机，供航空系同学实习用。西边还有两栋男生宿舍，我在那里也住过，时间不长。再过去就是农学院。校园东边有几间平房，那就是有名的云大医学院。那时，云大虽然不大，文、法、理、工、医、农，样样齐全，是个名副其实的综合大学。

因为我们的家就在城里，离学校不远，我通常都是住在家里，早上骑车来上课，放学再回家。我们班的同学不多，只有十几个，因为我是三年级北大借读生，和同学彼此不太熟习，不太了解，直到第二年，即 1949 年初，大家对我有所了解以后，云大地下党领导的外围组织“民青”，才邀请我参加他们的一些学习、宣传活动。经过考验，云大学生自治会也才聘请我为学术委员。

一天夜里，我从学校回家，见大门口停了一辆军用吉普车，进屋以后发现有客人和父亲在客厅小声谈话，我不便打扰，径直回房去了。等客人走后才知道，是军统昆明站的沈醉来给父亲做工作，劝他不要参与卢汉起义的事，上面已安排他去台湾任台北市邮政管理局局长，并送来去台湾的机票。

父亲感到既紧张又矛盾。他是一位老国民党员，在邮局从基层职员做到一个省的局长，也算不上什么党政要人，多年来的经历，使他认识到国民党反动派的腐败无能，令他感到失望，国民党政权的土崩瓦解，已是指日可待。他虽然身在国民党阵营，但从来没有做过伤害共产党的事，再说，他一个人去了台湾，留下孤儿寡母一家人，怎么办？想来想去，他只能选择跟随卢汉起义。但他不能表露出来。

我永远不会忘记那一天，他亲自叫我偷偷跑到云南航空公司宝善街办事处去，将去台湾的机票退掉，叮嘱我千万不要让人知道。我问他为何不走，他只说了一句："我走了，你们一家老小怎么办？"根本不提参加起义的事。直到12月9日云南宣布起义时，我在报上看到他代表全省邮电职工，宣布拥护卢汉起义，并要求全体职工确保全省邮电畅通的公告，才知道他已参加了起义。

云南和平起义那天晚上，我和几个朋友正在志舟体育馆喝茶。突然宣布起义了，全城戒严，我们也无法回家，只好到附近一个朋友家过夜。大家聚在一起，既紧张又兴奋，实在无法入睡，就坐在客厅里讨论：不知道是否会打仗，中央二十六军，第八军，空军和宪兵还在云南，解放军还没有赶到，仅凭卢汉的保安团能敌得过中央军吗？昆明会不会被轰炸？和平起义真能实现吗？大家早就预感到这一天的到来，没想到这一天真的来了，大家还是感到不安。幸好这一夜没有听到枪声，也没有轰炸声，谢天谢地。

1950年3月，云大和北大都正式开学了，我也接到了冉泽霖同学从北大寄来的信，以及北大的通知，叫我回北大上课，但只能上三年级，而我在云大，再过四个月就毕业了。虽然我很想回北大，但我更想早日参加革命工作，如果回北大，要到1951年才能毕业，所以最后还是决定留在云大。当时我哪里知道，回北大，我们这一班的同学毕业后，大部分都被分配到苏联和东欧社会主义国家从事外交工作了，而我却留在云大，毕业后分在省高院，后来因为各地要建基层人民法院，又被分配到最艰苦、最落后的专县，而且一去就是三十年，还要担惊受怕，挨整受罪，差点送了性命。

不过，话又说回来，如果我当时回了北大，1951 年毕业，我也不可能出国从事外交工作。因为 1951 年父亲就出事了，作为直系亲属中有杀、关、管的人，最多也只能留校教书，和林国才一样，最后的下场也可能和林一样，早已含冤九泉了。人的命运，真是阴错阳差，是祸躲不脱，躲脱不是祸。

毕业前，1950 年中央颁布了《统一分配全国应届大学毕业生的规定》，大家都很高兴，不必担心“毕业就是失业”了。我也感到很兴奋，至于干什么工作却没有过多地考虑。当时流行的口号，“党指向哪里就奔向哪里”，“哪里艰苦就到哪里”，服从党的分配，不仅是应该的，而且是光荣的。加上这年五四青年节，在云大会泽院大楼用大红榜公布了我是第一批由“民青”转为“新民主主义青年团”的大学生，我更要带头服从分配。

为了贯彻落实统一分配工作，云大举办了暑假学园，还请了云南省军管会主任宋任穷来云大讲课。记得那天，他在至公堂讲辩证唯物主义和历史唯物主义，既有理论深度，又能联系实际，口若悬河，深入浅出，令人折服。这是我第一次听共产党高级领导人讲课，原来他们不仅是南征北战的将军，也是博学多才的文人。

学习结束以后，我被分到云南省高级人民法院工作。

记 忆

亡友马春晖

方子奋

一

62 : 60！

随着部队那黑大个8号中锋的一个切入上篮，双方差距一下缩小到了两分。场外人群顿时沸腾起来，掌声，叫好声，响成一片。我盯了一眼记时台上的闹钟，秒针距离终场时间还有二十秒。

这是1963年4月某天下午的一场篮球赛。地点是灵山部队中心篮球场。球场四周挤满了观战的大兵，气氛紧张而又热烈。

前不久，农场附近的灵山部队和我们农场决定举行一次篮球赛，部队出于军民关系考虑，主动表示比赛地点安排在他们那里，赛后提供热水澡并就餐。这在当时是非常诱人的招待，特别是赴餐，谁都巴不得能在部队痛痛快快吃一顿饱饭。经过协商，决定比赛两场，按两场得分总和定出胜负。据说原来打算赛三场的，以三局两胜分出高下，可部队负责此事的一个政治部干事有些“小儿科”，他担心农场人太能吃，最后硬是压缩了一场。

为了应战比赛，农场工会从各生产队抽调了十几个篮球打得好的知青组建了一支球队，并且集中训练了好几天。经商定，为公平起见，双方比赛时各出一名裁判。工会打听到我曾经有过篮球裁判资格证书，临赛前特意把我召了去。

第一场比赛的结果是71 : 65，部队胜。那场比赛农场输得很亏，上半场还胜出对方十多分，只是到下半场后，由于饿得两腿发软一个个实在无力跑动，最后眼睁睁看着对方反以六分优势获胜。

球输得虽窝囊，好在晚餐很丰盛，当滚瓜肚圆的我们打着饱嗝步行回场时，一路上谈论最多的是晚餐那些饭菜，输球的懊恼反倒没人提起。

第二次比赛前，农场领队的老胡厚着脸向部队提出，能否赛前让我们农场球员“搞点东西塞塞肚子”？部队挺仁义，开赛前特地让炊事班端来了一大铝盆红烧山芋凉粉。那凉粉，到现在我还记得：一寸见方，黝黑晶亮，汤面飘着厚厚一层猪油，另外还撒了些青绿蒜花点缀其上，看得我们直咽口水。老胡出于面子，一再要大家“稍微点点肚子就行”，可五分钟不到，一大盆凉粉吃了个底朝天。

由于有凉粉在肚，这第二场球农场队打得特别有劲，从开始一直压着对方打，到离终场还有十分钟时，我们已领先了十二分。照这样打下去，这场球稳赢对方十分已没问题。

谁知就在这几乎稳操胜券的最后关头，农场队却犯了体育比赛中暂时领先一方常犯的错误——求稳怕输，不是继续加强进攻，扩大领先优势，而是片面加强防守，放松了进攻势头。被逼入绝境的对方一看有机可乘，立即倾尽全力大举反攻，一连投中了四个球，而农场队竟一分未得。眼看对方连连得手，农场队越打越乱，在一次投篮未中后，对方抢得篮板球，一记快速长传，黑大个 8 号迅疾通过中场直切篮下，上篮命中，出现了本文开头的比分。

此时，农场队仅仅比对方领先两分，要命的是剩下的时间只有二十秒了。按通常攻防速度，双方至多各有一次进攻，农场即使最后一波进攻得手，最多不过再添两分，终场结束虽能胜出对方四分，但两场总分相加后农场仍然负于部队。

失败，眼看已成定局！

这里附带解释一下，按当今的美国 NBA 赛制，在二十秒内出现惊天大逆转是常有的事，但上世纪 60 年代初的中国篮球赛，那时的赛制和规则与现在大不相同。

哨响后，农场队后场底线掷界外球。前锋 9 号刚一接球，场外农场板凳球员一齐拼命喊了起来："快！快！抓紧时间！抓紧时间！"9号是农场队主力，技术全面，投篮准确，比赛以来得分最多，这会儿大家将最后的一线希望全押在了他身上。

所谓的一线希望，是指他能在数秒钟之内攻入前场投篮得分，然后又迅速截断对方进攻，再度反攻上篮得分。如果遇到对方防守犯规，连同加罚一次共计可得三分，这样一来，农场就能以总分超出部队一分而险胜。

当然，这种情况只能说在理论上有一丝可能，要想化为现实，其匪夷所思的程度，有类于当年鼓吹的水稻亩产过万斤。

奇迹能否出现？绝地能否逢生？现在全看这9号了！在场所有人的目光紧紧盯在他身上。天下没有不偏心的裁判，这时的我也密切注意着场上动态，随时准备通过口中的哨子帮点忙。

奇怪的是，9号接球后丝毫没有向前进攻的迹象，只是在后场原地不动地拍球。一下，一下，又一下，再一下，时间嘀嗒嘀嗒地一秒一秒逝去，可他就是不向前迈出半步。

面对9号这令人大惑不解的举动，刚才还嘈杂的赛场一下子变得鸦雀无声。所有在场人员，包括摆好防守姿态的对方队员，个个脸上都布满了迷惘，谁也搞不懂：这个9号究竟想干什么？

……十秒，九秒，八秒，七秒，六秒，五秒，眼看比赛结束时间马上到了，就在还剩一二秒的那一瞬间，9号突然做了个让在场所有人都意想不到的动作——转身篮下，不慌不忙将球投进了自己的篮筐！

球刚从网中落地，终场锣声咣咣敲响，比赛结束。

根据规则，投进己方篮筐算对方得分，这时双方比分成了62：62。

平局！

按事先约定，单场比赛如果打成平局，必须进行十分钟加时赛！

在场者做梦也没想到竟然会出现这种戏剧性局面，眼看胜利到手的场外大兵们一片嘘声，9号则被省悟过来的农场队友们围在中心，成了他们的英雄。

短短的五分钟休息期间，领队老胡除了对9号的急中生智大加赞赏外，同时特地作了一段精彩的动员："话不多说了，我只提醒大家一下：下面的加时赛如果能赢他们七分以上，这次比赛我们就是赢家。部队一贯争强好胜，输了肯定不服气，不服气肯定就会再找我们比赛，有比赛肯定就会有吃的，今后能不能再来部队痛痛快快‘打牙祭’，就看各位卖不卖力了。”老胡是个挺厚道的老知青，比我们早来农场三年，由于老实本分，被安排到工会工作。几十年后，我还记得当时他这番别具一格的“动员”。

“物质刺激”果然有效，加时赛对方拼得虽然也很凶，最终我们还是赢了对方十几分，从而取得了总分胜利。后来正如老胡所料，部队又主动找我们打过好几次球，于是，我跟着沾光又大饱了几次口福。这些都是后话，不细说了。

正是这场球赛，严格说，正是9号在最后关头“自摆乌龙”的那一投，使我萌生了结交他的愿望。我这人交朋友历来是“宁交坏蛋，不交笨蛋”，聪明的9号身上那种令人耳目一新的智慧，恰恰是我非常看重的素质。

在后来的岁月中，他成了我在农场屈指可数的朋友之一。

二

他叫马春晖，在十队上班，和我所在的八队相距甚远。此前我同他没有任何接触，通过这次球赛彼此才算认识。他身高一米八不到，一张白净帅气的脸，谈吐举止文雅，一副书生模样，同球场上勇猛泼辣的球风显得极不相称。

我这人思想上有不少毛病，其中之一是喜欢根据相貌举止来推测别人的家庭出身。刚认识马春晖时，我就估计他的家庭出身不大可能是工人阶级或贫下中农，后来熟了，果然证实我的猜测没错。他确实出身于“非无产阶级家庭”，至于“非”到什么程度，我却不太清楚，我只记得在同他交往的几年中，从没听他谈起过父亲。在中国，如果一个平民百姓闭口不提自己的父亲，这位令尊大人十有八九多少有点“历史问题”。我只知道他是老大，下面还有五个弟妹，六人都是母亲一人拉扯大的。他中学毕业后，由于“家庭成分”加上一贫如洗，无法继续升学，于1961年底来农场。他的一个弟弟出于同样原因去了新疆农垦建设兵团，剩下的几个年幼弟妹，一起跟随母亲饱一顿饥一顿地度日。

我和他真正接触，是在那场球赛不久后农场组织的一次文娱会演上。通过这次会演，我才知道马春晖不仅篮球打得好，竹笛吹得也不错。那次演出，我临时为他改编了一段《三十里铺》笛子独奏，结果大受欢迎，以致一连谢了好几次幕才下场。晚上演出结束后，他非常兴奋，拽住我聊了好久，言谈间大有相见恨晚的意思。他比我小三岁，属猴，来农场时才十八岁。

此后，他经常在晚上跑到八队来找我，每次都会带上他那根心爱的紫酱色竹笛，那清越悦耳的笛声一响，周围很快就会围满一群听众。到现在，我还记得那些夜晚：如水的月光轻柔地抚慰着大地，清凉的晚风阵阵拂过，笛声划破静谧的夜空向远方飘去，人们在音乐声中不知不觉忘记了一天下来的辛劳……有时为了应景，我也会和上几段二胡，月光下的我们一进入旋律便忘掉了一切，直到夜深人静露水大了，方才作罢。

不久，我从八队调到了十队，这一来和马春晖有了更多的接触。当时我头上正有顶内控"监督劳动"的帽子，大多数人为了避嫌，都和我保持着足够的距离，可马春晖对此却毫不在意，几乎每晚都往我宿舍跑。他一来，笛子和二胡的乐声就会招来不少听众，时间一长，我那间宿舍引起了某些人的注意。十队那个歪头队长是上面的红人，好几次在会上说："有个别人在拉拢我们的小青年，希望大家擦亮眼睛别上当。"为此我曾劝马春晖尽量少同我接触，可他根本不把歪头队长的警告放在心上，一有空，照样跑来举办我们的"音乐会"。

随着接触增多，我还了解到他很喜欢外国文学，也爱看外国画报。他在那次篮球赛关键时刻的"自摆乌龙"，就是《苏联画报》上介绍过的一个真实例子，他只不过是"活学活用"了一次而已。我们尽管接触频繁，但极少聊及时政话题，彼此都有一种"莫谈国事"的默契。

不久后发生的一件事，加深了我对他的认识。

当时，我们农场正召开"三干会"（"三级干部会"的简称，三级干部是指场部领导、中层干部、基层的党团员和积极分子代表）。我们那位歪头队长为向会议"献礼"，逼令我们一清早在上班前"义务"加班，以表示职工在"三干会"鼓舞下，劳动热情空前高涨，主动加班加点。

那天，我们的任务是趁清晨露水未干时捕捉葡萄叶上的金龟子，每人手捧一脸盆兑有农药的水，捉到金龟子后浸入水中毒死。说来合该有事，当我沿着葡萄架铁丝逐株检查时，偶然发现在一片葡萄叶上，有十几只金龟子团团聚集。这种罕见现象，令我不由自言自语了一句："我的天哪，哪来这么多，就像碰头开会一样。"

这本是我一句无心话，可传到歪头队长耳中后却性质大变！他一听赶忙跑到党委去作了汇报，说我借议论金龟子为名，恶毒影射"三干会"，大概是觉得不过瘾，在我原话后面又添了一段尾巴："……现在好啰，请你们一起见上帝去吧！"

我们党委那位陈书记一听，非常恼火：一个被"监督劳动"的家伙竟然敢如此变相辱骂革命干部，那还了得？随即命令歪头队长，进一步查清事实，写成材料上报党委。

当晚，歪头队长召开了一次队委扩大会，一些积极分子和有关人员被通知列席参加。会议内容是"统一认识"，要求大家一致认定我借金龟子恶毒影射"三干会"是个严重的政治事件，必须严肃处理。由于事发当时马春晖正好在我身旁，作为主要证人，他也成了与会的"有关人员"。

事后，据一位与会者偷偷告诉我，会上除了两三个队长的亲信一口咬定我出自反动本性、含沙射影攻击"三干会"外，大部分人的态度并不积极，只是迫于队长压力，不得不随声附和。不少人私下都认为我那句话是无心戏言，根本不是影射谁，可在会上谁也不敢提。

唯一没同歪头队长"保持一致"的，只有马春晖。

他的证言很明确："方 ×× 说金龟子就像是在开会一样，这事有，当时我在旁听得清清楚楚。但是他确实没说过什么'请你们一起见上帝去吧'，这点我可以担保。至于他的原话到底是不是含沙射影，这得由上面领导下结论，我本人倒没听出来他有这种意思。"

"你这话是什么意思？"一个姓 Z 的与会者立刻跳了出来："他早不说，晚不说，偏偏在开三级干部会的时候说，这不是影射'三干会'又是什么？！"这家伙牛高马大黑不溜秋，成天把贫农出身挂在嘴上，字识不了几个，发起言来却很懂得如何把握"要领"。

"照你这么说，那问题可大了，"马春晖当即毫不客气地回敬，"市里、省里、中央哪一天不在开会？你总不至于说，他也在恶毒影射省、市、中央吧？”

一看有人居然敢如此露骨地为我辩解，队长登时脸拉了下来，当场批评马春晖立场有问题，说他平时受了我拉拢，中了我的毒。

早就对这位歪头队长感到厌恶的马春晖，一听，笑了起来：“你说我受他拉拢，无非是指我经常到他宿舍去找他玩，那我也经常到你家去啊，你和你老婆是不是也在拉拢我呢？”歪头队长经此一堵，一时竟气得说不出话来。

没隔两天，书记专门为此事找了我。要我“说清”两个问题：一是借金龟子攻击“三干会”的思想动机，二是平时如何通过玩乐器等手段拉拢某些青工？

我们这位书记可不是草包。同歪头队长们没什么道理可说，见了书记可得认真理论一番。

我说，我那句无心的随口话根本不是影射谁，也从没想过要影射谁，有人之所以借题发挥，那完全是出于一种阴暗心理：某些人出于种种原因，一直对干部不满，可又不敢公开发泄，于是借我的无心之言，故意将干部和金龟子扯在一起，并且故意扩大影响，从而无形中达到他们泄私愤的目的。金龟子是什么？它是蚕食植物茎叶的害虫，这些家伙就是想把广大革命干部丑化为侵吞国家财产的蛀虫！

说这番话时，我一副慷慨陈辞的模样，书记阴沉着脸盯住我看。

对第二个问题，我动了点脑筋——书记虽然没点出姓名，那个被我拉拢者不用说是马春晖了，这肯定是歪头队长把马在会上为我辩解的事向他作了汇报，同时把责任归咎于我的拉拢。

根据我的经验，要想开脱某人由于同情我而处境危险时，最好的办法是在领导面前做出切齿痛恨他的样子，并且一口反咬此人如何如何伪装积极、如何如何爱打小报告，以此表明他和我根本不是一类货色。

想到此，我对书记说：“这件事肯定是那个马春晖添油加醋汇报的，这家伙平时一贯伪装积极要求进步，专门爱打小报告，他想入团都想疯了，可由于家庭成分不好又入不上，只好通过汇报别人的办法来创造条件。您别看他经常找我玩玩乐器，那是他在故意接近我，想在我身上寻找立功机会。我早就看出他没安好心，书记您可千万别轻信这种人！”

听完我的“答辩”后，书记继续沉着脸盯了我半天没作声，接下来对我诫勉一番后，结束了这次变相“提审”。

令我有些意外的是，这事最后不了了之。究竟什么原因？到现在我也没搞清。以书记的老谋深算，他才不会相信我那番鬼话，不过这也不能说我的“狡辩”一点作用没起，最起码，我的倒打一耙可能使他多少产生了一点怀疑，而这恰恰正是我所希望的。在那种环境中，要想保护自己和保护朋友，唯一的选择只能是把水搅浑。至于成败与否，就只能听天由命了。

今天我在回顾这些事时，那次金龟子事件即使“坐实”为攻击“三干会”，充其量也只能算是“疑似”反动言论，这与我货真价实的“恶攻”言论库中任意一条相比，简直不值一提。我之所以在此花了些笔墨，是因为正是通过这件事，我真正认识了马春晖。另外，这件事也纠正了我的某些偏见。此前我一直认为农场人多是些浑浑噩噩的糊涂蛋，看来并非完全如此。“十步之内，必有芳草”，古人的话多少有点道理。

这件事还使我联想到马春晖的家庭出身。

在那个以告密为荣的阶级斗争年代里，能像马春晖那样不避嫌疑、敢于仗义执言公开为朋友辩诬，可谓少之又少。除了个人道德因素外，我想这同他那“非无产阶级家庭”传承下来的教养，肯定也有必然的联系。西方有三代才能培养一个贵族之说，不是没道理。

三

不久后我又被调往十一队，再之后又调到机械厂，但是这些都没妨碍我和马春晖经常接触。时间很快到了1966年，“文革”轰然爆发。这一年8月底，农场成立了一个名为“‘八·二四’工人战斗队”的“造反”组织，我和马春晖都参加了“造反”。

自从1965年姚文元的《评新编历史剧〈海瑞罢官〉》发表后，我就隐隐感觉要出大事。在稍后相继出笼的《二十三条》、《十六条》中，从文件字面看，重点是“整党内走资本主义道路的当权派”，而凭我的直觉，最后倒霉的肯定还是我们这些“牛鬼蛇神”。“文革”初期那段时间，我只是瞪大眼睛注意局势变化，一面暗自盘算哪天会“运动”到自己头上。

看着看着，发现情况越来越令人难以捉摸了。首先是全国各地大大小小的当权派无一例外都被打倒，就连我们街道那个鬼不生蛋的小厂主任，居然也作为“走资本主义道路的当权派”挂着牌子游了好几回街。再就是好多同我一样长期倒霉的那些人，纷纷起来造了反，其中不少人还成了“造反司令”。

新鲜事物总是吸引人，我从这些“新生的革命事物”中很快找到新感觉——反正“运动来运动去”，最后横竖要“运动”到我这类人头上，与其坐等“运动”后期被人收拾，何不趁眼前“造反有理”的大好机会来个“奉旨造反”，出口气再说！我们那位书记对“阶级斗争”最为热衷，现在该让他也尝尝“阶级斗争”的滋味了！

就这样，我参加了“造反”。大约是“心有灵犀”吧，马春晖不约而同地也成了我的“造反战友”。

那时，不论造反派或保皇派都极为讲究家庭出身，我们那“‘八·二四’工人战斗队”的几个头头都是清一色的工人、贫农，马春晖和其他几位“非无产阶级家庭”出身起来造反的，则进了一个名为“参谋部”的智囊机构。这个“参谋部”不出头露面，专门在背后替头头们出谋划策。我虽然算是“根正苗红”的无产阶级后代，但个人历史上有“严重的污点”，结果也成了“参谋部”的一员。在“参谋部”，我的任务是出点子，兼宣传策划，马春晖主要负责办油印刊物及搜集情报。

如今人们谈论“文革”，往往对当年“造反派”的成分缺乏精确的分析。其中相当关键的一点，就是忽略了“造反大军”中非常重要的一股分支。这股分支中的典型人物，就是有如我这类长期深受“专政”之虐，心怀不满的形形色色“阶级异己分子”。具体而言，包括1957年“反右”斗争中幸存下来的漏网之鱼，历届政治运动中遭受整肃但又没“进去”的，长期被本单位头头穿小鞋的，一直想“出口鸟气”而苦于没有适当机会的，等等等等。

由于严密的管理，这些“阶级异己分子”不可能聚集成一个整体，只是散落在社会的各个角落，但这并不表明他们没有能量。他们就像当今电脑中潜伏的某些“木马”一样，表面毫无动静，实际上不过是在等待某一个激活信号，一旦这些“木马”被同时激活，整个电脑系统的灾难也就随之而降。这个激活信号正是“无产阶级文化大革命”嘹亮的“进军号角”，是它激活了全国大大小小“阶级异己分子”多年积压的复仇欲望。

我和马春晖的“造反”，先后总共经历约五个月。1967 年初“夺权”风暴席卷全国后，我们很快退出了“造反”队伍。当权派打倒了，胸中恶气出了，我们的“历史使命”自然而然也结束了。

1967 年初“夺权”之后，“‘八 · 二四’工人战斗队”的头头掌管了农场大权，我们“参谋部”由于无“谋”可“参”，各奔东西作鸟兽散。不久后，为了捞些吃喝外快，我外出替其他单位画伟人像，前后有一年多之久。那些日子我和马春晖的接触很少，他仍然一直在十队上班。那个歪头队长在“文革”中由于死保书记吃了些苦头，后来幸亏成分好又恢复了队长。“文革”前的恩怨，加上“文革”中的仇恨，使马春晖成了他的眼中钉。不过，那时他还不敢对马春晖怎么样，直到几年后才有机会对马春晖下手。这是后话了。

四

1969 年春，马春晖结了婚。

也许是上苍注定我这位亡友命途多舛，他的恋爱、结婚，同样充满了曲折坎坷。

他的妻子小 O 是位文静善良的女孩，比马春晖小二岁，去农场那年还是个不谙世事的小丫头。当时我们那批去农场的知青，主要有两种人。一种是父母在“解放”后政治上虽然“翻了身”但经济上仍旧“一贫如洗”的子女，这些小青年升学读不起，就业无门路，为了减少父母负担，不得不到农场混口饭吃。另一种则是“非我族类”的后代，升学无门，就业无望，唯一去处只能是到农场。小 O 父母都是城市贫民，典型的无产阶级家庭出身，到农场的唯一原因，就是一个字：穷。

由于家庭出身好，平时又老实听话，小 O 到农场没两年就入了团。在当时的农场知青中，团员可是令人刮目相看的先进人物，按人们正常眼光，像小O这类姑娘，找对象的范围无疑被圈定在党员、干部、革命军人之内，谁也未曾想到，前途无限的小O独独相中了“非无产阶级家庭”出身的马春晖！由于不清楚当年马春晖和小O之间的爱情秘密，我也无从了解小O在恋爱过程中是否出现过犹豫彷徨，我只能从最终结果作出判断——在意识形态和爱情发生对立时，小O最终选择了后者，而马春晖也深深爱上了这位“爱情至上”的姑娘。

到1969年4月“九大”期间，马春晖和小O已到了谈婚论嫁地步。

这时，小O受到了来自家庭的激烈阻力。

阻挠者，主要是小O的母亲。

这位母亲虽然多年来穷得一文不名，对自己的无产阶级成分却看得特重。以她的设想，她这种无产阶级家庭血统的女儿，天生该找个军人、干部当女婿才是，最起码也得找个国营大企业的工人。如今，女儿竟然自说自话找了个每月拿十九块钱的农场青工，最要命的还是个“非无产阶级家庭”的孽种，这不啻是个晴空霹雳，那一刻，她感到天都要塌下来了！

老太太尽管大字不识一个，“无产阶级义愤”却表现得非同常人，她几次三番来农场找领导，大兴问罪，责问领导阶级立场到哪去了？为什么对这种“反革命狗崽子勾引我们无产阶级女儿”的事不闻不问？农场军代表虽然是“一颗红星头上戴，革命红旗挂两边”的革命军人，对这种无产阶级老姊妹的发难倒也缺乏良策，只能以“我们讲成分，但不能唯成分论”、“革委会对职工的婚恋不宜过加干涉”等等空头大道理好言安抚。那老太婆岂是个好打发的主，当即以耍泼赖地、寻死上吊还以颜色。几次交锋下来，以后每当老太太光临农场，军代表不是“进城开会”就是“外地出差”，任由老太太独自一人自由发挥，而马春晖和小O则东躲西藏，始终不敢和老太太照面。有一次，老太太不知怎么打听到马春晖和小O躲在十二队，当即尾随追击而来。十二队那位侯队长非常同情他俩的遭遇，趁老太太尚未抵达前，抢先一步将二人锁进了工具房。那天老太太在十二队发了一天威，挨家挨户，逐屋逐室，搜遍了所有能藏人的地方，唯独漏过了那间上了锁的工具房。最后一无所获，悻悻走人。

这时，要不是一位“高人”出现的话，马春晖和小O的婚事十有八九要泡汤。

就在小O母亲为女儿婚事大动干戈之际，某日，一邻居因为家事不顺特地请来一位算命先生，据说这位先生在当地相当出名，素有“神算铁口”之誉。那先生为邻居算过命后，顺便又替现场旁观的几位算了几卦，结果是个个称灵。在场看热闹的小O母亲，当时正为女儿婚事烦心，一见先生如此神妙，遂忍不住向那先生求了一卦，为女儿婚事占卜吉凶。

待小O母亲将女儿的生辰八字报上后，那先生未吭一声，只是满脸诡异地翻着一双半瞎的老眼盯住空中，良久，嘴唇才动了几下，但谁也不知要说什么，很有些难言的意思。

一见此情，小O母亲赶忙恳求先生实言相告，是好是歹务请先生直说无妨。

接下来先生究竟说了什么，如今已无据可考，反正一番半文半白的鬼话，加上一串天罡地支阴阳八卦术语，直把小O母亲听得晕晕乎乎。幸好有位文化人在场，经过一番“翻译”，总算让小O母亲搞清了大概意思——别看女儿姑爷目前不咋样，以后肯定会有出头之日，家长切切不可干涉这门婚事，否则全家大难临头！

恭恭敬敬双手捧上卦金后，小O母亲将信将疑地回到了府中。那一夜她几乎通宵未眠，一直反复咀嚼算命先生那番话，最后当她发现在“阶级论”和“有神论”之间只能择一而从时，不得不放弃了前者。

从算卦次日开始，老太太对女儿婚事一改过去坚决反对态度，实行了新的“三不”政策，即不赞成，不反对，不过问。并且，通过小O的姐妹，将这新政策传递给了当事人。

正在惶惶不可终日的小O和马春晖接到这新指示后，惊喜之余，赶紧双双进城叩见母亲大人，那老太太事先得知两个冤家要上门，早就躲了个猫儿不见影。两人唯恐夜长梦多，乘老太太不在之机，偷偷翻出了家里的户口簿，当天去街道办事处领了结婚证。

他们结婚大约是在1969年5月，我听说他们只举行了一个简单婚礼，但我没参加。当时已有种种迹象表明我情况不妙，为防止连累别人，我基本上切断了同农场所有朋友的交往。

五

1969 年 6 月，我正式失去自由，先是在农场“隔离”，两个多月后进看守所，从此再没同马春晖交往过。

在“隔离”的次日上午，我从广播喇叭里听到革委会发了一则紧急通知，要求听到名字的人立即到场部集中开会。听广播员的口气，那通知明显带有一种不得违抗的“勒令”意味，通常只有对“四类分子”等专政对象才用这种腔调。由此我判断，等待与会者的绝不会有什么好事。

名单中第一个，就是马春晖。下面全是 1966 年起来“造反”的主要人物，当年的八大“牛鬼蛇神”，除了已死的郁康庄、庄振武两位（郁康庄是我们农场第一个“造当权派反”的带头者，1969 年初自杀，庄振武于 1968 年夏不幸溺水身亡）外，其余均在名单之中。

一听那份名单我即明白，趁我这个“现行反革命”落网之际，革委会不失时机开始了对“牛鬼蛇神”的清算。早两年被打倒的书记、场长，前不久都获“解放”，接着又进了革委会，秋后算账的时候到了。

这一点，我们那位书记（当时已是革委会常委，我刚被“隔离”，他立即主动参加了特地为我成立的专案组）在提审我时的一段表白，再也“坦率”不过了：

“……你别以为自己反正是死猪不怕开水烫了，你不仅要彻底交待和李立荣等人的问题，农场的问题也必须老实交待清楚。老实告诉你吧，这次不单是你，和你一同‘造反’的那帮难兄难弟们谁也跑不掉！还记得我以前作报告时多次引用过的毛主席那段话吗？‘善有善报，恶有恶报，不是不报，时候未到’，怎么样？现在信了吧？”

我一听，不禁暗笑书记的性子也太急了点：我落在你们手上算我倒霉，但我的问题和马春晖他们根本就沾不上边，不管您老怎么热心，到头来肯定免不了白忙一场。至于我本人，到了这一步，根本就没必要为自己参加“造反”的事担心。我是全南京市著名“现反”大案中的要犯，犯下的是“弥天”大罪，即便把我的“造反”定性为“猖狂进行阶级报复”、“打着红旗反红旗”，这些罪行同我“疯狂攻击无产阶级司令部”相比，就像足癣不能和肺癌相提并论一样，对我根本就无足轻重。

后来的事，果然如我所料，在我“隔离”的两个多月中，没听说带头造反的“牛鬼蛇神”中有谁因为同我案子有牵连而倒霉。

1969 年 8 月 20 日，我正式进了公安局看守所。三天之后，8 月 24 日，我被提回农场，在专门为我召开的全场职工大会上宣布逮捕。我刚上台亮相，第一眼便看到下面最前排全是当年的“造反战友”，马春晖也在其中。在我临被铐下台那一刻，我特地又瞥了他一眼，他埋着头没有看我。

那是我最后一次看到他。

大约是在 1973 年，有一次我弟弟到劳改队探监时告诉我，某天他在路上偶遇我农场一个同事，闲谈中得知马春晖在两年前已自杀身亡，死的时候女儿才九个月大。

这时的我，尽管对朋友中不断有人死去已不以为奇，但得悉年纪轻轻的他自杀后，心头仍不免涌过一阵悲哀。夜还是那么黑，眼前仍然看不到一线光明，我只能默默记住这些不幸英年早逝的朋友，希望将来有一天能将他们的悲惨遭遇公之于世。

一晃很多年过去了。

和他分别整整四十年后，2009 年，当我决意为这位亡友写点纪念文字时，我几经周折找到了马春晖的夫人，O 女士。我们在一家茶舍谈了一整天。

四十年的风刀霜剑早已催白了她的两鬓，值得庆幸的是她的记性依然很好，岁月的流逝毫未冲淡那些不幸往事的记忆。她以老人特有的平静口吻，源源本本叙述了当年马春晖去世的详细经过。那天在旁的还有 L 先生，和他夫人 Z 女士（他们都是马春晖生前关系较好的农场同事）。两位非常热心，不仅极力鼓励我写一篇纪念马春晖文章，并且提供了往事的若干重要细节。

为了力求准确还原真相，我又采访了其他一些农场老同事，他们当年都亲眼目睹了事情经过，在不同程度上补充了一些内容。在采访他们过程中，我做了详细记录，并录了音。

下面的内容即综合上述采访写成。

前面已经提及，就在我1969年6月“落网”时，农场革委会曾经忙活过一阵，指望通过我，能顺藤摸瓜将参加“造反”的“牛鬼蛇神”一网打尽。后来之所以目的未达，主要原因是他们和我的“现反”大案实在沾不上边，马春晖他们只是被彻底调查了一番，结果没套上什么罪名。在此后紧接而至的“一打三反”运动高潮中，由于农场又相继“诞生”不少“现行反革命”，“运动重点”都集中到这些人身上了，平时言行比较谨慎的马春晖一时没遇到什么大麻烦。

1970年春，他和小O有了一个可爱的女儿。

他的不幸，发生在“一打三反”运动后期的1970年底。

这时，农场罪行昭著的“阶级敌人”该抓的已抓，该判的已判，该戴帽的已戴帽，就像池塘中的鱼一样，大的捕完之后，轮到小鱼小虾遭殃了。

1970年12月，马春晖被立案审查，并专门为他成立了“专案组”。

当年十队那个歪头队长早就不当队长，时来运转的他，如今是场部领导小组组长，马春晖的案子正好在他手上。

十八岁就到农场的马春晖，可没有我从1957年“反右”以来积累的那些挨斗经验，也没有随之形成的心理素质，面对各种大会小会的批斗，一个个通宵达旦的连续逼供，他的精神很快崩溃，随即陷入彻底绝望。

写到这里，我得感谢农场老同事L先生，多亏他向我提供一些内情，让我多少了解到马春晖最后那段日子的一些精神状态。

那是1971年的1月份，大概由于案子太多，人手不够，上面临时指定L先生担任某次对马春晖审讯的记录，当我采访他时，他向我谈了那次审讯的经过。出于对历史的负责，L先生特地又花了整整一个晚上时间，帮我整理出了那次审讯中一个重要片断的记录。

也正是这段对话记录，让我们得以了解精神崩溃的马春晖是如何“彻底坦白交待”的。人，到了生不如死的地步，为了尽快摆脱眼前折磨神经的审讯，能编出什么样的谎言，这段审讯记录无疑是有力的证据。

下面就是那个重要片断对话记录，照录于斯：

（形势教育＋政策交待……）

问：怎么样，经过这么多天大会小会的帮助，该是交代实质问题的时候了吧！

马：（未吭声）

问：我们一再讲了，不要有顾虑，有什么问题就交代什么问题，瞒是瞒不住的，你以为你不交代别人就不揭发吗？到那时就晚啦。现在关键在于态度，谁先交代谁主动，只有彻底坦白交代，大胆揭发别人才是唯一出路，才能得到党和人民的宽大。

马：（未吭声）

问：是不是还有什么顾虑？

马：（摇头）

问：那好。没有顾虑就好，就该这样。

马：（未吭声）

问：怎么不说话？不是说没有顾虑吗？

马：我……

问：不想说是不是？

马：（摇头）

问：抗拒交待的后果你应该比我们清楚吧？（例举了ＸＸＸ、ＸＸＸ、ＸＸＸ等人下场）

马：……

问：革命群众的忍耐可是有限度的啊，你也明白现在是什么形势！

马：我……我现在交待一个新问题。

问：那好啊。（眼光示意记录者做好准备）

马：我……我准备刺杀许世友。

问：什么时候的事？

马：从去年开始我就一直在策划。

问：为什么要谋害许司令？

马：我恨他！

问：毛主席说过："世上没有无缘无故的爱，也没有无缘无故的恨。"说说你为什么恨许司令？

马：他镇压反对过他的造反派，又把南京城居民下放到农村去，我母亲和弟妹都下放了，他们在农村饭都吃不饱，这些都是许世友害的。

问：唔。那你怎么才能接近许司令呢？

马：他经常到我们农场后面山上打猎，去的时候要从农场那条小路经过，每次坐的都是一部"嘎斯—69"越野吉普车。

问：那你怎么知道他哪天去？又怎么知道什么时间经过那里呢？

马：我经过长时间观察，发现他总是在星期六去，每次总是上午9点半到10点之间经过。

问：你一共观察过多少次？

马：一共有十六次。

问：记得这么准确？

马：我每次都有详细记录。

问：记录在哪里？

马：一个多月前被我烧掉了。

问：怎么烧的？

马：夜里我一人躲到厕所烧的。

问：那你打算怎么下手？

马：准备用炸药。

问：炸药从哪里搞？

马：到西岗采石队去偷。

问：炸药库都有大铁门，你怎么进去？

马：我专门配了钥匙。

问：钥匙现在在哪里？

马：有次进城上厕所时掉到大便坑里了。

问：怪了，怎么一提到具体问题，不是烧掉就是丢掉了？

马：……是真的，不骗你们。

问：你打算怎么实施爆炸？

马：我经过反复实地勘测，决定埋伏在路边靠近十一队葡萄地的小树丛中，那里正好是上坡，车子开得慢，等他车子一到，我就将炸药包甩过去。

问：你打算用多少炸药？

马：十来公斤吧。

问：你那埋伏地点离小路有多远？

马：大概有二十多米吧。

问：十来公斤重，二十多米远，你有那么大的力气将炸药包投过去吗？

马：那段时间我天天练膀劲。

问：炸药藏在哪儿了？

马：后来没有去偷。

问：为什么呢？你不是钥匙都配好了吗？

马：因为对起爆时间没把握。怕提前爆炸把我自己给炸了。

(提讯的老王和老赵咬了一下耳朵)

问：你考虑过这样做的后果吗？

马：考虑过的。

问：怎么考虑的？

马：我心想人生在世大不了一个死，反正待在农场也就这么回事，能把许世友干掉也算够本了。

问：要是干不成呢？

马：……

问：这些事你还同哪些人讲过？

马：没有。

问：真的没有？连你老婆也没讲过？

马：确实没有。我从来不敢对我老婆提这些事，她是团员，她知道了肯定会去汇报。

问：你讲的都是事实吗？

马：是的，都是事实。

（原文到此为止）

这里，还得提一下主持这场审讯的两位专案组成员。

两位一姓赵，一姓王。赵原来是南京白下公安分局预审科提审员，王则是白下区检察院批捕科的检察员，一看两位职务，不用说都是审讯高手。我们农场自1969年初划为南京白下区公检法“五七”干校后，他们随其他公检法干警一起下放来农场。鉴于他们的专业特长，从“清理阶级队伍”到“一打三反”，专门负责大案要案的审讯。

结束这次审讯后，两位可没像其他人那样因为钓到了一条“大鱼”而沾沾自喜，以他们多年的办案经验，当即一致认定，马春晖交待的内容根本是不可能的事。

一个农场青工，竟然能摸清许世友神出鬼没的行踪，进而要在二三十米开外抛出重达十几公斤的炸药包去炸急驰而过的汽车，这无疑是天方夜谭！如果轻信马春晖这番既荒唐又漏洞百出的口供，且不说将来如何收场，单就个人名誉而言，他们也丢不起这个人。

倒是马春晖这番离奇的交代，使他们产生了某种不祥预感。

根据多年经验，如果审讯对象在交代的过程中大包大揽本不属于他的问题，或者故意编造重大罪行硬往自己头上套，这种人不外有两种：一是精神有毛病，信口胡说八道；再一种就是对人生业已彻底绝望，又受不了眼前的活罪，故而只求尽快了断。经过分析，他们一致认为马春晖显属后者，自杀可能很大。

于是，两位连夜向革委会作了汇报，建议立即给马春晖安排一名可靠的贴身“保镖”，既是加强监督，也算防止他“自绝于党和人民”。另外，又建议马春晖交代的刺杀许世友问题暂时先别公开，以免将来被动。革委会当即采纳了这两项建议。

经过再三挑选，并通过严格政审，革委会选中了一位放牛青工充任马春晖的“保镖”。

这位牛郎三代贫农出身，父母双亡孤身一人，小学三年级文化，从六岁起开始放牛，社会关系中除牛之外别无任何亲友。

政治条件虽然无话可说，遗憾的是，牛郎看牛虽然很有一套，看人却不怎么在行。尽管上面一再关照他，每天必须寸步不离地盯紧马春晖，可他老把人当成是牛，以为人和牛一样，只要有草可吃，没必要成天守在旁边。马春晖后来的自杀，不能不说同他的“盯人不紧”有点关系。如果他真正如影随形般盯着马春晖，也许马的自杀也就“未遂”了。附带说一下，在此我毫无责怪这位牛郎之意，当年选中他当“保镖”，恐怕也是马春晖的命中注定。如今牛郎同我一样也是老人了，年初我还见过他，他和老伴正躺在椅子上晒太阳，看他那副安详的模样，我便没提那些往事去打扰他。

马春晖的自杀，发生在 1971 年 2 月 23 日。

死前两天，革委会在场部又一次召开马春晖批斗会，会前特地关照刺杀许世友问题不准在会上提，重点是老实交代：同已被揪出来的“现行反革命”有哪些关系？有哪些暗藏的反革命同伙？有哪些反革命活动打算？

这些问题可不比“刺杀许世友”，那只是他凭空编出的个人“罪行”，由于不涉及他人，谁也无法查证落实，而现在要交待与其他人的关系就不一样了，这要牵涉一个个有名有姓的具体人，一时半会儿如何编得出名单来？就算违背良心乱咬一气，日后怎么有脸去见人？

整整一下午的批斗会，任凭批斗火力怎样不断升级，马春晖始终咬紧牙关没供出一个“同伙”。

晚上回到家中后，马春晖突然向妻子小 O 提出离婚。当小 O 再三追问为什么时，他始终沉默不语。当夜，小 O 对马春晖进行了反复劝说，要他千万别胡思乱想，千万别想不开，鼓励他一定要咬紧牙关挺过去，但马春晖高低就是不开口。

2009 年 7 月 8 日我们在茶舍的那个下午，小 O（现在是老 O 了）谈到这里时，声音一下哽咽了起来：“当时我怕他想不开，就问他：‘你杀过人没有？’他摇摇头，我又问他：‘你搞过反革命没有？’他还是摇头，我说你一没杀过人，二没搞过反革命，那你怕什么？！现在被审查的也不是你一个，你可千万不能胡思乱想。我们毛娃才九个月大，你要有个三长两短，你叫我们娘儿俩怎么过下去？当时我明确告诉他，离婚的事想也别想，你到哪里，我跟你到哪里，你就是坐牢去了，我抱着毛娃到劳改队去看你。那天晚上我劝了他一个多钟头，可他就是高低不开口。后来想想，可能当时他死的决心已经下定了，我们感情那么好，结婚又费了那么大周折，只要有一分活的心，他怎么可能提出离婚呢，他是怕连累我们啊……"

就这样，马春晖和小O度过了家中的最后一个夜晚。

第二天临晚，专案组派了个打手把马春晖带去了十一队，连夜开了一场通宵批斗会。主持会议的，正是原来十队的那个歪头队长。

光阴如梭，将近四十年后的今天，歪头队长和那次会议上的干将们大都见马克思去了。据说还有几位健在，当我了解到剩下的这几位至今还在怀恋那个时代的风光时，我不得不打消了采访他（她）们的念头。因此，我无法知道这次会议上究竟发生了哪些事。我只能根据后果来判断：正是这场批斗会，它直接导致了马春晖的自杀！

那场批斗会，一直开到次日上午8点才结束。一夜鏖战下来，专案组人员一个个相继回去睡觉了，马春晖被指定留在十一队集体宿舍里，继续考虑问题。小O打听到批斗会结束了，赶快下了一小锅面条赶去十一队，只见马春晖独自呆呆地望着窗外。小O端上面条后，他只是轻轻摇了摇头，此后任凭小O怎么劝慰，始终一言未发。

随后，小O逼着马春晖跟她一同回到了安在十二队的家。快到家门口时，一直没开过口的马春晖轻轻说了一句："离婚吧，小O，什么都别说了。"

进家门时已快10点，小O急于要去托儿所替女儿喂奶，再三叮嘱马春晖立即睡觉，随后带上了门。临走时，她同隔壁邻居悄悄打了个招呼，请人家留意点动静。他们那个家原是十二队的集体宿舍，两户之间只隔一道薄薄的土墙，谁家有什么响动，隔壁人家听得清清楚楚。

谁也未曾想到，这竟是小O和马春晖夫妻俩的诀别。

大约二十分钟后，正当小O还在为女儿喂奶时，突然听到远处有人发了狂

似的喊她 :“小O快回来！马春晖出事了！马春晖出事了！”小O慌忙丢下女儿拼命朝家跑去，到门前一看，马春晖躺在门外地上，四周围满了人。

据邻居相告，就在她出门没多久，邻居忽然听到隔壁有凳子倒地响声，觉得情况不对，于是过去察看动静，可再三敲门，始终不见里面回应。心知不妙，邻居赶紧大声喊人，当时不远处正好有一班瓦工在修屋，一听呼喊立即冲了过去，及至破门而入，发现马春晖已吊在梁上。解开绳子，放下，人已气绝身亡。

此后赶来的医生忙活了一阵，最后双手一摊，表示回天乏术。

一个年轻的生命，就这样终结了。

这天是一个阴冷的冬日，从夜里开始，天空一直在飘着冰冷的碎雨。马春晖的遗体被指定放在一个池塘旁边泥泞的地上，身下是尚未化尽的残雪。包括亲属在内的任何人，奉命不得随意挪动死者，任凭冷雨作践这位不幸者最后留在世间的躯壳。

最令人悲怆的是他最后的那身“打扮”。人们在施行最后抢救解开他那套破棉衣时，发现除了一条裤衩外，里面竟然空空荡荡一丝未挂，光脚板上套的则是一双破得不能再破的烂胶鞋。看着他“赤条条去”的惨状，在场人群中传出了女的啜泣声，一些属于积极分子的人物，也忍不住捂着脸将身子背了过去。

事后小O发现，马春晖生前穿的一套旧毛衣毛裤，正整整齐齐叠放在床头枕边。没有遗书，没有遗言，他将全身唯一值点钱的东西留给了妻子。在他决意告别这个令他痛苦、令他恐怖、令他憎恶的人世前，他并未丧失人的情感，那套还残留着他体温的毛衣，寄托了对妻子、对女儿全部的爱。

2009年7月8日，小O在茶舍谈到这套毛衣时，又提到一件事。

根据流传在我们农场那一带的迷信传说，人在死亡时，千万不能穿任何带毛的衣物，否则死后再投胎时会变为“带羽毛的畜生”(据说这种鬼话至今仍为好多人深信不疑)。因此，不少人到现在还认为，马春晖死前之所以脱下毛衣，是怕来世变为带羽毛的畜生。

且不提这些不带羽毛家伙们的愚昧，也不论这种荒唐谬论对死者的亵渎，倒是“带羽毛的畜生”一句，却陡然使我想起了四十多年前的一件往事。

大约是在1965年秋的一个下午，那天我和马春晖从城里汉府街郊区站乘车回农场。下车的那个站，叫金丝岗，离农场有好几里，为了抄近路，我们涉水过一条小河。过河后，我们在一块大青石上坐了好久。那天天气非常好，蔚蓝的天空中，几只老鹰正在悠悠盘旋。静静仰望天空良久的马春晖，这时忽然自言自语起来："人要能像老鹰那样多好，想飞哪里就飞哪里，没有任何东西能够阻挡它们。"说这话时，他眼中的那种羡慕与向往，到现在我还隐隐记得。

四十多年后的今天，我倒是真心希望那些迷信传说确有其事了，如果真的那样，那马春晖就不该把毛衣全部留下，哪怕铰下只袖子套在手臂上走也好。那样，他的来世就会成为一只"带羽毛的畜生"，他就会有一对自由的翅膀……

由此，我又联想到被杀害的那些朋友，如果他们也都像"带羽毛的畜生"那样有一双自由的翅膀，如今该有多好！

1971 年 2 月 23 日那个悲惨的日子，马春晖遗体在雨中躺了四个小时之后，被送至南京清凉山殡仪馆火化。根据当时规定，凡"自绝于党和人民"的自杀者，家属一律不得认领骨灰，马春晖弟弟好不容易托人走后门才将骨灰提了出来。为了防止被人指认"同情反革命"，他悄悄将哥哥骨灰盛放在一只泡菜坛子内，在家中矮小的阁楼上藏了整整三年。

好多年后，几经辗转，亲人们才把他的骨灰最后安葬在了南京远郊的一处公墓里。那里离南京南郊煤山铁矿不远，大约是地势偏僻之故，墓园多少有点荒凉。2009 年 11 月 3 日，我和小 O 以及她女儿女婿一同去扫了墓，L 先生夫妇也随我们前往凭吊。

墓碑上，镶嵌着马春晖年轻时的一张照片，那张略显稚嫩的脸上是那样充满了青春朝气，而右侧那行生卒年月日，定格了主人短暂一生来去何等匆匆。

阔别四十年后站在他的墓碑前，那场球赛，那些夜晚的小型音乐会，那次金龟子事件，"文革"中的那些日日夜夜，那条小河上空的老鹰，那些尘封的往事，它们像潮水般一起向我涌来……

我认识他，肇始于那场球赛末尾的"自摆乌龙"，他年轻生命的终结同样也是一次"自摆乌龙"。前者，他把手中的球投进了自己篮筐，后者，则是将头颈伸进了自己结好的绳圈。望着墓碑上那张青春焕发的照片，一种宿命的无奈，从心中缕缕升了起来……

影 像

国联防疫团在广西：法国穆克瑞博士的影像记录

钟文典撰述 邹方霖辑图

1937 年 7 月，抗日战争全面爆发。第二年，一支由法国、英国、美国、瑞士和罗马尼亚等国医护人员组成的名为“国际防疫委员会第三防疫团”的国际防疫组织，与我国内政部卫生署华南区防疫委员联合组成办事处，在广西省政府的支持和配合下，与广西各地的防疫医疗工作者通力合作，建立防疫联合办事处。办事处下设有研制防治人畜各种疫病药物的试验所，同时在南宁、梧州、郁林（今玉林）、柳州、桂林、平乐、龙州等各地城乡开展防疫宣传和防治工作，历时三年。

分团的财务主管、法国医学博士穆克瑞（Dr. Tean Mauclaire）先生，他不但直接参与这项防疫医疗工作，而且在广西期间，通过自己的实地拍摄和向人征集等方法，留下了当年有关防疫工作和广西的民情、社情的照片三百多张，把当年参与这项工作的不少人物，以及开展工作的地点和情景记录了下来。

在世纪之交的时候，这些照片连同《穆克瑞博士梧州之行致拉斯内的报告》、《国联驻中国防流行病卫生团第三分团监察长拉斯内的工作报告》和《穆克瑞博士的昆明—贵阳—重庆—成都线路（公路）的考察报告》在内的共四万余字的文件资料，悉为邹方霖先生所收藏。从而，在尘封了半个多世纪之后，我们能够有幸重温这段鲜为人知的史实，感受在民族危难时刻来自国际社会的人道主义援助。

防疫分团监察长拉斯内

国联防疫团第三分团的负责人是拉斯内（Lasnet）医生，他的职务是分团的监察长。他来自哪个国家？此前的经历如何？一时无法考查清楚。从在广西工作时留下的照片看，他身材瘦长，高颧隆鼻，虽然鬓发已稀，却显得精神矍铄，容光焕发，看来已经是六十岁左右的老者了。

身为防疫分团的重要负责者，拉斯内大部分时间是坐镇南宁的分团办事处，随时接受欧洲防疫总部的指示，同时协调分团各方在广西各地开展防疫工作。

对这次从欧洲远道援华的防疫工作，拉斯内先生是满怀热情和信心的。1938 年 11 月他在《工作报告 · 十月之行的小结》中，表露了自己的心声。他写道：“在中国南部短暂的十月之行前，我对这个遥远的东方之国充满了好奇，特别是广西省。因为我将把医疗总部安置在那里，我认为自己应该做一些真正有意义的和持久的工作，而不仅仅是凭一时的激情。现在我得到了这个机会。广西是个总面积为二十一万七千平方千米、总人口为一千三百万的大省。它现在有大量的卫生问题需要解决，我将倾尽全力而为之。”

在报告中，他表达了前来广西工作的热切愿望和努力做好工作的诚意，谈了他对广西情况的认识。为了做好工作，拉斯内到达广西以后，即请他的主要助手穆克瑞博士对广西的卫生状况进行调查，以便确定在广西的“救助方式”。而他自己，对广西的地情、社情、民情和政情也寄予极大的关注，并在到达广西不久，即从南宁经柳州到桂林各地做了短暂的实地考察，得到的印象是十分好的。

越南通往广西的海上航道，拉斯内视为“得天独厚的资源”。而广西境内几条自北南流并注入浔江、西江的河流，和中部的多山地带，则促使广西成为了一个以农业与畜牧业为主的省份。拉斯内对以李宗仁为首的新桂系政府十分赞赏，他还认为：广西在李宗仁、白崇禧、黄旭初“三巨头”的统治下，从 1932 年开始推行“新政”，六年之间，在农林、畜牧、工矿、交通、建设和城市改造等方面都取得了很好的成绩。他对广西的民团组训和基层行政的“三位一体制”，也给予好评。而对广西平民百姓的刻苦耐劳、勤奋生产，同样赞不绝口。他在《工作报告·十月之行的小结》中写道："广西人普遍个子比较矮小，但都身强力壮，也可以称作是一个富有活力的民族。他们辛勤劳作，当他们赤着脚在稻田的稀泥里走来走去时，你会不由自主地感叹播种季节的到来。他们专心于自己艰辛的劳作，双肩挑着重担疾步走在漫长的田埂上。这样的生活也培养出了不少军人。道路和铁路的挖土工人，他们照常交税，生活得很艰辛，却只能给家里挣得仅够糊口的家用。人们意识到日子虽然艰苦，但他们世世代代都在土地上劳作，恪守祖先们的传统，将中华民族的伟大和力量世代延续下去。"

穆克瑞博士

穆克瑞博士，法国人，是这段历史的参与者，也是这段历史的主要纪录者。因此，要掸去尘封这段历史的尘埃，还得从他说起。

1905 年，穆克瑞诞生于法国一个富裕的家庭。其父亲老穆克瑞（P. L. Mauclaire）是巴黎医学院的名誉教授和法国医学协会委员。1936 年，二十一岁的小穆克瑞由于在颅盖脑颅等方面的优异成绩，获得了医学博士学位。他最初在 Sainte Anne 外科医院工作。工作期间，他多次乘"法国岛"和"华盛顿"号邮轮前往美国。同年 11 月 24 日，他还获得了远洋医学的文凭。

因为家境富裕，加以兴趣广泛，穆克瑞虽然学医，而且取得了很高的学位，却很少从医。除了到国外执行任务或旅游外，他喜欢文学、新闻评论、电影和冒险活动。他担任过艺术杂志的编辑，在杂志上发表过不少文章。他还创办电影院，放映不少法国和苏联的电影，也创办过国际电影发行公司，发行了一些新潮的影片，吸引了整个巴黎。这些大胆和富有新意的电影事业，使他个人的财务受到影响。为此，他重操某些外科医务工作。甚至往来于印度支那、日本、锡兰等地，进行各种商贸活动，或以旅行躲避债权人的追踪。

1937 年 11 月，他开始和国联对华技术合作理事会秘书长司麦兹（Smats）联系，接着又和卫生监察长、主任医师拉斯内进行预备性会谈。通过在巴黎和日内瓦之间的函电往返，几经协商，最后以年固定工资两万瑞士法郎的优厚待遇，参加了国际防疫委员会第三防疫团，来中国工作。其中一个重要的任务，

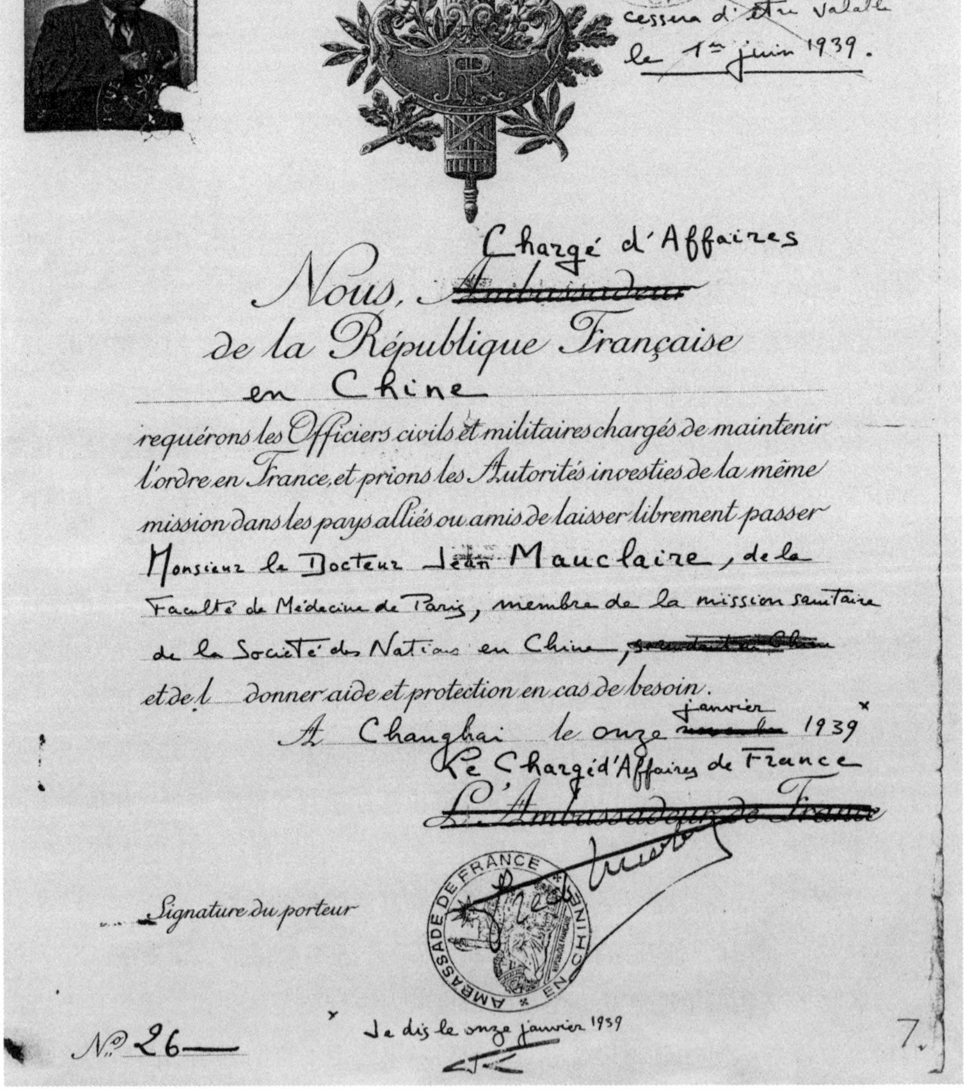

Passeport diplomatique

La validité du présent passeport est prolongée jusqu'au premier janvier mille neuf cent quarante
à Shanghai le 7 octobre 1939
L'Ambassadeur de France

Le présent passeport cessera d'être valable le 1er juin 1939.

RÉPUBLIQUE FRANÇAISE

Nous, Chargé d'Affaires ~~Ambassadeur~~
de la République Française
en Chine

requérons les Officiers civils et militaires chargés de maintenir l'ordre en France, et prions les Autorités investies de la même mission dans les pays alliés ou amis de laisser librement passer
Monsieur le Docteur Jean Mauclaire, de la Faculté de Médecine de Paris, membre de la mission sanitaire de la Société des Nations en Chine,
et de l[ui] donner aide et protection en cas de besoin.

A Changhai le onze janvier 1939
Le Chargé d'Affaires de France
~~L'Ambassadeur de France~~

AMBASSADE DE FRANCE EN CHINE

Signature du porteur

No 26

Je dis le onze janvier 1939

7.

法国政府发给穆克瑞来华工作的护照留影。

拉斯内要他对广西的卫生总体情况进行调查。

穆克瑞在中国工作时间，最初定为从 1937 年 12 月至 1938 年 6 月，不久，又商定延长至 1939 年 12 月，总计两年。穆克瑞来到中国，译名、职务、学衔曾有多种。法国驻广西南宁、龙州领事官发给他的护照，写为“莫克烈，国联防疫团主任医师”。从发放护照的年度和有效的时间看，这张护照，应是他来华工作满一年后发给他的另一份护照。

外交部驻云南特派员办事处则称其为莫克烈博士，贵州省政府在发给他的护照中写为“穆克瑞，国联防疫委员会技术专家”，内政部卫生署的护照却称他为“国联防疫医官莫克莱”。

他到中国以后，入乡随俗，自己印制了两张中文名片，一张写“国联防疫委员会技术专家、医学博士穆克瑞”；另一张则称“国际联盟会驻华防疫队委员、医学博士莫克兒”两张名片，背面都有对应的法文。穆克瑞在中国的译名虽有数种，职务称谓亦有不同，而在进出各地与各方交流时则同样有效。

穆克瑞三十三岁来中国，当时有同行认为他以专家身份从事实际工作，还是年轻了些，所以他到广西以后，多是以助理的名义，协助拉斯内监察长工作，东奔西走，也乐在其中。他到中国以后，除了和国联防疫团的同仁相处以外，还广交广西的防疫同行，互相切磋工作。工余之暇，喜欢和朋友作郊外之游，登高远眺，饱览大地的自然风物。拉斯内对他的工作十分满意，评价极高，认定他是一个优秀的组织者、很好的卫生学者，不怕困难，不惧危险，总是有好的情绪，总是做好准备而后开展工作。(《十月之行的小结》）而身在日内瓦的国联对华技术合作理事会秘书长司麦兹也对他慰勉有加，并就拉斯内监察长委托他“对广西总的卫生情况进行调查”表示同意，希望他“圆满完成任务”。1939 年 4 月 15 日，司麦兹又致信穆克瑞，郑重地告诉他：为了解决在中国防治流行病行动的需要，授予他可以按一定手续，动用由中国以国联的名义交纳到重庆中央银行资金的权力，同时还可享有动用河内办事处资金的授权。这说明穆克瑞作为防疫分团的财务人员，是有相当高权限的。

穆克瑞在华工作两年，其中约有三分之二的时间在广西工作，另有三分之一的时间在云南（还有越南）和北上贵州、四川等地旅行，并与国联驻各省的专家、官员时有往来，对各地的少数民族生活、风情进行调查。可以说，他对工作和生活都是比较满意的。但是，1939 年 10 月离开云南回国时，他的心情并不愉快。原因之一，是队伍内部出现了矛盾，多罗利博士（Dr. Dorolle）排斥他，并向法国领事施压。

1939 年 10 月，穆克瑞离开云南前往越南，12 日乘“扬子江”轮离开海防（Haiphong），于同年 11 月 21 日回到欧洲，比原定在华工作的时间提前了一个月。而国联对华技术合作理事会秘书处认为，他对肩负的任务是尽心尽责的，对他所遭遇的各种困难，也表示深切的同情和理解。

穆克瑞回到欧洲以后，在严酷的战争期间，他创办了将废弃的植物作燃料以重新利用的“Carbe feuille”公司，并试图将“法国人工呼吸器”进行商业化推广。50 年代，他又重操电影事业，开办了高雅的“爱丽舍—马提翁”餐厅。1966 年，这位在反对日本侵略战争中为中国防疫医疗事业出力的国防友人，在参加戛纳电影节时，因心脏病突发不幸去世，享年六十一岁。

防疫联合办事处

根据拉斯内介绍，国联派驻广西的防疫第三分团，在广西，也在中国民事部门（内政部）联合组成办事处。由他代表国联防疫第三分团，广西省政府派驻分团办事处的代表是李廷安医师。他们两人共同负责办事处的工作，指导全省的防疫卫生事务。广西省政府还有一个管理公共卫生的省级委员会（按：即 1933 年 10 月成立的广西省政府卫生委员会），在省主席黄旭初的带领下，制订全省的卫生防疫计划，同时督促、检查工作的进展和成绩。1938 年 9 月 12 日，为了更好地配合防疫团的工作，广西省政府成立了防疫委员会，主要任务是设计、推行、指导全省防疫工作，审核防疫工作报告及跟邻省联络有关防疫事宜。

拉斯内在防疫第三分团的名义是监察长，又称总监察医师。穆克瑞负责分团财务兼行政助理。还有一位莱格烈博士（Dr. Laigret），人类细菌学家，是特别活跃的人。他曾快速而特别有效地组织了联合防疫团的实验室，以极大的热情培养了一批工作人员，并把遵守纪律的习惯和良好的工作方法留了下来。在

身穿军装的桂林学生。

拉斯内和李廷安医师共同负责的联合办事处之下，还有行政人员、卫生监察员，以及各种医师、实验技术员、司机、工役等。

拉斯内率领的防疫第三分团初抵南宁时，由于缺乏适用的场地，分团总部暂时设在共和路乐群社里，其地原为桂系首领陆荣廷的公馆。1932年9月4日，李宗仁桂系政府把它改作乐群社，由程思远任总干事。相继建立乐群社的，还有桂林、柳州和梧州等城市，它是广西省政府作为高级接待和文化娱乐活动的场所。用拉斯内的话说：它是广西政府为了“提高人民的素质，改善人与人之间的关系”，由政府与“有资产的欧洲人合作建立的旅馆，里面有供水充分的盥洗室、浴室和欧式厨房。这些旅馆被命名为‘乐群社’，就是快乐俱乐部的意思。这样做能给从欧洲远道而来的欧洲人一个惊喜，它与游客们心目中那些喧闹、肮脏的中国旅馆大相径庭”。其实，建立乐群社完全是广西政府的行为，并没有也不需要和“有资产的欧洲人合作”。

南宁乐群社的环境虽然十分幽雅，其房舍却难以满足防疫分团的需要，因此，防疫分团总部于同年 4 月从共和路乐群社迁至明德街的天主堂内。

这座教堂，由法国神父赖保理（Renault）创建于 1899 年（光绪二十五年）。此前一年，在永安州（今蒙山县）发生了法国教士苏安宁（Bertholet）胡作非为、激起民怒、被群众逐杀的事件，是为"永安教案"。清政府被迫向法国赔款四万两。1902 年（光绪二十八年），法国神父罗惠良（J. M. Lavest）利用部分赔款，在教堂内建立苏安宁法文学校。1938 年 1 月，苏安宁法文学校遭到日寇飞机的轰炸，学校师生全部外迁。因此，学校的全部房舍都归防疫分团使用，一时房舍比较宽敞，条件比较优越。为了防备敌机的袭击，分团办公室还在仓库、车库和工作人员的宿舍内，挖掘了防空壕、防空洞和各种防身掩体，以保证工作人员和财物的安全。

拉斯内率团从欧洲前来广西时，除了一些随同来华的眷属外，还随团带来了共约三十六万法郎的各种实验用具、医疗器械、药品和其他用品，另有价值近四十万法郎的三辆载重一吨的小型卡车，三辆短途小汽车和一艘小艇，还有从第一分团提供的药品、消毒剂和其他物品近五十七万法郎。三者合计逾一百三十万法郎。应该说，这些从万里之外的欧洲漂洋渡海转来的物品，对防疫工作的顺利开展发挥了重要的作用。

国际友人视野中的广西社会

广西大地，山岭如林，江河如网。城市乡村，多依山傍水而建。抗战初期，公路交通尚不发达，铁路建设正在起步，故城乡之间，或与外省交往，多靠舟楫，此乃当年广西山水城乡的一大特色。国联防疫团的专家来到广西以后，在倾力开展防疫工作的同时，对广西的山水田园、民情习俗和城乡风貌产生了极大的兴趣，而喜欢游历和摄影的穆克瑞博士，或收集，或用手中的照相机拍摄了包括南宁水灾、日机轰炸梧州、民兵军训、中越边贸在内的诸多重大事件与民间活动，为我们了解战时的广西社会风貌提供了宝贵的影像资料。

国联防疫团第三分团监察长拉斯内坐在工作室小憩，案桌上是一束鲜花，几份公文和书报，他凝神外望，似乎有所等待。

拉内斯和中外同事在分团部林荫内休闲兼议事。

拉内斯、穆克瑞、居伯斯泰和邬碧婷共用早餐，并商讨工作。

建于南宁明德街法国天主堂的联合办事处大门。

1938 年 5 月中旬，穆克瑞从越南到达南宁，稍作休息，即乘坐卫生署中南防疫专员、国联防疫委员会第三防疫团的汽车，向梧州出发。 图为穆克瑞在途中的留影。

李廷安、拉斯内、穆克瑞等检查办事处内的防空壕。

家畜保育所与联合办事处试验所细菌室之高级职员合影。后排左起：寿标博士（保育所副主任）、邬碧婷博士、李士刚博士。前排左起：居伯司泰博士（保育所技正兼制药股股长）、吴君瑞先生（保育所主任）、莱格烈博士。

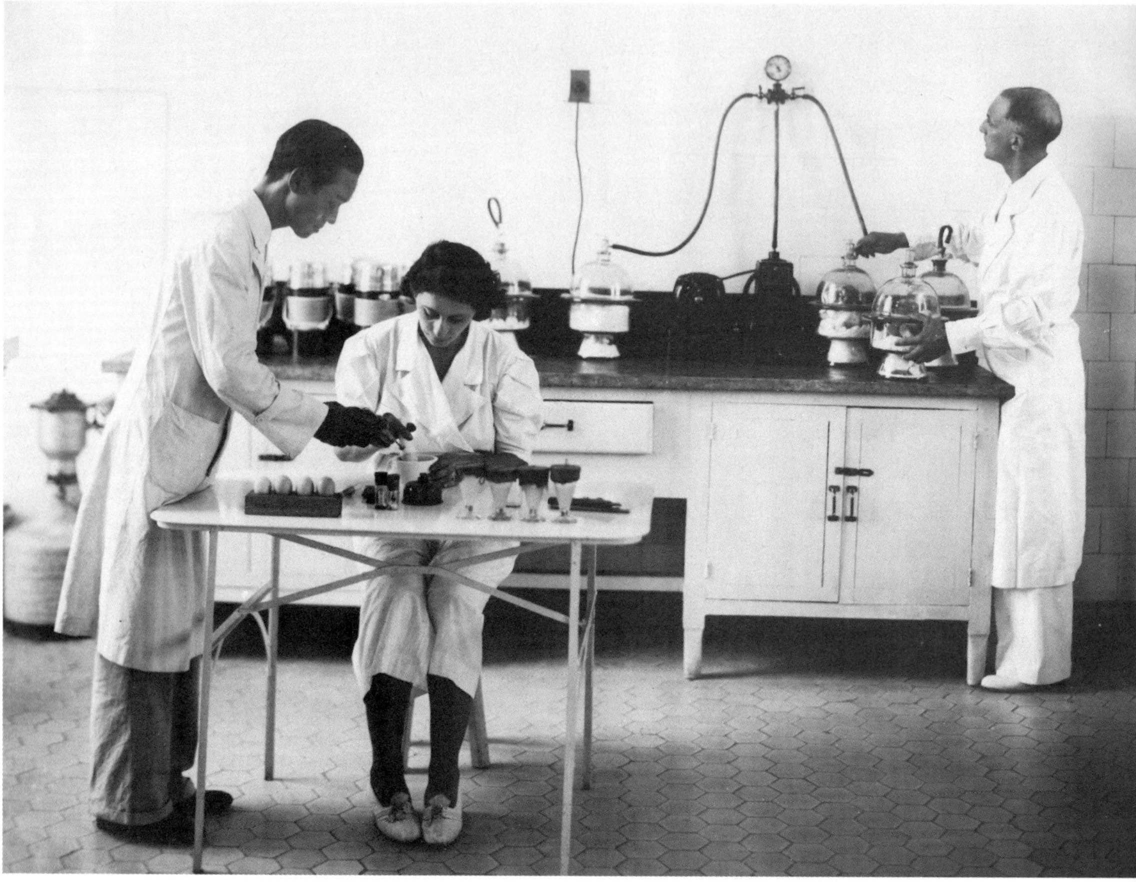

实验所的工作人员将斑疹伤寒疫苗置入真空器内干燥，并用蛋黄对其进行保护。

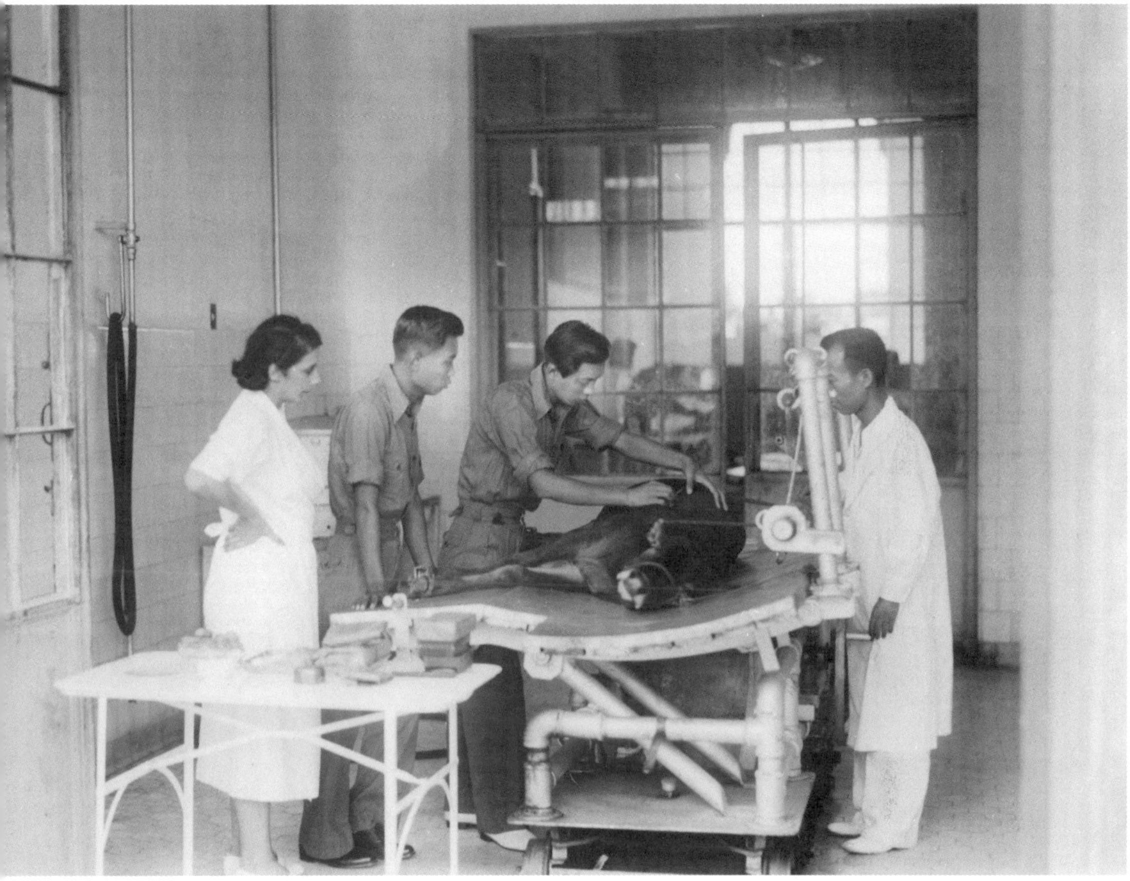

实验所大动物手术室的手术床，可放置小牛以接种牛痘原苗。

中外专家在联合办事处试验所内合影。

穆克瑞（右一）和中外防疫的同事在工作室门前合影。

实验所的工作人员将培养好的霍乱疫苗运往各地。

防疫医护人员、卫生警察和街道干部，联合组成防疫宣传队。

南宁的防疫医疗队走在兴宁路上，高擎彩旗和防疫宣传展板，向过往的群众宣传防疫医疗知识。

大扫除期间，卫生警察用高压水龙冲洗街道。

卫生防疫工作人员和卫生警察深入居民住宅，挨家挨户了解情况，作出评判。工作人员检查完毕以后，还要把检查的结果，或者宣传防疫卫生知识的宣传品，张贴在门外墙上。

装载家禽、牲禽的货船抵达码头，卫生警察和防疫人员登船进行疫检工作。

巡回医疗队在临时搭盖的收容病人茅草房前留影。

联合防疫团的医护工作者在僻远的山村工作时，受到村民尤其众多儿童的欢迎，他们纷纷走出屋外，热情迎接远道而来的中外医护工作者。

南宁市南溪的“特别区”。“特别区”的开设，虽说有利于管理和征税，实际却是承认卖淫和嫖娼的合法化，扩大了性病的传染和流行。对性病传播的控制，成了防疫人员最头疼的问题。

有些妓女和嫖客，既不欲受“特别区”的管理和束缚，也抵制医院的检查。于是，多有私筑蜜巢，或泛舟河中进行两性交易的。据穆克瑞了解，梧州警察局曾对那些游走在“特别区”之外的“野鸳鸯”开展过一次大搜捕，结果，不少妓女和嫖客纷纷弃舟登陆，潜入城市或躲避乡间，依旧是我行我素。

在历史上，南宁常有水患。1937 年 9 月，邕江三次大水成灾，洪水横流，全城尽成泽国，最高水位达七十三米五十八厘米高。其涨势之猛，淹没范围之广，实为百年所未见。1938 年，国联防疫团第三分团进驻南宁。穆克瑞博士收集有关当年洪水成灾的照片，为我们对那一场百年罕见的水灾提供了直观形象的认识。南宁兴宁路也是大水浸街，两旁商户多已进水，整条街道已成江河，居民来往多靠船艇。

共和路是南宁商贸业的主要街区，经营各种行业的商铺不少，十分热闹繁华。邕江大水从巷西门（今民生码头）涌入，整条街道被淹。从图片中可以看到，新光镶牙店、泰福药店以及代收防空奖券业务的同吉号皆已进水。居民三五成群，游走在没膝的水中，同吉号门前，还有人坐着小艇，不知是办事，还是戏水作乐？

响水瀑布是龙州的著名风景区，瀑布周围景色迷人，为旅游赏景的好去处。穆克瑞到龙州公干时，不辞路远，专程与友人前往响水瀑布观景戏水，留下了美好的记忆。

穆克瑞与防疫分团的女眷游览龙州对岸的法国领事馆（原为龙州火车站）。领事馆周围绿草如茵，树木成林。他们在领事馆门外，站在巨兽的骨架上留影。

有些居民，由于交通不便，或能力有限，无法走向市场。但为了日常生活的必要开支，只能把自己自耕自织的小物件在路边摆卖。这些情况，在荒远的山区亦不少见。

在龙州，来自广东的商人为数不少。抗战时期，龙州即有群力粤剧团，每晚都有演出。演出之前，常有演员身穿戏服，走上街头，敲锣击鼓，招徕观众。

最具特色的是女子民兵训练。在教官的示范下，女民兵手握钢枪，作跪倒制式训练。

女民兵卧倒动作训练，形象生动地反映了她们的飒爽英姿，给人以巾帼不让须眉的感受。

广西大学创建于 1928 年，由著名教育家马君武任校长。广西省政府拨出白银一百万元，在梧州蝶山建成了总办公厅、农学院、理学院、工学院大楼各一座，另有教职员工宿舍和学生宿舍四座，整个校园建筑错落有致，处处花木葱茏，青翠茂盛，实为理想的钻研问学之地。可是，日寇飞机的多次狂轰滥炸，尤其是 1938 年 8 月 25 日和 9 月 17 日的两次大轰炸，竟把经营十年颇具特色的美好校园摧毁得支离破碎，面目全非！

1938 年 9 月，空袭警报解除以后，梧州市军、警、民众在政府官员的协调下，出动消防车，同心协力扑灭熊熊大火。街口右边的晋丰及合益名烟店、景星杂货店、万兴药铺、寿而康药材商店，以及路口左边的棠记铁器、木器商店，虽然幸免于火，但遭到的破坏也十分严重。

水灾不断，人民的生命财产备受威胁，日常饮食也存在不少困难。为了预防疫病发生，居民饮水亦靠政府统一安排供应。图中所示是在政府官员、卫生警察的主持下，居民沿街排队，用锅、盆、木桶领取经过消毒的饮用水。

记 忆

曾经的军中精英老龚

彭建成

老龚的全名叫龚传芳，第一眼看上去，就是一个木讷的小老头。

我认识他，是1992年参编《中国精神文明年鉴》时。那时他在帮着主编李泽做些勤杂工作，抄抄写写，看起来很是认真，一丝不苟的。

老龚总是那么一板一眼地做事，几乎不会扯些陈年旧事与闻大家。相比之下，其他的那些老先生则很喜欢畅谈过往，爽朗笑声中唯缺老龚的，只是偶尔当他觉得特别好笑时才会嘿嘿笑上一两声，然后就低下头继续他的杂事。

老龚笑起来憨憨的，时不时爱擤一下鼻子，鼻子很大，显得有点笨拙。但给人的感觉却是非常地平和谦逊，初见他时，心中暗忖，这许是从某个工厂退休的老工人吧。

这样一个很不起眼的人，却藏着不为人知的令人炫目的过去！

还是李泽及老龚后来跟我的叙述，我才知道，年轻时的老龚，与当下的老龚，真有云泥之分。而导致他人生轨迹发生翻天覆地变化的，居然是他不谨重的一句大实话。

少年时代的老龚是个根正苗红的学生，出身很清苦。但他学习成绩格外优秀，加上自己的好出身，他得以入学武汉十五中。这个学校原名博文中学，在上世纪50年代之前的近七十年间，这里出了一拨又一拨才俊学子，桃李满天下，闻名遐迩。行将高中毕业的老龚，此时正踌躇满志地准备迎考重点大学，而且据他回忆，以他那时的成绩，进入武汉大学基本上是没任何问题。他的老师和同窗都十分看好他，他自己也觉得自己已经是天之骄子了。

正当他满怀信心迎接高考，来自国防部的征召军事学员的通知同时下达。老龚开始并没有考虑从军，因为他认为自己的性格似乎更适合做普通人。做军人，他没有充分的心理准备。

但他的老师却极力推荐了他，因为他根正苗红。那时参军，政治条件是最基本的要求，“品学兼优”中所谓的“品”，其实就是对党的忠诚。同侪中也不乏佼佼者，但相比起老龚的出身，似乎就相形见绌了。而且在那火红的年代，参军是何等荣光的事，尤其是被送往军事院校学习，那种自豪感，绝不亚于蟾宫折桂。在校领导和家长亲眷的鼓励下，老龚放弃了高考，义无反顾地进入解放军的行列中。

令他没有想到的是，他这次入选军校，是要远赴苏联学习雷达技术。这可是在全军中万里挑一的机缘，老龚做梦也没想到自己会这样幸运。

老龚对我回忆那时的情景，学校自不待言，敲锣打鼓欢送，他身上披着绶带，满脸都是泛漾着青春自豪的笑意——他都不知道怎么表达自己的幸福了！

50年代初期，中苏两国正处于蜜月期。为了强化中国自身的防御能力，中国国防部和苏联国防部签署了由苏联政府提供雷达技术并培养中国相关军事技术人才的协议。与此同时，中国的外交、科技等方面的留学生也大量进入苏联，接受苏联的系统教育和专业培训。老龚说，那时李鹏、钱其琛、邹家华等后来成为国家领导人的大人物，都是和他同时期入苏学习的。和他同期进入军校的，后来都成为大军区的技术骨干，有的还成为了领军人物。

经过短期训练后，老龚和入选的同学一道前往北京，接受国防部领导的接见。老龚记忆十分清晰，那天接见他们的，是国防部长彭德怀及空军司令员刘亚楼。彭德怀那天穿着威武的元帅服，背着手，对学员提出勉励和要求，眉宇间流露出对这些未来的军事精英们无限的喜爱之情。相比之下，刘亚楼的面部表情和肢体语言更加丰富，和彭老总形成了较大的反差。在北京期间，老龚就和接他们去苏联的苏方教官见了面。他回忆道：感觉这些苏联人，真就是咱们的老大哥，笑声朗朗，十分豪放，中国人在他们面前就拘谨多了。

没过多久，他们这批技术学员就整体开拔前往苏联，在俄罗斯远东地区的雷达学院开始了他们为期八年的留学生活。老龚对那段难忘的经历记忆犹新，他和他的同学一起发愤学习，向苏联老大哥们虚心请教。他们都相信，中苏之间的友谊是牢不可破的，因为无论是来自高层还是民间，中苏之间都达到了前所未有的亲密程度。

但是，粗壮的俄罗斯人并没有给老龚留下美好的视觉享受。老龚回忆道，那时他们经常和苏联军人一起泡澡堂子，他就受不了俄罗斯人浑身上下的长毛，而且大膀子、大屁股的，觉得很笨拙。相比之下，在俄罗斯他也见到过来访的英美军人，感觉就特别帅气精干。尤其让他费解的是俄罗斯女孩，结婚前都个个婀娜多姿，楚楚动人，一俟嫁做他人妇，便很快就横向发展了，“到后来越来越像个大水桶”，不忍卒看。“还是中国女子好看”，老龚眯着眼睛说。而且，俄罗斯人嗜酒如命，最爱喝烈性的伏特加。有时中国人从国内带来一些比伏特加更烈的二锅头，如果被他们发现，就肯定软磨硬泡地要去了。“也许是俄罗斯的冬天特别寒冷，好多人就靠喝酒驱寒。耍酒疯的也特别多，有些人晚上醉得不省人事，又没被人看见，就一觉不醒。那时，经常可以在大街上看到冻死在路边的醉鬼。”

中苏之间的蜜月很快过去了，随着意识形态上的日渐分歧，中苏从私下交换不同政见到公然指责对方，最后发展到口诛笔伐的大论战。中苏之间的渐行渐远，势必影响到两国间的各种合作和交流。到60年代初，苏联开始整体撤回专家，撕毁合作协议。这其中的因素错综复杂，身为普通技术军人的老龚当然是无从知道的。但他十分不解，何以两个意识形态完全相同的友邦，说翻脸就翻脸了？

苏联人撤走了，滞留在苏联的中国留学生也奉命回国。老龚和他的战友在60年代初离开了苏联，他们在苏联学到的雷达技术也一同带回到国内。

回国后的开始几年，老龚还是很顺利的。那时他早已加入中共，而且是军事技术骨干，在部队这个相对单纯的环境中如鱼得水，挥洒自如。但好景不长，没过几年，“文革”爆发了。一时间，反修、防修成了头等大事。作为修正主义路线的总代表苏联，自然也成了炮轰的对象。那期间，革命大批判遍地燃烧，每个人都要表达意见，尤其是像老龚这样有留苏经历的人。

这一天是老龚一生中最黑暗的一天！本来没他什么事的，边上一位干部将了他的军：龚传芳同志在苏联学习了八年，见证了苏联人民在修正主义路线的统治下，过着牛马不如、水深火热的生活，请龚传芳同志给大家讲讲！台下一片热烈的掌声。大家的眼睛里充满了期待。不知为什么，此时的老龚仿佛大脑缺氧了一般，他上台后给大家伙敬了个军礼，侃侃而谈："我在苏联八年，感觉苏联人民的生活水平还不错，有面包吃，有牛奶喝，还有肉吃，没觉得水深火热啊……"

一时间，全场的空气像凝住了一般，人们不敢相信自己的耳朵，根正苗红的龚传芳居然在关键的时候掉了链子，他的屁股坐到哪里去了？"打倒苏修小爬虫龚传芳！"口号由一个点迅速波及整个会场。老龚灰溜溜地"滚"下台来，他此时才知道，自己从这天开始，将和荣誉彻底作别了。

老龚很快被开除党籍，褫夺军职，被强令转业到地方。还好，没将他发配到荒山野岭，他被分配到家乡武汉的街办工厂当仓库管理员。从天上到人间，就是那么一瞬间！

老龚此后的生活狼狈不堪，直到四十多岁时才结婚。据说，老伴是个很厉害的女人，经常给他冷眼，动辄家庭暴力。他不敢做怎样的反击，因为他知道自己是专政的对象，根本就没有本钱去和她理论。隐忍到最后，人就慢慢变得迟钝，眼神也越来越浑浊。当年英姿飒爽的龚传芳，已经死掉了。

他不是右派，也算不上反革命分子，因此不存在什么平反的问题。如此浑浑噩噩地等到林彪自我爆炸、"四人帮"被绳之以法、"文化大革命"被彻底否定……但这些，都仿佛和他没有任何关系了。

所幸后来他遇到李泽。李泽得知他的不幸际遇后，不胜感慨，遂留他一起共事，聊补炊米之需。

老龚的儿子很争气，承继了父亲的禀赋，学习很出色。他是老龚唯一的寄托，只有儿子，才能使老龚有些许的温暖感。

老龚对儿子的学业没任何要求，但有一点他是坚持到底的，那就是：即使是要饭，也不许干政治！不仅不要去干，根本就不能去碰。他是太爱自己的儿子了，他保不准儿子哪天也会像当年的自己那样，一言不慎，输掉了整个人生！

人 物

张士珩与神尾光臣

赵曰茂

中日甲午战争以中国战败、割地赔款而告终。此战不仅助长了日本吞并中国的野心，也为列强瓜分中国打开了方便之门。在这场历史转折的战争中，有两个重要人物的活动虽然不起主导作用，但还有加以剖析探讨的必要。他们是北洋水师军械局总办张士珩，和日本驻华公使馆武官神尾光臣。

张士珩是安徽合肥人，1857 年生，李鸿章的外甥。他任职的军械局负责采购更新军事装备，战时调剂军火供应，对海防关系重大，同时也是个肥差。李鸿章把这个位子原先给了张士珩的大哥张席珍，张席珍在任上病死，1890 年冬由张士珩继任。李鸿章重用嫡亲，却不料出事就出在自己人身上。

日本觊觎中国已久。日本东亚同文会 1936 年主编的《对华回忆录》就承认，甲午战争之前的 1894 年（甲午）7 月，日本参谋本部就“派遣大批人员至华北，赋予特别任务”。在上海、烟台、天津等地，都有日本陆军和海军派遣和安插的军官、浪人，利用各种关系，“不断地注目、仔细侦察中国海军方面的事。”1894 年 8 月 4 日，日本间谍石川伍一在天津被捕，这是清政府破获的一起重大日本间谍案，引起各国注意。经过多次审讯，人证物证俱在，石川供认不讳，被清政府处死。上世纪 80 年代，历史研究工作者在查阅存档时，发现了礼部侍郎志锐在上本《奏为办事大臣结党阻战并陈日本奸细实情折》中，附有一份“日本奸细石川伍一供单”。在这份不足六百字的详细笔录供词中，出现了一个神秘人物“神大人”（即驻华公使馆武官神尾光臣），并且牵连张士珩。

> 我系神大人差来坐探军情的。自光绪九年(按:公历 1883 年),即在中国北京、天津等处往来。现在住在军械所刘树棻家中,或来或去。代日本探官事的人,有中堂签押(按:中堂即李鸿章,签押系文书)戴姓、刘姓、汪大人,还有中堂亲近的人,我不认识。我认识刘树棻,系张士珩西沽炮药局委员李辅臣令汪小波引荐的,已有二三年了。刘树棻已将各军营枪炮、刀矛、火药、弹子数目清册,又将军械所东局、海光寺各局制造子药每天多少,现存多少底册,均于正月底照抄一份,交神大人带回我国。张士珩四大人与神大人最好,因此将中国各营枪炮子药并各局每日制造多少底细告知神大人。水师营务处罗丰禄大人的巡捕于子勤,还有北京人高顺,在烟台、威海、旅顺探听军情。神大人同钦差、领事起身之时,约在六月二十八、九,七月初二、三日(按:均系农历),神大人半夜在裕太饭馆请中堂亲随之人,并汪小波、于子勤、戴景春、戴姓、刘姓、汪大人、刘树棻等商议密事,遇有要紧军情,即行飞电。所说皆系实话,未见面的人不敢乱供姓名。我系日本忠臣,国主钦差遣探军情,不得不办。在中国探事的不止我一人,还有钟畸(按:即另一日谍钟畸三郎),住在紫竹院元堂药店(按:紫竹林,天津租界)。又穆姓在张家口,现在均到北京。又有钟姓一人,由京往山海关,皆穿中国衣服。又有日本和尚,现在北京,能念中国经,皆说中国话。打电报叫日本打高升船官兵的信,是中堂衙里送出来的,电是领事府(按:即日本驻华公使馆)打的。所供是实。

这里说的刘树棻是北洋水师军械局的书办(秘书),张士珩就是他的顶头上司。供词中有一句至关重要的话,容易为研究者所忽略:“张士珩四大人与神大人最好,因此……”清朝政府在甲午战争之前,对最危险的敌人日本不存戒心,这是使日本间谍得以公开或半公开进行活动的原因之一。神尾光臣与其他日本间谍不同,他有一个公开的外交官身份做外衣,活动更为方便,担负军械重任的张士珩自然是他要猎获的目标。因此石川伍一的这句话是可信的。至于张士珩，勾结则未必，倚仗裙带关系而玩忽职守，同僚间早有微词。张士珩自己也承认，上任后不安于滩涂盐碱腥风的艰苦环境，“去夏（按：1890 年）于西沽武库建楼三楹，曰‘韬门’，临潞河”，养尊处优（按：西沽“韬楼”后毁于八国联军战火）。据说刘树棻东窗事发后，是张士珩亲自拿问解送官衙的，显而易见张士珩不免有摆脱自己嫌疑的意图。昏庸不等于汉奸，却是产生汉奸的温床。其实张士珩自己所泄露的军情当不止如上述石川所言，神尾光臣的触角有多么深，也就可想而知了。他与神尾之间的这一链条，包括刘树棻与石川的关系，实质是日本间谍网成功地破获了北洋水师的军事火力。

神尾光臣是一个老牌的间谍分子。由于他在这方面的才干出众，颇得到日本陆军参谋本部赏识，被称为日本陆军“三大中国通”之一。他于 1855 年出生在日本长野县，1874 年考入陆军教导团，1876 年毕业后，恰值西乡隆盛在鹿儿岛招兵叛乱（史称“西南战争”），参加平叛立功升为陆军少尉。1882 年他二十七岁的时候，还是个陆军中尉的小官，就被派来中国搞情报，刺探清军机密。1884 年 12 月日本策动了朝鲜“甲申政变”，迫使作为朝鲜宗主国的清朝政府于 1885 年签订了《天津条约》，承认中日两国在朝鲜机会均等，从而取得干涉朝鲜事务的发言权。当时日本首席谈判代表、参议兼宫内卿伊藤博文率领的代表团成员中，就有神尾光臣。不过神尾的军阶还只是大尉，在代表团中无足轻重，但对他来说却是一次重要的实习，目睹了清政府的腐败、谈判桌上的无能和中国国力的衰弱，为他承接衣钵在日后大搞侵略中国活动打下了基础，取得了经验。

1892 年 4 月，当上名古屋师团中队长的神尾光臣，被派任驻中国公使馆的武官。他到任后就安排善于搞间谍活动的得力助手，分别披着《东京日日新闻》驻北京和天津通讯员的外衣，利用其合法身份多次去我国东北以及内外蒙刺探，获得大量情报供给他加以综合使用。神尾光臣培植间谍不遗余力，连公使馆的跟班、中国宛平县人吴承栋等也被发展为他的耳目。

1893 年 5 月，日本陆军参谋本部次长川上操六来中国，在已升为陆军少佐的神尾光臣的陪同和引领下，居心不良地观察了我天津周围地势。神尾光臣即长期在北洋水师指挥机关水师营务处的驻地天津活动，密切监视清政府的主要海上防卫力量北洋水师，尤其注意探听收集李鸿章的意图和行事，与驻华公使馆的海军省武官井上敏夫海军少佐，以及潜伏在天津以洋行职员为掩护的间谍分子石川伍一等人，乘船驶进旅顺口、大连湾、大和尚岛、威海卫等港口和要塞窥探。

1894 年 5 月，应朝鲜国王请求，清廷派兵镇压东学党农民武装起义，日本得到密报，抢先运兵进入汉城，扶植亲日政权，并袭击清军。清军运兵船高升号在丰岛海面被击沉，广乙号受创触礁焚毁，操江号被掳走，仅济远号撤回，中国官兵及外籍雇员一千余人遇难，从而拉开了甲午战争的序幕，展开了黄海海战。这后面就有神尾光臣的影子。神尾光臣还不断夸大谎报军情，在日本国内掀起了一股抗议中国的声浪。

中日宣布断交后，在中国的日本间谍分子从北京、上海、营口、烟台、威海、旅顺等地麇聚到天津，在日商松昌洋行举行庆功会。曾潜入我刘公岛进行侦察的间谍老手、日本浪人宗方小太郎在当天的日记中写道：

> 乘 2 时 30 分火车头等车赴天津，二小时后过军粮城车站，至松昌洋行，会晤石川伍一、堤、山田、林等。夜与堤、石川二君共同往访神尾陆军少佐，有所商议。夜间与石川、钟畸畅谈，1 时半就寝。

这些披着不同外衣的间谍分子，都依神尾光臣的指示行事。在这次“商议”中，拟定了日中断交后在上海、天津、北京、烟台的潜伏任务，神尾光臣就是这伙间谍分子的中心人物和幕后操纵者。

黄海海战后没几天，神尾光臣又任新建第二军情报主任参谋，参与策划了金州登陆和旅顺作战方案，在旅顺实行了惨绝人寰的大屠杀，中国老百姓被残害达两万余人。1895 年 1 月，日军在进攻威海时，又是神尾光臣奉第二军司令官大山岩之命，登上日本旗舰松岛号，把给丁汝昌的“劝降书”送给联合舰队司令伊东祐亨签字。神尾光臣在两条战线间穿梭，以战功晋升中佐。

张士珩却没有这么幸运。虽然他同神尾光臣的交往还没有人能知道底细，但朝议纷纷，江南道监察御史张仲炘上奏折说：

> 张士珩者，李鸿章之婿，而军械局之总办也。向来置买军械，即与验收者通同一气，器多窳败，又复偷盗抵换，不堪应用者多。有谓平壤不战之故，实因枪械子药缺乏，无以应前敌之需，故屡为迁延，冀幸速和，以免败露。即书办刘姓一案，亦因关碍张士珩，虑其和盘托出，故不审究；若将刘姓提交刑部，必可倾吐无余。

吏科掌印给事中余联沅等人连续参奏张士珩盗卖军火，而且主要卖给日本人，得银数十万两；还指责李鸿章上奏的石川伍一供词另一版本避重就轻："倭奸石川氏被获，供词牵涉李经方及军械所委员张士珩，而盛宣怀述李鸿章意，勒令天津县李振鹏改供。"军机处和光绪收到志锐和李鸿章两种版本的石川供词，自然要追究问责，便命张之洞查究。正在回籍奔丧的张士珩闻讯投案，但收押研讯经年，却得不到真凭实据。尽管李鸿章极力为张士珩开脱，力保其办事认真，绝无弊端，"应请毋庸置议"，然而军械局内奸刘树棻就在张士珩身边肆无忌惮地出卖军事情报，以及北洋水师军械不力，都是不争的事实。后来梁启超就为此分析说："枪或苦窳，弹或赝物，枪不对弹，药不随械，谓从前管军械之人廉明，谁能信之？"张之洞不能确认张士珩有通敌嫌疑，也不能对他轻易放过，最后上奏折称其昏聩无能，平日"不能避嫌，多招物议"，"人多侧目"，对日谍案失察，请旨"即行革职"，其中也暗指张士珩同神尾光臣的关系。张士珩最终落了个上谕朱批"张士珩着即革职"，革去候补道，还连累李鸿章被褫夺黄马褂，拔去三眼花翎。

平心而论，张士珩本是一介书生，靠着李鸿章的关系混迹官场，充其量不过是一个秘书型的文职官员，并非什么"军火专家"。一些史料说他"每得一新式军械，必考辨其形制、度数，研求写放，穷幽洞微"等等，原本出自李鸿章向朝廷保奏张士珩的溢美之词："于西洋各国新式枪炮、子药、器械，均能认真考察，辨别良楛"，"经济闳通，才猷远大，军事、吏事历练颇深，实为文武兼资之选，堪被朝廷任使”，矫饰虚夸，不一而足。事实却证明了张士珩的平庸无能。

随着丧权辱国的《马关条约》签订，列强划分中国势力范围、瓜分中国的活动愈演愈烈，激起中国人民的极大愤慨，酿成了1898年的戊戌变法。“中国通”神尾光臣这时又活跃起来。在清廷帝后两党激烈对峙的时刻，日本参谋本部派出本部官员神尾光臣陆军少将等到中国活动。神尾光臣到汉口秘密访问了维新派代表人物、湖北巡抚谭继洵之子谭嗣同，多次密商中日同盟；戊戌变法失败后又再次跑到湖北，与湖广总督张之洞商谈派遣留日陆军学生，聘请日本陆军顾问等项中日军事合作。这时的神尾光臣已经不仅仅是个派遣间谍，也不是一般的参谋人员，而是进入日本军方高层的决策人物之一。

日本内阁关心中国变法维新，利用和援救维新派人物，继之转而拉拢清朝官员中的洋务派人士，当然不是希望中国富强，而是企图借助他们排挤沙俄等国势力，可以取得更多在中国的权益。1904年的日俄战争在中国国土上进行，“中国通”神尾光臣又一次参战。战争的结果是，沙俄在中国辽东半岛和南满铁路的特权由日本取而代之。神尾光臣一路青云直上，历任日本辽东守备军司令部参谋长、大连军政署长官、华北驻屯军司令官、关东都督府参谋长、近卫步兵第一旅团长等，在日俄战争后升为陆军中将。

张士珩罢官后一度回到南京旧居，另筑“弢楼”，号冶山居士。先是因积极筹赈，官复分省候补道，后于1902年由淮军故旧、山东巡抚周馥保奏招至幕下，主持山东学务处兼参谋处，办理武备学堂。1904年周馥擢迁代理两江总督兼南洋大臣，委张士珩主办江南制造局。辛亥起义，陈其美在上海率众响应，张士珩利用江南制造局驻厂炮队营和巡警固守顽抗。民军屡攻不下，陈其美只身进入制造局劝降，反被张士珩用铁索捆绑在椅子上，押在阳台示众。民军军警和商团戮力进攻，翌日张士珩逃往法租界，上海始告光复。张士珩在民国后遁居青岛，1913年4月曾与同在青岛受德国占领者庇护的寓公遗老徐世昌、吴郁生、李经迈等同游崂山，并以先前俞樾为其题写的“竹居读书处”刻石立于寓中自励。

1914年爆发了第一次世界大战，日本乘机扩大对中国的侵略，借口向德国宣战，出兵山东。神尾光臣率军战胜德军，取得了德国租借地青岛，并被委任为青岛守备军首任司令官。前德国总督为了要笼络一批头面人物，曾会见一些在青岛当顺民的逊清遗老，神尾光臣会不会也有此“雅兴”，尤其是要见一见“与神大人最好”的老朋友“张士珩四大人”呢？果能如此，冤家路窄，这对张士珩来说，倒是颇为尴尬的历史讽刺。

当年 12 月 18 日，神尾光臣“凯旋”回国述职，并出席了东京火车站落成开始营运典礼。由于继日本侵占台湾之后，他又夺得了一块海外领地，而受到狂热的欢迎。1915 年 5 月任东京卫戍总督，1916 年擢升为陆军大将，并被册封一级男爵，门第荣列日本华族；先后获得一等瑞宝章、一等旭日大绶章、一级金鵄勋章等。1922 年中国政府收回了青岛，神尾光臣于 1927 年 2 月死去。

1915 年 3 月，民国政府币制局裁撤，当上国务卿的徐世昌向大总统袁世凯保荐，任命张士珩为天津造币总厂监督。但官场失意的张士珩未晋京见袁，到任数月后即告退，复归青岛隐居，悉心考释佛道两学，著书立说，恢复书生本色，回归到他人生的起点。1917 年，六十岁时病逝。

人 物

文廷式的革职与脱险

蔡登山

光绪二十二年（1896年）二月十七日，文廷式为御史杨崇伊所参，光绪帝下旨："着即革职，永不叙用，并驱逐回籍，不准在京逗留。"文廷式以博学强识，掇巍科，光绪十六年成进士，殿试一甲第二名及第，授职编修，擢侍读学士。文廷式是光绪帝一直大力拔擢的人，却在此时中箭落马被罢黜，当时朝野皆为之哗然。其罢黜的原因据皇帝的圣旨说："据称翰林院侍读学士文廷式，遇事生风，常于松筠庵广集同类，互相标榜，议论时政，联名执奏。并有与太监文姓结为兄弟情事等语。文廷式与内监往来，虽无实据，事出有因，且该员于每次召见时，语多狂妄。其平时不知谨慎，已可概见。"但这只是个托词，其实并未道出真正的原因。黄秋岳在《花随人圣盦摭忆》书中说："文以新进勾结妃侍，获得高科，取非其道，又处帝后猜忌之际，其取祸被谤，宜也。"或许更接近事实的真相。

文廷式以曾教珍妃姊妹读书而著名于后世，也为世人所艳称。其实他教珍妃姊妹读书，是早在她们尚未被选入宫时。当时文廷式在广州读书时，因文名藉甚，与于式枚并推为陈兰甫（澧）的高足。当时满洲人长善（乐初）正在做广州将军，最喜与文士交游，文廷式亦应延入幕，待以殊礼。与长善的侄子志锐（长敬之子，因长善无子女，故过继给他）、志钧（长敬之子）亦有深交。珍妃的父亲长叙，是长善的三弟。因此胡思敬撰文廷式传时，说文廷式是在长善幕府时，教珍瑾二妃读书，此说不确。因为文廷式入长善幕府始于光绪三年，约有三年之久，光绪三、四年时，瑾妃才四、五岁，珍妃才二、三岁，安有授读之理？加上当时二妃之父长叙在京为官，并非流离失所，也不可能将此二弱女寄养于岭外的广州。所以教珍瑾二妃读书之事，当在光绪十二至十四年间，当时文廷式常在北京，他在京时，常住在好友志锐家中，而其时长叙早已故世，瑾妃、珍妃就在堂兄志锐的安排下，搬进长善在北京的府第。时珍妃已十一、二岁，瑾妃亦十三、四岁，她们跟文廷式读一些书，也是情理中的事。

瑾妃、珍妃姊妹为同父异母，在家族中瑾妃排行第四，珍妃排行第五。光绪十四年（1888 年）十月初五日，慈禧太后为光绪帝选后，慈禧以其弟弟桂祥的女儿，也就是光绪帝的表姐隆裕为皇后，瑾妃和妹妹珍妃同时入选，成为光绪帝的妃子，之后个别以瑾嫔和珍嫔的身份入宫，以后又被晋封为妃。慈禧选择自己的侄女为后，主要是监视皇帝的行动。但在选后时，光绪帝原本看中的是别人，只是由于慈禧太后的干预，才选了隆裕。但他从没想到从小在一起玩的表姐弟，会被慈禧太后指定为夫妻，他特别接受不了。光绪帝的个性特别执拗，此后他就偏宠珍妃，与隆裕皇后感情日渐交恶，实肇端于此。而当珍妃日渐得宠之际，因见光绪帝虽已亲政，然一切用人行政，皆仍出于慈禧之手，为了帮助皇帝力振乾纲，乃极力举荐她的蒙师文廷式。

光绪十六年四月二十一日，文廷式赴殿试。二十四日，殿试读卷进呈御览，翁同龢等弥封奏至廷式之名，光绪帝宣诏曰 ：“此人有名，作得好！”于是钦定文廷式殿试一甲第二名。光绪帝如何知道文廷式有名呢？如非珍妃屡有所言，当无印象如此之深也。到了光绪二十年三月，文廷式参加保和殿翰詹大考。未阅卷前，光绪帝特提朱笔御写“文廷式一等”五个字交下阅卷房后，皇帝两次传下口谕：“除第一及另束五本毋动外，余皆可动。”四月初八日，大考榜发，文廷式得一等第一名，并着以侍读学士升用。文廷式再度因珍妃的关系而被拔擢，因此当时人讽刺说 ：“玉皇大帝召试十二生肖，兔子当首选，月里嫦娥为通关节。”形容得极为刻薄。

珍妃的得宠，自然招致了疑心极重的慈禧太后的大忌。而卖官鬻爵的不法勾当，更引起了慈禧的强烈不满。清朝制度，妃子例银每年三百两，嫔为二百两。珍妃用度不足，又不会节省，还对宫中太监时有赏赐，亏空日甚。她遂串通太监，效仿慈禧的行为多次受贿卖官。因为有利可图，当时太监中最有势力的数人均染指其中。胡思敬的《国闻备乘》记载："鲁伯阳进四万金于珍妃，珍妃言于德宗，遂简放上海道。"鲁伯阳上任一个月后，被江督刘坤一弹劾罢免。对此慈禧曾当面拷问珍妃，并从其住处搜获记有其卖官收入的一本账本。但珍妃却反唇相讥，"祖宗家法亦自有坏之在先者，妾何敢尔？此太后主教也"。因此，光绪二十年十月二十八日珍妃遭到了"褫衣廷杖"（剥去衣服，由太监用竹板重打袒裸的臀部）的惩罚。也有论者以为此事与当时"议和"之事有关，瑾、珍二妃是积极支持光绪帝对日抵抗的，据胡思敬的《国闻备乘》记载："东事起，咸言起兵。是时鸿章为北洋大臣……不敢开边衅……于是文廷式等结志锐密通宫闱，使珍妃进言于上。"

对此，梁启超在《戊戌政变记》中说："同时，将瑾妃、珍妃革去妃号，褫衣廷杖。妃、嫔而受廷杖，刑罚之惨，本朝所未闻也。"十月二十九日翁同龢于日记记道："皇太后召见枢臣于仪鸾殿，先问旅顺事，次及宫闱事，谓瑾、珍二妃有祈请干预种种劣迹，即着缮旨降为贵人等因。臣等再三请缓办，圣意不谓然。"接着光绪帝奉慈禧皇太后懿旨，将瑾妃、珍妃着降为贵人（第七等），"以示薄惩"。珍妃被幽闭于宫西二长街百子门内牢院（也就是常说的"冷宫"），与光绪帝隔绝，不能见面。

其实，光绪二十年珍妃获罪的最主要原因，是慈禧太后与光绪帝之间的权力斗争。慈禧太后为打击渐趋形成的帝党集团，首先拿光绪帝最宠爱的珍妃开刀，对珍妃的一系列惩罚，尤其"褫衣廷杖"，遭受疼痛和羞辱的是珍妃，颜面尽失的却是光绪帝。而紧接着牵连剥夺了帝党主要成员志锐、文廷式的权力，据《清史记事本末》说："并谪妃兄志锐于乌里雅苏台。文廷式以托病出京，仅免于罪。"帝党集团受到致命打击。在志锐前往蒙古赴任时，文廷式还写了词《八声甘州——送志伯愚侍郎赴乌里雅苏台参赞大臣之任》，为他送行。同年十一月初二日翁同龢于日记记道："午正二刻入见于仪鸾殿，……次及言者杂沓，如昨论孙某，语涉狂诞，事定当将此辈整顿。"其中"昨论孙某，语涉狂诞"，盖指文廷式弹劾孙毓汶之事。显然是慈禧太后看到朝中支持皇帝主战，公然弹劾军机大臣孙毓汶、北洋大臣李鸿章的文人士大夫宛然已成势力，连皇帝也大有主张，这使得她必须先下断然措施，剪除皇帝的羽翼。因此对文廷式弹劾孙毓汶一折，斥为“语涉狂诞”，声称“事定当将比辈整顿”。

黄秋岳认为文廷式后来被逐是宫廷政争所引起的，他在《花随人圣盦摭忆》书中引某笔记载：“德宗憨直，上书房总师傅翁同龢亦频以民间疾苦外交之事诱勉德宗。德宗常言，我不能为亡国之君，语侵慈禧，而废立之说兴焉。时坤宫与德宗弗睦，频以谗间达慈禧，故事机益迫。甲午清兵溃，军舰被掳，吴大澂、魏光焘督师关外，刘坤一督师关内，李鸿章议约多损失，几定约焉。翰林学士文廷式，习闻宫中诸事，知内忧外患交乘，国将覆，往见坤一，请力争约款。坤一未会意，谓弱国无权利可言。廷式请屏左右，以废立之说相告。且谓宫中蓄谋久，荣禄以疆臣督兵将不应恫之。慈禧有所作，每询疆臣等意思若何？是宫中滋忌疆臣，疆臣资高负宿望者今惟君。某知争约必不成，俾内廷因断断争约，知废立之难实行，则曲突徙薪之效见焉。坤一属廷式代起草，而废立之谋以止。”文廷式也明知争取对日和约之缓期交换，是不可为之事，而所以要明知不可为而为之，是想借着争约一事，来表示疆臣对国政的关心，一旦国家有大事发生，疆臣绝不会袖手旁观的。如此一来使得慈禧太后对废立之说，能够知难而退，免政争于“未雨绸缪”也。黄秋岳也认为文廷式这主意立意良善，但同时也破坏了慈禧废立之大计，他说：“据此，道希为德宗谋不为不忠，从权应变不为不智，西后必欲去之，已跃然愈急。”

在中日战争爆发后，文廷式与李鸿章由于双方立场的不同，以致两人关系急遽恶化。其间，李鸿章虽难辞其咎，但文廷式也未免攻讦太过，李鸿章自然会对文廷式有所积怨。尤其是光绪二十年八月，黄海大败，李鸿章一生英名毁之殆尽。在帝党和言官的交章弹劾下，被褫去了三眼花翎及黄马褂，这对一生战功彪炳的李鸿章而言，无疑是奇耻大辱。因此，他后来不无感慨地说：“予少年科第，壮年戎马，晚年洋务，一路扶摇，遭遇不谓不幸。自问亦未有何等陨越，乃无端发生中日交涉，至一生事业扫地无余。如欧阳公所言：‘生平名节，被后生辈描画都尽。’环境所迫，无可如何？”他言下之意，对帝党人物的清议，始终是耿耿于怀的。而文廷式是当时清议的领袖，李鸿章对其更是厌恶至极。只是他找不出文廷式有任何重大违误，因此一时间只得隐忍。

光绪二十一年六月，文廷式出都南归时，据顾家相《五余读书廛随笔》记载："芸阁主眷日隆，名震中外，尝指陈时事，拟成奏稿七篇，置枕箱中，其语颇有侵合肥者。道出上海，箱忽被窃，时黄爰崇观察承煊，方官上海令，为之追还原物，纤细毕具，而奏稿竟不可得，盖早入合肥之手矣。"枕箱追回，仅奏稿遗失，李鸿章唆使人为之，嫌疑最大。李鸿章取得弹劾他的奏稿，更加速对文廷式的报复行动。于是，才有光绪二十二年二月中旬的杨崇伊弹劾文廷式遇事生风并与太监结为兄弟之事。

杨崇伊，字莘伯，江苏常熟人，光绪六年进士，以庶吉士散馆授编修。熬了多年翰林清苦，没有什么出路，于是以翰林资格考取御史。他就任御史后第一疏即是在光绪廿一年（1895 年）十一月首劾康有为、梁启超在北京所创设的强学会，结果奉旨查禁。杨崇伊的目的在讨好在朝的顽固派执政王公大臣，他身处拥后、拥帝的两派斗争中，他为了日后的飞黄腾达，他选中了后党的集团，积极地为后党出卖力气，表现身手。杨崇伊跟李鸿章的长子李经方（实为李鸿章六弟李昭庆之子，后过继给李鸿章）是儿女亲家，杨崇伊的儿子杨云史娶李鸿章的孙女、李经方的女儿李国香（道清）为妻。而李鸿章的孙子李国杰则是杨崇伊的女婿。因此杨崇伊为李鸿章出手弹劾文廷式，则自然不过的事。

又据《汪大燮致汪康年书》所云："又正月十三停毓庆宫。十四，杨崇伊为合肥访查台馆弹劾东事之人，开一清单，凡三十余人。十五、六，合肥又独诣长信呈之。十八，杨即以弹芸阁章就正合肥。合肥临行有言：'若辈与我过不去，我归，自他们尚做得成官否？'至津又告人云：'劾我诸人，皆不妥矣。'其卅余人之单，德使署有之，大约各署皆有，惟见其单者，固由德使给阅也。"又张孝若所著《张謇年谱》光绪二十二年条下亦载："李相使俄，慈禧太后召见。李折呈五十七人禁勿用，首文廷式。李出京，御史杨崇伊劾廷式，罢遣。"因此李鸿章挟私怨报复文廷式，授意杨崇伊弹劾，则已昭然若揭。

当然首先是文廷式自己卷入宫廷内斗中，他属于"帝党"以翁同龢为首领的所谓"后清流"的一员干将，也是慈禧太后想要除之而后快的目标。文廷式的被革职驱逐出京一事，当是慈禧太后亲下的懿旨，若非慈禧下令，以光绪帝对他的宠信，必定徇情回护，而杨崇伊之弹劾，则亦当难以得逞。被革职的文廷式出都南归，经上海，过金陵，至汉口，转长沙（按：王闿运《湘绮楼日记》说八月七日文廷式已到长沙），返回故里江西萍乡。

光绪二十四年早春的北京城，维新变法正处于积极酝酿之中，光绪皇帝召见康有为等维新人士，征询国是。6 月 11 日（旧历四月二十三日）下诏，宣布变法。帝党与后党、维新派与顽固派进入短兵相接的阶段。这期间辗转于湘赣两地的文廷式，深切关注京城政局，既感世事非变法不可，为光绪帝推行维新之举而欣欣然，又深虑慈禧太后的心狠手辣，担心变法受阻，难成气候而忧忧然。9 月 21 日（旧历八月初六日），慈禧发动政变，百日维新告终。光绪帝被囚禁中南海瀛台。兵围康有为住地，康有为逃往上海，遗下的信札有文廷式给他的长信洋洋数千言。9 月 25 日（旧历八月初十日），上谕密电两江总督刘坤一及署理江西巡抚翁曾桂“密饬访拿”文廷式，押解来京。对此，陈寅恪的侄女陈小从在《庭闻忆述》也说：“戊戌八月（按：指旧历）政变，慈禧复出夺权，对已革翰林侍读学士文廷式犹有余憾，必欲置之死地。尝降密旨谓：‘无论行至何处，着即就地正法。’”

在风声鹤唳的缉拿行动中，文廷式却杳如黄鹤，不见踪影。于是后人都认为文廷式避走日本，直至汤志钧撰写《戊戌变法人物传稿》及其修订本时，仍然说：“光绪二十四年（1898 年）政变作，廷式虑祸及，乃走日本。”其他各类近代史辞书和著作，凡涉及文廷式脱险一节者，几乎一律沿用了这种说法。但根据文廷式的《东游日记》的记载，他去日本是在光绪二十六年（1900 年）的事。在光绪二十五年岁末他自家乡出门，沿着长江出海在长崎进入日本国境，后至神户路过马关——文廷式以其对中国为羞耻地，故未停留，径经大阪、京都。当他到神户时，即有友人中西正树由东京到神户来接他。1900 年元月十八日（新历 2 月 17 日）他到达东京。而据当时（1899 年 9 月至 11 月）作为《万朝报》的主笔身份游历中国的日人内藤虎次郎（内藤湖南），在游历华南华北期间，他通过面会笔谈，结交了严复、文廷式、张元济、罗振玉等，后来并出版《燕山楚水》一书，在其中《禹域鸿爪记》一文记载，他在 1899 年在上海与文廷式第一次访谈的内容，是其时文廷式还在上海，而还没到日本。依此观之说戊戌政变后，文廷式为避祸而远走日本，是不确的。

那当时文廷式又藏身何处呢？据学者张求会在《文廷式戊戌脱险研究综论》一文的考证是：戊戌八月初十日，上谕密电访拿文廷式，押解归京。文廷式在湖南巡抚陈宝箴及其长子陈三立等人的帮助下，自长沙出逃至湘潭一粟河唐氏家中避难。而在陈寅恪遗作《寒柳堂记梦未定稿（补）》中也说："戊戌政变未发，即先祖、先君尚未革职以前之短时间，军机处廷寄两江总督，谓文氏当在上海一带，又寄江西巡抚，谓文氏或在江西原籍萍乡，迅速拿解来京。其实文丈既不在上海，又不在江西，而与其夫人同寓长沙。先君既探知密旨，以三百金赠文丈，嘱其速赴上海。而先祖发令，命长沙县缉捕。长沙县至其家，不见踪迹。复以为文丈在妓院宴席，遂围妓院搜索之，亦不获。"文廷式与陈家同籍兼世交，陈宝箴及陈三立父子自然会加以营救。陈小从在《庭闻忆述》对此事亦加以补充说："当时文廷式正隐藏长沙某处，密旨抵抚署，右铭公（按：陈宝箴）压下未发，先祖（按:陈三立）密遣心腹，携银至文住处，劝其速逃。当时适有文之同里某候补知县，来抚署告密，并言：如去捉钦犯，彼可带路。先祖佯与应付，估计文已脱险，始虚张声势，派人扮演了一场捉拿钦犯的闹剧。"至于从长沙逃至何处，在文廷式的手稿《撷芳录》的后跋云："戊戌八月，寓湘潭一粟河唐氏家。"

之后的行踪又如何？根据当时日本驻上海代理总领事小田切万寿曾有一专函给日本的外务次官，函中提道："……由于该人之存亡，事关将来清国之气运，故小官试图运用智谋，以将其从当地救出。或者该人由湖南隐身之处派出密使，或者发出密电，委托于小官，在做出种种考虑后，又密嘱旅居汉口的东肥洋行主任绪放方二三，筹划救助该人之策。联络中出现误差，该人与其弟廷楷突然来到汉口。于是，绪方根据小官内嘱的意见，使其更换服装，登上大阪商船会社轮船天龙川丸，并特派人员加以保护。途中平安无事，于十九日抵达当地。"而据文廷式的《冒淑人墓志》文中云："当余为世所厄，则毅然排众议，偕述庭兄送余至沪上。"是当时护送文廷式到上海的是他的族兄文炜（述庭）和族嫂冒氏夫妇，而非小田切万寿所说的文廷式的弟弟廷楷。

文廷式在1898年冬，以东行日本之计划未获日本官方允许，遂留在上海。据小田切万寿函说："该人最初的考虑是，平安逃脱后，立即来我国漫游，但眼下急进党失败者康有为在我国，该人一派与康多少有过反目的历史，不愿意与康同时旅居我国。否则，将加深北京政府的疑心，或怀疑该人与康党暗通，而鱼目混珠则难以区分。如此一来，对该人将来非常不利。眼下，暂观察形势以相机劝告其漫游我国。”后来，文廷式直到一年多以后的光绪二十六年（1900年）正月才在日人保护下去了日本。同年三月（新历 4 月），返回上海。

文廷式访日，内藤与他两人屡屡晤面，这在文廷式的《东游日记》多所记载。内藤还将那珂通世、白鸟库吉、桑原骘藏等人介绍给文廷式。而文廷式钞写给予内藤的《蒙文元朝秘史》，后来促使那珂通世《成吉思汗实录》的完成，而此一成果再影响屠寄《蒙兀儿史记》的完成。日本学界认为这对缔造日本东洋史学之业绩上，大有贡献。这也是内藤与文廷式展现于中日文化交流的学术成果之一。1899 年是内藤与中国学者交往的开始，在内藤这次结交的中国友人中，与文廷式一见如故，此后五年间最称莫逆。1904 年 8 月，文廷式不幸早逝，内藤还撰有《哭文芸阁》以寄哀恸。

文廷式晚年虽穷困潦倒，但所为诗词，辄多忠爱缠绵荡气回肠之作。如《病中口占南乡子》一阕：“一室病维摩，且喜闲庭掩雀罗，煮药翻书浑有味，呵呵，老子无愁世则那！莽莽旧山河，谁向新亭泪点多？惟有鹧鸪声解道：哥哥，行不得时可奈何？”沉哀幽怨，一代风华，与恨俱尽。遗著有《云起轩词钞》及《纯常子枝语》。

人 物

章太炎笑傲袁世凯

岑燮钧

一个是满脸堆笑的乱世枭雄袁世凯，一个是惯于骂人号称疯子的国学大师章太炎，两人对阵，谁比谁更凶猛呢？

辛亥革命之后，南北和议成功，袁世凯上台。起初，章太炎对袁世凯还抱着幻想，虽是革命元勋，却满脑子旧皇历，时不时地以“汉之良相”、“唐之名臣”来比附现实政治，指望着强人老吏能再造一个汉唐盛世。袁世凯初登大位，也想笼络满世界打转的章太炎，希望他能骂骂别人，捧捧自己。枪杆子固然厉害，笔杆子也杀人不见血，一旦章太炎飞花摘叶，那可是堪比小李飞刀，不中也吓你一身汗。于是，袁世凯就给了章太炎一个总统府高等顾问的空衔。你袁世凯聪明，我章太炎也不傻，不见实货谁信啊！于是，袁世凯又委任他为东三省筹边使，调虎离山，免得碍手碍脚。章太炎一辈子没做过像模像样的大官，自以为得了封疆大吏，兴致勃勃地跑到东北“筹边”去了。这一次还真不赖，衙门也开了，东三省筹边使署设在长春，他要大干一番，兴办实业了。

不久，宋教仁被刺，血淋淋的子弹洞穿了温情脉脉的面纱——狼来了。章太炎沉痛地挽悼宋教仁：愿君化彗孛，为我扫幽燕！当即致电袁世凯，让他铲除“四凶”。袁世凯为了安抚章太炎，趁他来京，授以大勋章，以便让他在别人的羡慕中平息怒火。可是，让章太炎失望的是，人家只来虚的不来实的。大勋章才几个钱一枚，可是他早先筹措的东北实业银行的借款却是一个子儿都没有，“四凶之一”的财政部长梁士诒就是不盖章。这让章太炎看清了他们一伙的真面目——那筹边使也就不要了吧。

当其时，政局是乱得很。章太炎一介书生，也看不清谁是谁非，于是乱骂，骂袁世凯是西太后，又骂孙中山，说他与袁世凯是一丘之貉，那意思是倒不如统统给我下台，因为章太炎中意黎元洪。他们也有一个党，叫共和党，黎元洪是理事长，章太炎是副理事长。可是，谁听他的？南边竖起讨袁大旗，北边风声也一天比一天紧，草木皆兵，道路以目。不久，讨袁运动失败了，很多人又流亡日本。章太炎当年为反清在日本闹革命，现在清朝推翻了，他就不愿意再去日本。正好共和党想与国民党合并，急电章太炎进京。章太炎想，反正骂也骂了，不去海外，又能逃到哪里去？所谓“不入虎穴焉得虎子”，为了让世人看清袁世凯的真面目，他就决定去北京走一遭，测测水温。凭什么？就凭他是章太炎，因为他有文化软实力，谅他袁世凯一介武夫也不敢胡来——他还想不想在江湖上混啊？

这年八月，章太炎冒险入京，宿在共和党本部。袁世凯马上得到线报，命执法处长陆建章派宪兵守卫，说的比唱的还好听，道是来保护章先生的安全。章太炎视之如无物，依然我行我素。到冬天，国民党解散了，国会也没了，袁世凯加快了登基做皇帝的步伐。一日，章太炎乘马车出去赴宴，宪兵竟也跳上了车，前面也有，后面也有，前后夹击。章太炎本是天马行空之人，也没管他们。可是，宴毕回来时也这样。章太炎觉得好生奇怪，一问，才知是袁世凯派来的走狗，不由得勃然大怒，拿起手杖，把宪兵打得抱头鼠窜。看着他们的狼狈相，章太炎大喜：“袁狗被我赶走了！”其实，袁狗并没有被赶走，换装之后，依旧住在门卫室，监视着章太炎的一举一动。至此，章太炎知道袁世凯来真的了，纵有天大的怒气，也只能书写“袁贼”以发泄一番。章太炎一边剥油炒花生下酒，剥一只骂一句“杀了袁世凯的头”，一边咬着花生，就像嚼烂袁大头一样。

某一日，秘书长秦某前来“看望”章太炎，说是奉大总统之命而来 。在熟人引带下，秦某进去，说明来意，致辞之后，取出五百元银币，放到书桌上。章太炎起初默然不应，待其取出银元，猛地一把抓过，砸向秦某，大骂道：“袁奴速去！”秦某猝不及防，又不敢发作，只得落荒而逃。如果换成别人，秦某也不会这样窝囊了。

章太炎被囚的消息一经传开，便有当日同盟会的老朋友到袁世凯那里前去说情：“大总统有精兵十万，何惧一介书生，不如放了他？”袁大头也不是傻大头：“章太炎的文笔，能横扫千军，也是可怕的东西！”为了应付舆论，只说是章太炎神经有点问题，须得在疯人院好好疗养——反正他本来就是有名的“疯子”。看来，如今把有些“被”精神病的人物“请进”精神病医院的做法，其来有自啊。

这时，黎元洪也来关问章太炎，毕竟两人有老交情。他身为副总统，应该也能说上几句。与朋友们商量，觉得没事做也是个问题，空下来更容易走火。于是，为章太炎讨了个“考文苑”的事来做，并告诉他，袁世凯对他尚有善意，只不过是不肯放他出京，也不许他发表文章而已。章太炎答应负责“考文苑”的事，可是他要求袁世凯给他七十五万开办经费，任他延请海内外名宿担任教授。可是，袁世凯只答应十五万。后来虽表示可以商量，但不设机关，只给他个虚职玩玩。结果，两人没谈妥，只能不了了之。

这样，章太炎成了犹斗的困兽，纵然闷声咆哮，也没人当他是老虎了。他不是喝酒，就是骂人，脾气大得很，谁也劝他不得。可是，这终究不是长久之计，忧愁伤神，痛骂伤身，醉酒伤肝，结果还是与自己过不去。目下之计，如何是好？章太炎与同人计议，不如冒险出京，或许能躲过暗探，事有可为。大家都预料出京必然受阻，可又不便扫他的兴，只得强颜欢笑，不断劝酒，以阻误他的行程。等到章太炎猛醒，赶到火车站，那一班火车早已开出——章太炎陷入了无物之阵。他终于明白，自己的一切都在袁世凯的掌控之中，没有一条缝可以逃生。如此，则一不做二不休，索性登门去见袁世凯，看你袁大头如何发付我！

第二天一早，章太炎身着蓝衫，手持羽扇，以勋章作扇坠，直闯总统府。总统府接待员不知他是谁，小心探询，他大喝一声：“谁人不知，哪个不晓，我就是在上海住过三年西牢的‘章疯子’！”他说的是沸扬一时的“苏报案”，当时章太炎被判刑三年。那也就是说，哥我也是在江湖上混的人物，你别跟我横。估计那些人听了，心里想，这下麻烦大了。不久，梁士诒出来接待，刚要开口，章太炎不客气地说：“我见袁世凯，哪里要见你？”章太炎平素最讨厌他了，梁士诒也能感觉出来，因此只能讪讪而退。不久，又一秘书来说：“总统刚才事忙，请稍候。”章太炎在接待室不断来回踱步，眼见得国务总理熊希龄谈过出来了，副部长向瑞琨也谈过了，可是袁世凯就是不见他。时间一长，章太炎咂出一点味道来，你丫的，这不是消遣我吗？不由得怒从心头起，恶向胆边生，大骂道："向瑞琨这么个乳臭未干的小子都见得，难道我就见不得？"说罢径直往里闯。可人家那是总统府，就是民宅都不能私闯呢，自然，警卫就拦住了。章太炎就光火了，你这跟我是玩哪一手，什么大总统，我是谁？这"中华民国"四个字，还是我取出来的，你竟跟我摆谱？于是，操起案上的大花瓶朝大总统画像猛力砸去。袁世凯遇到章太炎这样的名士，一时骂又骂不得，打又打不得，杀更是杀不得，总得维持体统吧。于是，暗暗交代一番，派陆建章出来应付。陆建章别人都不怕，就怕章爷爷，只得硬着头皮出来，先向章太炎鞠躬，然后和气地说道："总统在接待要人，有劳先生久等，深感抱歉！现在，派我来迎先生入见。"章太炎不知有诈，就跟着陆建章上了马车，出了东辕门。章太炎觉得奇怪，问道："见总统，怎么不进新华门？"陆建章笑笑说："总统现在居仁堂，出东辕门，再进福泽门，坐车可以直达，就不必再劳先生步行了。"没想到，这一走，章太炎上当了——他被骗到了宪兵处。

当章太炎回过神来，已经身不由己。他大骂袁世凯是"包藏祸心"的"窃国大盗"，骂他是"独夫民贼"，反反复复大骂了一整夜，骂得那些卫兵都心惊肉跳，不知如何应对，只得用棉花塞住耳朵装没听见——谁能这样骂总统啊，太刺激了！

后来，章太炎被移居龙泉寺。杀人如麻的陆建章亲自骑马导引，不敢稍有造次。倒也不是"陆屠夫"善心发作，乃是因为有袁世凯的手谕，这无异于是章太炎的"丹书铁券"。章太炎被称为民国的祢衡，袁世凯不想做杀祢衡的黄祖，犯不着还没坐上皇帝的宝座，先落个"杀士"的恶名。因此指示陆建章：一、饮食起居，用款多少不计。二、说经讲学文字不禁，可以传抄；只禁关于时局的文字，不得外传，设法销毁。三、毁物骂人随他，物毁再购。四、出入人等严禁挑拨之徒。五、何人与彼最善，而又不妨碍政府者，任其往来。六、早晚必派人巡视，以防意外。七、求见者必持许可证。八、保护全权交给你。细究起来，这八条也可谓是用心良苦。陆建章哪敢怠慢，他也装出"惜士"的样子，说道："太炎先生是今之郑康成。当年黄巾军过郑公乡里之时，尚且避之；我听奉最高指示，无论先生性情如何乖僻，必敬而护之，否则，岂非连黄巾军都不如了？"如此，章太炎只能安心"隐居"了。

龙泉寺风景倒不错，可是章太炎哪有心情？所谓"龙性岂能驯"，章太炎不是砸这个，就是砸那个，并扬言要烧了这几间偏房。这倒使陆建章有些紧张，万一出个意外，上头那边不好交代。第二天，袁世凯的儿子袁克文来看章太炎。大概袁世凯想缓和与章太炎的关系，动之以情，软化章太炎。袁克文送来的是锦缎被褥，他不敢面见章太炎。章太炎见室外有人晃动，拉帘一看，竟是袁大头的龟儿子，不由气血上涌，拿过送进来的被褥，用香烟烧得到处是洞，然后一把扔出窗外，说："拿去！"

章太炎天天骂袁世凯，甚至挖得树根，修成人形，上书"袁世凯"三字，烧了埋掉，然后满院子喊叫："袁贼烧死啦，袁贼烧死啦！"可是，一时泄愤，总觉无聊。于是开始在寺内讲课，宣扬革命道理。章太炎讲课很有感染力，袁世凯派去的便衣，也被章太炎的讲课迷住，还频频提问记笔记——当然，更多的可能是为了邀功请赏。

到了夏天，还是没有出去的希望，章太炎焦灼难安，开始绝食。饿了七八天，反而人清爽起来，只是起来走步像踏棉花。弟子们围侍左右，请进食，章太炎才勉强吃了一片梨子。当局也知道了这事，怕闹大，就请医生来看病。龙泉寺太冷落了，于是转到了钱粮胡同。

在钱粮胡同，生活得到了改善。当局每月拨付五百银币，比最高教授的待遇还要高，而且生活自主。只是巡警管门口，书信文章要审查，来往人等要持证，只有书商和日本人可以直进直出。上面也常派人来窥探章太炎的意思，章太炎对于袁世凯的称帝野心岂有不知，乃作魏武帝、宋武帝两颂，托以讽刺。他故意雇了十几个佣人，这些佣人中有不少是便衣，就专拿他们和巡警开涮。他立了规矩，不能称他先生，要称他"大人"、"老爷"，见了他，要肃立，甚至要磕头。为什么，乃是因为这里是帝制余孽盘踞的地方。一日，他用七尺宣纸篆书"速死"两字，挂在墙上。"杀杀杀杀杀杀杀；疯疯疯疯疯疯疯"的对联满屋挂。吃元宵时，一口吞下——元宵者，袁消也！

这期间，最令章太炎伤心的事是大女儿的自杀。女儿来北京，本来是来服侍父亲的。大概章太炎心情不好，骂了几句，而她女儿本性抑郁，一时想不开，就自缢了。于是，章太炎更恨袁世凯了。不是袁贼把他软禁在北京，岂会有这样的人伦悲剧？这不都是袁世凯的罪孽吗？

章太炎又绝食，众弟子劝进不得，一弟子问曰："先生，你比祢衡如何？"章太炎答曰："祢衡岂能比我？"弟子进而曰："刘表欲杀祢衡，自己不愿戴杀士之名，故借黄祖之手。如今袁世凯比刘表高明，他不必劳驾黄祖，而先生则自己杀自己矣！"这么一说，章太炎就马上停止绝食。对呀，我可不能死在他前头，看谁熬得过谁！

章太炎大书"明年祖龙死"。果然，第二年，袁世凯做了几天皇帝后，一命呜呼了。袁世凯死后，章太炎自由了！

章太炎笑傲袁世凯，真可谓千古风流也！

人 物

周作人与胡适：和而不同

魏邦良

1919年春天，周作人在《新青年》六卷二号发表新诗《小河》，诗中写道：

一条小河，稳稳地向前流动。
经过的地方，两面全是乌黑的土；
生满了红的花，碧绿的叶，黄色的果实。
一个农夫背了锄来，在小河中间筑起一道堰。
下流干了；上流的水被堰拦着，下来不得；
不得前进，又不能退回，水只在堰前乱转。
水要保他的生命，总须流动，便只在堰前乱转。
堰下的土，逐渐淘去，成了深潭。
水也不怨这堰，——便只是想流动，
想同从前一样，稳稳地向前流动。
……

周作人晚年对这首诗作了这样的解释："鄙人是中国东南水乡的人民，对于水很有情分，可是也十分知道水的厉害，《小河》的题材即由此而出。古人云，民犹水也，水能载舟，亦能覆舟。法国路易十四云，朕等之后有洪水来。其一戒惧如周公，其一放肆如隋炀，但二者的话其归趋则一，是一样的可怕。"

胡适激赏这首诗，在《谈新诗》中予以甚高的评价："这首诗是新诗中的第一首杰作，那样细密的观察，那样曲折的理想，决不是那旧式的诗体词调所能达得出的。"

1918 年，周作人发表重要文章《人的文学》。所谓"人的文学"，周作人的定义如下："用这人道主义为本，对于人生诸问题，加以记录研究的文字，便谓之人的文学。"对作为根本的"人道主义"，周作人也做了特别说明："我所说的人道主义，并非世间所谓'悲天悯人'或'博施济众'的慈善主义，乃是一种个人主义的人间本位主义。这理由是，第一，人在人类中，正如森林中的一株树木。森林盛了，各树也都茂盛。但要森林盛，却仍非靠各树各自茂盛不可。第二，个人爱人类，就只为人类中有了我，与我相关的缘故。墨子说，'爱人不外已，已在所爱之中'，便是最透彻的话。上文所谓利已而又利他，利他即是利已，正是这个意思。所以我说的人道主义，是从个人做起。要讲人道，爱人类，便须先使自已有人的资格，占得人的位置。耶稣说，'爱邻如已'。如不先知自爱，怎能'如已'的爱别人呢？"

胡适盛赞《人的文学》，认为，这篇文章是当时关于改革文学内容的一篇最重要的、平实而伟大的宣言。胡适说，中国新文学运动的理论只有两个，一个是要建立一种"活的文学"，另一个就是要建立一种"人的文学"。在胡适眼中，周作人《人的文学》是新文学理论纲领性的文字。

周作人曾将日本与谢野晶子的《贞操论》翻译成中文，发表在《新青年》四卷五号。与谢野晶子此文，对道德、贞操的思考尖锐而发人深省。她认为，道德应是历史的观念而不能成为束缚人的教条："道德这事，原是因为辅助我们生活而制定的。到了不必要，或反于生活有害的时候，便应渐次废去，或者改正。倘若人间为道德而生存，我们便永久作道德的奴隶，永久只能屈服在旧权威的底下。这样就同我们力求自由生活的心，正相反对；所以我们须得脱去所有压制，舍得一切没用的旧思想、旧道德，才能使我们的生活，充实有意义。"

当时，日本也是封建国家。社会对男女的贞操要求完全不同，女子不能失贞，男子却可以纵欲。对此，与谢野晶子提出尖锐批评："倘这贞操道德，同人生的进行发展，不生抵触，而且有益；那时我们当他新道德，极欢迎他。若单是女子当守，男子可以宽假；那便是有抵触，便是反使人生破绽失调的旧式道德，我们不能信赖他。”“又听有人说，贞操是只有女子应守的道德；男子因生理的关系，不能守的。照这样说，岂不就是贞操并非道德的证据，证明他不曾备有人间共通应守的道德的特性么？”

在译后记中，周作人说：“我确信这篇文中，纯是健全的思想。”

胡适读了《贞操论》，感触颇多，一口气写下数千字长文《贞操问题》。胡适说，家庭专制最厉害的日本能有这样大胆的议论，“是东方文明史上一件极可贺的事。”与谢野晶子在文中有这样的疑问：“贞操是否单是女子必要的道德，还是男女都必要的呢？”胡适认为，这个疑问，在中国更为重要。胡适批评了中国“贞操观”的男女不平等现象：“中国的男子要他们的妻子替他们守贞守节，他们自己却公然嫖妓，公然纳妾，公然‘吊膀子’。再嫁的妇人在社会上几乎没有社交的资格；再婚的男子，多妻的男子，却一毫不损失他们的身份，这不是最不平等的事吗？”

胡适最后的结论是：“男子嫖妓，与妇人偷汉，犯的是同等的罪恶；老爷纳妾，与太太偷人，犯的也是同等的罪恶。”

胡适此文是对周作人译文的回应，并且，胡适还把译文中提出的问题作了更为深入的分析和探讨。对“贞操问题”，胡适和周作人的观点可谓英雄所见略同。

关于子女的孝顺问题，胡适和周作人的观点也近乎一致。

1919 年 3 月，周作人发表《祖先崇拜》一文，提出父母于子无恩的观点：“父母生了儿子，在儿子并没有什么恩，在父母反是一笔债。”周作人说，如果非要报父母的恩，那就应该努力做人，使自己比父母更好，“切实履行自己的义务，——对于子女的债务——使子女比自己更好”。周作人在文中引用了尼采一句话：“你们不要爱祖先的国，应该爱你们子孙的国……你们应该将你们的子孙，来补救你们自己为祖先的子孙的不幸。你们应该这样救济一切的过去。”据此，周作人亮出自己的口号——“子孙崇拜”。

或许是受到周作人这篇文章的影响，胡适在儿子出生后，赋诗一首，其中也表达了“父母于子无恩”的观点：“树本无心结子，我也无恩于你……将来你长大时，这是我所期望于你：我要你做一个堂堂的人，不要你做我的孝顺儿子。”

周作人和胡适都不主张儿子孝顺父母，但具体理由却不同。周作人认为，儿子本身就是讨债的，“父母倒是还债——生他的债——的人。”胡适则认为，古人把一切做人的道理都包在“孝”字里，结果流弊百出，所以，他干脆就将“孝”字驱逐出境了。

对日本的新村运动，周作人非常关注，也很推崇。他曾去新村访问过，还写了好几篇文章向国人介绍。

胡适看了周作人介绍新村的文章，对日本的新村生活颇为不满。在《非个人主义的新生活》一文中，胡适从四个方面批评了新村运动。一、新村生活是“避世”的。二、“在古代，这种独善主义还有存在的理由；在现代，我们就不该崇拜它了。”三、新村人信仰的“泛劳动主义”是很不经济，因为这种生活“根本上否认分工进化的道理”。四、针对周作人所说，新村人的根本观念是“改造社会还要从改造个人做起”，胡适指出，这是把“改造个人”与“改造社会”分成两截，不妥。总之，胡适认为，新村运动宣扬的是一种“独善的个人主义”：不满社会，又无可奈何，最终选择过山林隐逸的生活。

对胡适的批评，周作人在《对于胡适之先生的演说》中作了回应。

关于“改造社会还要从改造个人做起”，周作人强调，这不是如胡适说的那样是把“改造个人”与“改造社会”分为两截；而是改造社会先从改造自己入手。胡适说新村是“独善主义”，周作人也不承认，他认为，新村是想用和平的手段做到以前非用暴力才能做到的事。至于胡适所说“泛劳动主义”，周作人说，新村的劳动是有分工的，所以并非如胡适所说是“很不经济”的。

显然，对新村运动，胡适和周作人的看法存在很大分歧。不过，周作人在演说的结尾也承认，胡适对新村的“误会”，也是“绍介者”的责任，并且，他也表明：“胡先生自己的主张，虽然与我的意见有不同的地方，依着我的习惯，另外不再议论了。”

周作人虽不同意胡适关于新村运动的看法，但他既能做自我批评，也能容忍对方的异见。这样的争论如同和风细雨，无损于两人间的友情。

胡适和周作人在诸多方面存在分歧，但宽容却是两人共有的品质。

胡适在《新青年》杂志上提倡白话文学的运动时，曾从美国寄信给陈独秀，说："此事之是非，非一朝一夕所能定，亦非一二人所能定。甚愿国中人士能平心静气与吾辈同力研究此问题。讨论既熟，是非自明。吾辈已张革命之旗，虽不容退缩，然亦决不敢以吾辈所主张为必是而不容他人之匡正也。"

既然"不敢以吾辈所主张为必是"，当然就能容忍异见。

正因为胡适周作人都主张宽容，都能容纳异见，两人针尖对麦芒的学术争辩只是切磋只是砥砺，不会演变成气急败坏的争吵和恶语中伤的谩骂。

1922年，有感于当时社会的"复古与排外"，周作人发表了《思想界的倾向》一文，文中他表露了对国粹主义勃兴局面的忧虑。对太炎先生的讲学，周作人做了委婉批评："太炎先生的讲学固然也是好事，但我却忧虑他的结果未必能于整理国故的前途有十分的助力，只落得培养多少复古的种子，未免是很可惜的。"在文章的最后，周作人还担忧，国粹主义运动很有可能演变成"国家的传统主义"，即是"包含一种对于异文化的反抗的意义"。

周作人的悲观论调胡适不以为然，便写文章表达提出异议，他在文章里安慰周作人，所谓"国粹主义勃兴局面"并未形成，胡适指出，周作人文中所举的一些事例，不过是"退潮的一点回波，乐终的一点尾声"。胡适说："即使这一点回波果然能变成大浪，即使尾声之后果然还有震天的大响，那也不必使我们忧虑。"

两篇文章反映出两人性格之不同。周作人悲观，一有风吹草动，就悲叹：太阳底下无新事。而胡适号称"不可救药"的乐观主义者，再大的困难他也等闲视之，哪怕危机四伏，他也会豪迈地来一句：我们来了，一切皆会不同。

1924年，冯玉祥发动了著名的"首都革命"，将末代皇帝溥仪驱逐出宫。胡适风闻此事后，给外交总长王正廷写信，提出抗议："先生知道我是一个爱说公道话的人，今天我要向先生们组织的政府提出几句抗议的话……我是不赞成清室保存帝号的，但清室的优待乃是一种国际的信义，条约的关系。条约可以修正，可以废止，但堂堂的民国，欺人之弱，乘人之丧，以强暴行之，这真是民国史上的一件最不名誉的事。”

这封信后来发表在《晨报》上，周作人读到，立即致信胡适，表达了不同的看法：

“适之兄：在报上看见你致王正廷君信的断片，知道你很反对这回政府对于清室的处置。我怕你不免有点受外国人的谬论所惑。在中国的外国人大抵多是谬人，不大能了解中国……这次的事从我们秀才似的迂阔的头脑去判断，或者可以说是不甚合于‘仁义’，不是绅士的行为，但以经过二十年拖辫子的痛苦的生活，受过革命及复辟的恐怖经验的个人的眼光来看，我觉得这乃是极自然极正当的事……”

胡适回信中首先表明，自己写这封信并非“受外国人的谬论所惑”，他告诉周作人，自己也赞成取消帝号，让溥仪出宫，但不赞成用武力的方式，最好采用绅士的办法，胡适说“只此一点是你和我的不同之点”。对周作人“这乃是极自然极正当的事”的话，胡适不同意，说：“这话里的感情分子之多，正与我的原书不相上下”——胡适这话很巧妙，他责备周作人的同时顺带批评了自己，如此一来，若周作人不同意这话，反显得自己心胸不宽了。

胡适的回信，言词诚恳，态度谦恭。这样的争执不会导致疾风暴雨，反而蒙上一层温情脉脉的面纱。

1925年9月，胡适在武昌大学中国文学系做过一次题为《谈谈诗经》的演讲。演讲中，胡适对《诗经》中的一些作品作了富有个性的阐释。胡适的过度诠释周作人不敢苟同，便撰文《谈〈谈谈诗经〉》与之商榷。

演讲中，胡适是这样分析《野有死麕》这首诗的：“《野有死麕》的诗，也同样是男子勾引女子的诗。初民社会的女子多喜欢男子有力能打野兽，故第一章：‘野有死麕，白茅包之。’写出男子打死野麕、包以献女子的情形。‘有女怀春，吉士诱之。’便写出他的用意了。此种求婚献野兽的风俗，至今有许多地方的蛮族还保存着。”

周作人不同意胡适的看法，说：“《野有死麇》胡先生说是男子勾引女子的诗，自然是对的，但他以为吉士真是打死了鹿以献女子，却未免可笑。第一章的死麇既系写实，那么第二章也应是写实，为什么‘白茅纯束，有女如玉’会连在一起去‘描写女子的美’呢？我想这两章的上半只是想像林野，以及鹿与白茅，顺便借了白茅的洁与美说出女子来，这种说法在原始的诗上恐怕是平常的。我们要指实一点，也只能说这是猎人家的女儿，其实已经稍嫌穿凿，似乎不能说真有白茅包裹一只鹿，是男子亲自扛来送给他的情人的。若是送礼，照中国古代以及现代野蛮的风习，也是送给他将来的丈人的。然而这篇诗里‘因家庭社会环境不良’而至于使‘那个怀春的女子对吉士附耳轻轻细语’，叫他慢慢来嘘，则老头子之不答应已极了然，倘若男子扛了一只鹿来，那只好让她藏在绣房里独自啃了吃。喔，虽说是初民社会，这也未免不大雅观吧？”

胡适又说《葛覃》诗，是描写女工放假急忙要归的情景。周作人说：“照胡先生用社会学说诗的方法，我们所能想到的只是这样一种情状：妇女都关在家里，干家事之暇，织些布匹，以备自用或是卖钱。她们都是在家里的，所以更无所归。她们是终年劳碌的，所以没有什么放假。胡先生只见汉口有些纱厂的女工的情形，却忘记了这是两千年前的诗了。倘若那时也有女工，那么我也可以说太史公坐了火车采风，孔子拿着红蓝铅笔删诗了。”

对《嘒彼小星》一诗，胡适的解释是：“好像是写妓女生活的最古记载。我们试看《老残游记》，可见黄河流域的妓女送铺盖上店陪客人的情形。再看原文：‘嘒彼小星，三五在东。肃肃宵征，夙夜在公。实命不同！嘒彼小星，维参与昴。肃肃宵征，抱衾与裯。实命不犹！’我们看她抱衾裯以宵征，就可知道她的职业生活了。”

周作人却说：“我把《小星》二章读过好几遍，终于觉不出这是送铺盖上店，虽然也不能说这是一定描写什么的。有许多东西为我所不能完全明了的，只好阙疑。我想读诗也不定要篇篇咬实这是讲什么，譬如《古诗十九首》我们读时何尝穿求，为何对于《诗经》特别不肯放松，这岂不是中着传统之毒么？胡先生很明白的说，《国风》中多数可以说‘是男女爱情中流出来的结晶’，这就很好了，其余有些诗意不妨由读者自己去领会，只要有一本很精确的《诗经》注释出世，给他们做帮助。‘不求甚解’四字，在读文学作品有时倒还很适用的，因为甚解多不免是穿凿呵。”

胡适有句名言曰：大胆的假设，小心的求证。周作人在文章最后提醒胡适：

“要大胆，要大胆，但是不可太大胆！”

后来，在把这次演讲收入文集时，胡适删去了对《葛覃》的解读，部分地接受了周作人的意见。

周作人和胡适都属于自由知识分子，但两人的性格却完全不同，周作人偏“冷”，胡适偏“热”。周作人悲观、消沉，刻意远离政治，只想躲进书斋，倾心自己的“胜业”；胡适乐观、自信，喜欢介入政治，坚信一点一滴的努力，就会有一尺一寸的收获。周作人信奉的是“多一事不如少一事”；胡适则崇尚“少一事不如多一事”。

由于两人都坚守自由主义立场，在大方向上是一致的，所以，虽然在学术上或在某个具体事件上所持观点不同，但两人惺惺相惜、彬彬有礼的关系却难能可贵地经受了风风雨雨的考验，维持了曲曲折折的一生。

生活上，胡适和周作人互相帮助互相理解；学术上，两人相互切磋相互勉励。当一方陷入困境时，另一方瞬时陷入深深的担忧中，并会在第一时间向对方伸出热情的援助之手。

1929年，胡适在上海发表《人权与约法》等系列文章。这些言辞激烈的批评惹恼了国民党政府。教育部发文要撤掉胡适中国公学校长一职，中央党部也声称要严办胡适。周作人在报上看到消息后，立即给胡适去信，劝胡适“还是小心点好”，希望胡适“毅然决然抛开上海的便利与繁华，回到萧条的北平”，集中精力和才力，安心做学问。

胡适从信中读出了周氏对自己的深情厚谊，尽管他还不打算撤回北平，也不打算屈服于国民党的淫威，但周氏真诚的劝慰令他非常感动，回信中，他不免真情流露了一番：

“生平对于君家昆弟，只有最诚意的敬爱，种种疏隔和人事变迁，此意始终不减分毫。相去虽远，相期至深。此次来书情意殷厚，果符平日的愿望，欢喜之至，至于悲酸。此是真情，想能见信。”

1934年1月13日，周作人在《人间世》发表《知堂五十自寿诗》：

前世出家今在家，不将袍子换袈裟。
街头终日听谈鬼，窗下通年学画蛇。
老去无端玩骨董，闲来随分种胡麻。
旁人若问其中意，且到寒斋吃苦茶。

胡适于1月17日依韵作《和苦茶先生打油诗》：

先生在家像出家，虽然弗着舍袈裟。
能从骨董寻人味，不惯拳头打死蛇。
吃肉应防嚼朋友，打油莫待种芝麻。
想来爱惜绍兴酒，邀客高斋吃苦茶。

第二天，胡适诗兴不减，又依旧韵和了一首五言诗：

老夫不出家，也不着袈裟。
人间专打鬼，臂上爱蟠蛇。
不敢充幽默，都缘怕肉麻。
能干大碗酒，不品小盅茶。

周作人收到胡适的诗后，也回了一首《为适兄再续八句》：

双圈大眼睛，高轩破汽车。
从头说人话（刘大白语），煞手揍王巴（谬种与妖孽）。
文丐叫连天，诗翁满地爬。
至今新八股，不敢过胡家。

3月5日，周作人给胡适写信，附上所作牛山体诗一首：

半是儒家半释家，光头更不着袈裟。
中年意趣窗前草，外道生涯洞里蛇。
徒羡低头咬大蒜，未妨拍桌拾芝麻。
谈狐说鬼寻常事，只欠工夫吃讲茶。

胡适收到后，叠韵答之：

肯为黎涡斥朱子，先生大可着袈裟。
笑他制欲如擒虎，那个闲情学弄蛇？
绝代人才一丘貉，无多禅理几斤麻。
谁人会得寻常意，请到寒家喝盏茶。

1935 年，胡适还做了一首和周作人的贺年诗：

可怜王小二，也要过新年。
开口都成罪，抬头没有天。
强梁还不死，委屈怎能全！
羡煞知堂老，关门尚学仙。

从胡适的“和知堂诗”中，可以看出，一方面，胡适不能认同周作人安于“吃苦茶”的闲适，认为这种消极无为于世无补，所以坦陈自己“不敢充幽默，都缘怕肉麻。能干大碗酒，不品小盅茶”；另一方面，由于对当时政府的失望，胡适又觉得，在“开口都成罪”的不自由社会，“关门尚学仙”的知堂老人也确实值得自己的羡慕。

周作人知道胡适听不进自己的劝，仍热心政治，喜欢管“闲”事，说“闲”话，但他并不因此看低胡适，只是很惋惜。在他看来，倘若胡适安心做学问，静心写文章，他的成就将不可限量，因为，胡适这样的大才，世所罕见。“文丐叫连天，诗翁满地爬。至今新八股，不敢过胡家”，周作人这几句对胡适的评价不可谓不高。

可见，两人虽然志趣不同，但却不妨碍相互欣赏。

1936 年，周作人在报上看到丁文江积劳成疾，不幸去世的消息，他当即想到胡适。因丁文江是胡适的挚友，且胡适和丁文江一样，工作起来就不要命。于是，他致信胡适，劝胡适注意休息，不要再管政治的“闲事”，“不如专门讲学论学”。

胡适不能接受周作人的劝告，但他知道对方是真诚关心自己，所以就回了一封很长的信，详细阐述了自己的人生信仰：

“我是一个‘好事者’；我相信‘多事总比少事，有为总比无为好’；我相信种瓜总可以得瓜，种豆总可以得豆，但不下种必不会有收获。收获不必在我，而耕种应该是我们的责任。”

“生平自称为‘多神信徒’，我的神龛里，有三位大神，一位是孔仲尼，取其‘知其不可而为之’；一位是王介甫，取其‘但能一切舍，管取佛欢喜’；一位是张江陵，取其‘愿以其身为蓐荐，使人寝处其上，溲溺垢秽之，吾无问焉，有欲割取我身鼻者，吾亦欢喜施与’。嗜好已深，明知老庄之旨亦自有道理，终不愿以彼易此。”

周作人劝胡适“汔可小休”，胡适则对他说，自己越忙休息得越好，因为忙碌之后心能安，结果反而睡得沉：“三年多以来，每星期一晚编撰《独立评论》，往往到早晨三四点钟，妻子每每见怪，我总对她说：‘一星期之中，只有这一天是我为公家做工，不为吃饭，不为名誉，只是完全做公家的事，所以我心里最舒服，做完之后，一上床就熟睡，你可曾看见我星期一晚上睡不着的吗？’她后来看惯了，也就不怪我了。”

周作人责怪胡适不该再管政治的、社会的、学生的事，他认为胡适把时间和精力耗费在这上面实在得不偿失，因为胡适的努力在他看来收效甚微甚至没有回报。对此，胡适说，自己已经得到很大的报酬：“但我也有我的酬报。良心上的谴责减轻一点，上床时能熟睡，都是最好的酬报。至于最大的安慰，当然是我收到穷乡僻壤或海角天涯一个、两个青年人来信，诉说他们在某一点上受了我的某句话的影响，使他们得到某种的改变。无心插柳，也可成荫；有意栽花，岂能完全不活！其不活者，只是耕锄不深，灌溉不力，只可责己，未可怨花也。”胡适说：“私见如此，老兄定笑我痴迷不悟吧？”

信末，胡适提醒周作人，写这封信，不是和老兄争辩，而是表明自己的“性情”而已。

一个是真诚地嘘寒问暖，一个是坦诚地自明心迹。这份真挚，不但化解了分歧可能带来的不快，而且使双方的友谊变得更加稳固、坚实。

1938 年，胡适在伦敦给苦住在北京的周作人去了封信，信里是一首八行诗：

藏晖先生昨夜作一个梦，
梦见苦雨庵中吃茶的老僧，
忽然放下茶盅出门去，
飘然一杖天南行。
天南万里岂不大辛苦？
只为智者识得重与轻。
梦醒我自披衣开窗坐，
谁知我此时一点相思情。

显然，胡适是在劝周作人要“识得重与轻”，千万不能当汉奸。“藏晖”是胡适在《新青年》上发表留学日记用的笔名。周作人收到信后，回了一首诗：

老僧假装好吃苦茶，实在的情形还是苦雨，
近来屋漏地上又浸水，结果只好改号苦住。
晚间拼好蒲团想睡觉，忽然接到一封远方的话，
海天万里八行诗，多谢藏晖居士的问讯。
我谢谢你很厚的情意，可惜我行脚却不能做到；
并不是出了家特地忙，因为庵里住的好些老小。
我还只能敲木鱼念经，出门托钵募化些米面，

老僧始终是个老僧，希望将来见得居士的面。

周作人在诗里表明“老僧始终是个老僧”，其实是暗示胡适，自己不会当汉奸的。周作人将这首诗寄到华盛顿的中国使馆，转交“胡安定”收。胡安定是胡适的一个别号。遗憾的是，由于使馆人并不知道胡安定是胡适，这封信被扔在一旁，一年后才由一位胡适的熟人交到胡适手里。其时，周作人已经落水。收到此信的当天，胡适颇为感慨，写诗一首《无人认得胡安定》：

两张照片诗三首，今日开封一惘然。
无人认得胡安定，扔在空箱过一年。

在日记里，胡适做了一点说明 ：“周知堂去年九月寄一信一诗，又今年一月被刺后二诗和照片两纸，信封上写‘Dr.A.J.Hu，胡安定先生’，由华美协进社转。孟治兄不知是我，故搁到今天才转来。(最近他问我，我叫他寄来)”

周作人晚年在给鲍耀明的信里，还谈到了胡适“劝他南行”一事 ：

“适之的诗（稿已不存）系劝我南行，其意甚可感，但我因家庭关系实在无意摆脱，有母亲、鲁迅的故妻（另住别处）、兄弟的故妻及三个小孩均在京，在自己一家大小四人，我女儿和她的两个小孩，以上均住在我处。故只能苦住下去，以诗答复，其自写的诗则一年后寄来者也。当年不便写真姓名，故写他的别号胡安定寄到中国使馆代收，却不料搁了一年不曾转到。此一件事值得写一篇文章，但大抵也就是回想记的一节。”

直到人生暮年，周作人仍觉得胡适的“劝他南行”，“其意可感”，“值得写一篇文章”，他对胡适曾经的关心和牵挂，可谓念兹在兹，铭心刻骨。

胡适和周作人，性格不同，志趣不同，人生的道路也不同；政治上有分歧，学术上有纷争，生活上也不免有龃龉，但两人的友谊却从未中断。根本原因在于两人都是伏尔泰的信徒 ：我不同意你的观点，但我却尊重你发出的声音。

两人堪称君子，做到了——和而不同。

《吴宓日记》中的陈寅恪

周 言

躺在书柜里的《吴宓日记》，为朋友于打折书店中购得所赠。在扉页上，友人写下了“实为研究陈寅恪之重要材料”诸如此类的文字。那时我正在读《陈寅恪诗存》，读得心绪消沉，感慨万千，友人所赠陈寅恪之挚友吴宓所著《吴宓日记》，也没有心思再去翻阅。而且在我一贯的观点中，日记所云，通常是习以为常的流水账，虽有史料价值，但是从中发现所感兴趣的内容，无异于大海捞针，所以这套《吴宓日记》一直在书柜中享受寂寞的命运。

当我读到吴宓的女儿吴学昭依据《吴宓日记》以及吴宓的书信所写下的《吴宓与陈寅恪》一书，才羞愧于自己的无知浅陋。我没有想到的是，吴宓先生在日记中写下的，居然有那么多的唏嘘感慨，而其中所记载的与陈寅恪长达半个世纪的交往，更是一曲知识分子精神史的悲歌。从黄昏开始读起，读至深夜，竟浑然不觉。连续好几天，我呆在书房里，将《吴宓日记》中道尽人世感叹的文字一一折页，一册日记读下来，书的边角已经密密麻麻聚集了大量的折角。《吴宓日记》中史料之珍贵，想来可见。

我认为《吴宓日记》中最令人心动之处，在于吴宓所记载的与陈寅恪之间交往的种种共鸣。从哈佛大学至清华，从北平到蒙自，直至西南联大，最后是陈寅恪诗作中的“暮年一晤”。这一历程，见诸《吴宓日记》，恰恰是吴宓、陈寅恪二人的一生际遇，而其后所折射出的国家、民族的变局，则更显示出这两位学人的坎坷命运。

出身文化世家的陈寅恪，仿佛是百年民族命运的一个缩影。造化弄人，偏偏将其一家三代从政界赶到了文坛，又从文坛挤到了学界。陈寅恪的祖父陈宝箴，乃是洋务运动、维新变法中的风云人物，他所治下的湖南，原本是保守闭塞之地，洋务运动中突然开风气之先，兴学、办报、采矿、开厂，努力将湖南从封建社会改造成为初具现代文明特征的地域。然而时代急转直下，维新变法失败之后，陈宝箴与其长子陈三立被朝廷革职，永不叙用。陈三立斯时悲愤交加，索性专注于诗歌创作，遂成清末同光体代表人物。“凭栏一片风云气，来作神州袖手人”，其中的悲凉，不足为外人道。陈寅恪身负家族荣辱，一生以家族为荣，念念不忘自己的身世，晚年在《赠蒋秉南序》中，尚有“默念生平，未尝侮食自矜，曲学阿世”的自我慰藉，更有“此岂寅恪少时所自待及其异日他人之所望于寅恪者哉”的自许。祖辈的功业，使得陈寅恪虽然西学极为精通，但终身坚持中国文化本位论，在行文中有“思想囿于咸丰同治之世，议论近乎湘乡南皮之间”的自述，这样的文化观，使其与吴宓一拍即合。吴宓身为留美学生，归国后却创办《学衡》这一明显有复古倾向的杂志，组建以培养国学人才为要旨的清华国学研究院，与陈寅恪影响，有莫大的关联。

陈寅恪与吴宓相识，始自哈佛同学时期。吴宓经陈寅恪之表兄俞大维引见，得以与陈寅恪认识。吴宓在其编年谱中有云：

> 俞大维君，毕业于圣约翰大学，短小精悍，治学极聪明。其来美国为专习哲学，俞大维君又多称道其姑表兄陈寅恪君之博学与通识，并述其经历。宓深为佩仰。

对于陈寅恪之敬佩与好感，溢于言表。其后在1919年3月26日的日记中，又记录了陈寅恪所赠七律《红楼梦斩谈》题辞一首。吴宓在日记中写道：

> 陈君学问渊博，识力精到，远非侪辈所能及，而又性气和爽，志性高洁，深为倾倒，新得此友，殊自得也。

时隔不久，在4月25日的日记中，吴宓又记录下了陈寅恪所发之议论，评论道：

> 陈君中西学问皆甚渊博，又识力精到，议论透彻，宓钦佩至极。古人曰闻君一席话，胜读十年书，信非虚语。

而对于陈寅恪学问的广博，吴宓也有独到之评价：

> 宓中国学问，毫无根底，虽自幼孜孜，仍不免于浪掷光阴。陈君昔亦未尝苦读，惟生于名族，图书典籍，储藏丰富，随意翻阅，所得已多，又亲故通家，多文士硕儒，侧席趋庭，耳濡目染，无在而不获益，况重以其人之慧而勤学，故造诣出群，非偶然也。

吴宓的解析，无疑独具慧眼。后人研究陈寅恪之学问，往往过分注重其中的传奇色彩，如陈寅恪记忆力超群、过目不忘，能在课堂之余将葡萄酒原产于何地、流传何处的脉络梳理得一清二楚……这种研究学问的态度，往往有猎奇的嫌疑，惟独吴宓，在与陈寅恪交往之初，就能一眼洞穿其幼时家庭在其中的具体影响。

陈寅恪的学问广博，固然有其家风熏染的原因，然而陈寅恪后天自身的努力，也是极为重要的原因。吴宓在1919年8月18日的日记中，再次写下了自己对于陈寅恪的感佩：

> 哈佛中国学生，读书最多者，当推陈君寅恪，及其表弟俞大维。两君读书多，而购书亦多。到此不及半载，陈君及梅君，皆屡劝宓购书。回国之后，西文书籍，杳乎难得，非自购不可。而此时不零星随机购置，则将来恐无力及此。故宓决以每月膳宿杂费之余资，并节省所得者，不多为无益之事，而专用于购书，先购最精要之籍，以次类及。

吴宓在日记中指出陈寅恪学问的家传而外，又点明了读书、买书的重要作用，看似平常，却暗含深义。吴宓在对陈寅恪表示钦佩之余，决心效仿。今天众多家长把子女送入学校，除去寄生活费之外，对于子女的读书引导，殊少关心。陈寅恪的成长，对于今天的家长而言，是一个很好的借鉴，家中藏书，比藏金砖更有意义，而引导孩子在日常生活中以读书买书为乐，也是教育的一个重要方面。《吴宓日记》在无心之余，记录了陈寅恪成长的重要信息，可谓无心插柳，而《吴宓日记》中所记载的有关于陈寅恪的另一些事情，则是名副其实的有心栽花。

吴宓在美国修习比较文学，深受浪漫主义影响，故而其在感情方面，也颇多浪漫经历。而在陈寅恪看来，则力求务实，也更具理性色彩。对此，《吴宓日记》中也有相关记载，透过这些记载，我们可以看出，虽然吴宓与陈寅恪私交甚笃，但在许多问题上的看法，实际上并不一致，但这并不影响两人之间的交往，而事实恰恰证明，陈寅恪在婚姻、感情方面之于吴宓的规劝，事后看来，无疑是推心置腹的忠告。

1919 年 9 月 20 日，《吴宓日记》中记载，收到朱君毅来的信，信中谈到吴宓嘱托毛彦文与朱君毅了解陈懿的情况。陈懿与毛彦文乃是同学，朱君毅与吴宓乃是校友。吴宓之所以打探陈懿的情况，乃是因为其同学陈烈勋介绍陈懿（陈懿为陈烈勋的姊妹）作吴宓的未婚妻。毛彦文在信中详细介绍了陈懿的情况，并劝吴宓先与其试探性交往。吴宓读完信后，少年春心荡漾，写下了如下文字：

> 此事（先行交往）殊不易决，更为迟疑忐忑者多日，娶妻首要性情，不嫌貌陋。此义宓深知之，且愿躬行之，惟所难者，则陈女之性情实无从确实探察。拒之，则恐贻负心之讥，允之，则虑性情未必如何和善……

吴宓的忐忑不安，与其一贯的视爱情为神圣的心理，有着密切的关联。在吴宓其后的日记中，有过多次的纠结，其间也有与陈寅恪之间的商榷。值得注意的是，同是少年意气的陈寅恪，对于感情一事看来冷淡，而对于男女之情的复杂，陈寅恪也只能是冷眼旁观。吴宓与陈寅恪同学期间，便有一桩这样的事情。

据《吴宓与陈寅恪》一书记载，1921 年春天，清华 1915 级毕业生蔡正君，就男女恋爱婚姻如何取悦对方达到目的，寻求其所需的五种条件，将种种条件所占比例制成表格，取名为“爱情衡”。“爱情衡”中家世、身体健康、交际才能等条件一一列出、应有具有，对于这种极富功利性质的恋爱观，陈寅恪戏题一绝，对其进行嘲讽：

> 文豪新制爱情衡，公式方程大发明。
> 始悟同乡女医士，挺生不救救苍生。

诗中所云“女医士”、“挺生”，吴宓曾经作出注解，指的是与陈寅恪同乡的江西某留美女生，其从哈佛大学医学院毕业后在某医院任助理医生，对于陈寅恪的同学卫挺生数十年的苦苦追求，置之不理。陈寅恪对于这种置他人情感如无物的态度，以作诗表示难以认同。陈寅恪的情感表达，从此诗中可以看出，带有曲折难解的特征。因此，其身后留下的诸多难以为外人道的辛酸，也只有他自己知晓。

实际上早在 1919 年初，陈寅恪就已经与吴宓讨论过此类问题。据 1919 年 3 月 26 日的《吴宓日记》记载，陈寅恪谈到了东西方恋爱婚姻的差异，吴宓作出了详细的记载：

> 陈君细述所见欧洲社会实在情形，乃知西洋男女，其婚姻之不能自由，又过于吾国人……
>
> 盖天下本无“婚姻自由”一物，而吾国竟以此为风气，宜其流弊若此也。即如宪法也，民政也，悉当作如是观，捕风捉影，互相欺蒙利用而已。

陈寅恪由论及西方婚姻爱情，延伸至西方政治制度，可谓独具慧眼。在民国时代，呼唤自由婚姻的思潮，一浪接一浪，从胡适的《终身大事》到巴金的《家》、《春》、《秋》，呼唤所谓婚姻恋爱自由的文学作品，代代不息。然而既便如此，笼罩在所谓现代恋爱婚姻之上的功利色彩，始终挥之不去。刘少奇曾经将奔赴延安的青年的动机归结为摆脱家族包办婚姻的束缚，虽然有以偏概全的嫌疑，但也点明了题中之意。陈寅恪透过社会历史的种种迷雾，指出西方婚姻恋爱自由之上的真实，并由此指出吾国吾民之于西方政治、文化的盲从现象。在西学东渐、全盘西化甚嚣至上的时代，陈寅恪这样带有鲜明文化保守主义特质的观点，值得深思。

另外的几则史料，则更加能衬托出陈寅恪恋爱婚姻方面所带有的文化保守主义特征。1928 年 1 月 7 日的《吴宓日记》中，记载了吴宓对于陈寅恪与唐筼婚姻的具体感知：“寅恪高人，似亦有不脱常人处。”随后，陈寅恪在赵元任的宅中举行订婚喜宴，吴宓当时作诗一首，以红笺写就，赠给陈寅恪，陈寅恪欣然收下，“以宓贺诗传示众宾”。过了几天之后，陈寅恪携唐筼至吴宓宅中致谢，恪守传统礼节之行为，都在《吴宓日记》中有所记载。

而陈寅恪与唐筼的相识，也带有更多的传统意味。陈寅恪出身世家，而唐筼也是名门之后，陈寅恪任教清华国学院之时，曾经在同事家偶尔谈及北京女教师唐晓莹家所悬条幅署名“南注生”，陈寅恪据此推断唐筼乃是清末巡抚唐景崧孙女。后由媒妁相约，二人得以认识。陈寅恪曾读过唐景崧的《请缨日记》，对于唐氏家世，颇多了解，而更为巧合的是，陈寅恪的母舅俞明震，曾在台湾与唐景崧共事多年，二人可谓世代交好，后来经过彼此间的熟悉，二人最终结为连理，在共同生活的四十多年中，两人相敬如宾，多有唱和。《陈寅恪诗存》中收录的唐筼和诗，格调古雅，清新有致，别开生面。

陈寅恪于恋爱婚姻方面的既不从俗，也不故作姿态的独立秉性，于其学术、思想以及立身处世的风格，都是互通的，一脉相承的。而其中他对于同事之看法，对于人物之评价，对于事件之参与，都刻上了这样独立不为人所左右的个性。其晚年著述《柳如是别传》，言称“表彰我民族独立之人格，自由之精神”，与其说是赞扬柳如是的磊落人格，不妨看作对于自我的巨大期许，其在《赠蒋秉南序》中所言“默念平生，未尝曲学阿世，侮学自矜，似可告慰亲朋”，虽然仅就学术思想自我总结，但其深意，却得以使人管窥其人格之持重，不为流俗所扰。然而，“此岂寅恪少时所自待及异日他人之所望于寅恪者哉？”则是他描述自我陷于时代洪流中，无法实现自由的困境。

1919年，是近代中国史上不可缺少的一页，五四运动风云初起，苏俄输入中国的共产主义革命，悄然而至，远在美国求学的吴宓与陈寅恪记录下了他们之于革命的态度。8月16日，吴宓在当天的日记中写下了他对于学运的看法：

> 美国无学生罢学之事，而罢工之事则极多，其原因并非由贫民生计艰窘，并非由富豪资本家之苛虐，实由二三百年来，邪说朋兴，人心浮动，得陇望蜀，生人之欲无尽，虽丰衣足食，常窥他人之多财，羡之忌之，则欲取而代之。又经社会党、革命家之教煽，其风愈炽……
>
> 若辈罢工之趋谐，无非攫取社会中智识才能较高之人之财产，以为己有。至其有类强盗行为，则悍然不顾也。
>
> 至于工人受虐待等，此皆前古之事，今绝无之……每一罢工之风潮起，其结局必系加工资……
>
> 其害之犹大者，则凡有财产者，人人自危。甚恐一旦为人攫去无余，彼工人罢工之不足，又受乱党之煽动，遽效俄国过激派之行事，共产党言均财，所谓共产均财者，无非以尽人之财产，收没充公，而归若辈享受管理之事。

这是《吴宓日记》中极为珍贵的史料，其对于革命起源之剖析，眼光精到。而这些迥异于吴宓本人日常所显示出来的水平，按照常理而言，乃是受到了陈寅恪的影响。陈寅恪虽然在众人眼中，仅仅是一名学问深不可测的学人，但在吴宓心里，却是心怀天下的卧龙人物。在1919年8月31日的日记中，吴宓记下了陈寅恪对于革命的议论，其中的见识，与吴宓数日前所说，颇有相似：

> 近读史至法国大革命事，愈见其与吾国之革命前后情形相类。陈君谓西洋各国中，以法人与吾国人性习为最相近。其政治风俗之陈迹，亦多与我同者。美国则与吾国人，相去最远，境势历史使然也，然西洋与吾国相类似者，当首推罗马，其家族制度犹同。稍读历史，则知古今东西，所有盛衰兴亡之故，成败利钝之数，皆处处相符合。

陈寅恪这一番议论，无疑比吴宓要高明得多。吴宓只是从表面上的劳资纠纷社会原因来剖析革命之源起，惟独陈寅恪，从风俗习惯家族制度，探究其对于兴亡之事的具体影响，可谓高屋建瓴。而陈寅恪成年之后投身隋唐氏族研究、府兵制研究，写出《唐代政治史述论稿》、《隋唐制度渊源略论稿》，与其年轻时的议论，不无联系。

陈寅恪本人对于革命的深刻洞察，使得他在人生的抉择上，始终以一种文化保守主义的姿态现诸世人，在《续吴其昌撰〈梁启超传〉书后》，陈寅恪回忆幼年，惊觉当世，写下“少喜临川新法之新，而老同涑水迂叟之迂”的自嘲之语。在冯友兰《〈中国哲学史〉审查报告》之中，陈寅恪突然大发感慨：“寅恪平生好为不古不今之学，思想囿于咸丰同治之世，议论近乎湘乡南皮之间。”在《观堂先生挽词》中更有“当年英雄谁北斗，南皮太保方迂叟。忠顺勤劳矢素衷，中体喜用资循诱”之句，以示对于文化本位论的推崇，这种文化取向上的一以贯之，很大程度上源于其文化世家的出身。祖辈的辉煌业绩，使得陈寅恪的文化本位论抉择，带有一定的必然。

虽然说陈寅恪是一个中国文化本位意识甚浓的文化保守主义者，但其在处事方面而言，不时透露出现代社会公民的独立意识，这种意识与陈寅恪骨子里自家族一脉传承的士大夫敢于担当的责任意识相交汇，成为了一种极具精神魅力的道德品格，这种道德品格在1927年清华大学的风潮中，显露无遗。

据《吴宓与陈寅恪》一书所述，当年的留学预备部高等科二三年级学生，请求校长与外交部当局交涉，特批提前赴美。校长没有遵从民主治校的原则，擅自批复，绕开教授评议会做出主张。后来此事为教授评议会获悉，引起一场纠纷。当时的报纸对此大肆报道，遂成一场风潮。当时的陈寅恪表示：此事伤及民主治校之原则，不能沉默。于是吴宓立即写下《清华教授反对高等科学生提前出洋》一文，经陈寅恪修改，在《大公报》上刊出。

吴宓、陈寅恪诸人为学校长远发展考虑，却招致学生的妒恨，以致矛盾日益尖锐，学生对他们作出种种辱骂，当时的吴宓日记中记载，学生曾警告他们说："如事终败，则将伤害彼等以泄忿。"在7月20日的吴宓日记中，居然有学生以剪刀挟制叶企孙教授、双方相持达六个小时之久的惊人记载。

在学生的无理性面前，陈寅恪与吴宓毫不退让，召开评议会，作出决议，敦请校长辞职。而后在众人的压力下，外交部发出指令：预备部高三高二年级均于明年出洋。清华风潮由此告一段落。陈寅恪于其中的不畏强权，推身而出，乃是其晚年孤身抵抗黑暗时代的预演。

这一风潮结束后，事态并不平息。果然过了数月，清华又出现了另一桩波动很大的事情。清华四大导师之一的梁启超被选为庚子赔款董事，极可能成为校长，曹云祥在校长任上，极为害怕，极力反梁，并唆使朱君毅诬告梁启超，后来真相大白，朱君毅辞职，而曹云祥不久之后也匆匆离任。

在此之中，陈寅恪不仅在教授评议会上抨击曹云祥的居心叵测，更在事态即将平息之时，力荐梁任公出任校长，其大公无私，光明磊落，一时间传为美谈。当年的陈寅恪在海外游学，梁任公向清华校长极力推荐陈寅恪。但陈寅恪一无著作，二无博士学位，令校方十分犯难。梁启超大为恼怒，放言道："我梁启超也算著作等身，但著作加到一起，也不足陈先生三百字有价值。"陈寅恪因此被清华聘任。时隔几年，陈寅恪在校园风潮中为梁任公解围，既有报答知遇之恩的含义，也有知识分子独立人格自由精神的昭显。

这样让人动容的时代，匆匆逝去。1927 年王国维自沉于昆明湖，梁启超也在 1927 年不幸离世。由于赵元任平时大多数时间在外讲学，故清华研究院中的核心人物，便是陈寅恪。不过，陈寅恪本人并不以此自居。1929 年秋天国学研究院停办之后，世态萧索，《吴宓日记》中的陈寅恪，也因为两人久不在一处工作，变得行迹渺茫。时隔若干年，在 1949 年之后，《吴宓日记》中，才重新出现了陈寅恪的身影。此时已经是 1961 年，陈寅恪七十二岁，吴宓六十五岁。距离他们在哈佛相识，已经过了半个世纪。

已经走过半个世纪的一对老人，在相见时，不由得感慨万千。吴宓从四川出发，于武汉中转至广州，到了陈寅恪处所时已经是后半夜。斯时已经失明的陈寅恪，依然端坐在书房中，等待老友的到来，在吴宓日记中，他记下了当时的场景：

> 寅恪兄双目全不能见物，在室内摸索，以杖缓步，出外由小彭搀扶而行，面容如昔，发白甚少，惟前顶秃，目盲，故目细而更觉两端自外下垂。

陈寅恪在 1949 年既不选择北上就任高官，也不去台湾依附国民党，而是选择了偏僻的岭南隐居，成为了 20 世纪中国知识分子独立精神的楷模。而在 1949 年之后，中央政府多次派人请陈寅恪入京，陈寅恪坚决不为所动。即便是昔日弟子来访，陈寅恪也毫不妥协，在 1961 年 8 月 30 日的日记中，有此记载：

> 寅恪兄说明宁居中山大学较康乐便适，政府于是特致尊礼，毫不让于苏联学者之请问也！此后政府虽再三敦请，寅恪兄决计不离中山大学而入京，以义命自持，坚卧不动，不见来访之宾客……

在被陈寅恪拒绝的名单中，有昔日的得意弟子汪篯，有手眼通天的康生，而这些都成为他在“文革”中受迫害的起源。陈寅恪晚年在日渐高渐的政治批判运动中，坚决不参与任何政治表态，即便是吴宓，在 50 年代也被逼写下了所谓“自我批判”的文章，但陈寅恪始终坚守信条，并在极端困难的情况下，口述出了三大本《柳如是别传》，煌煌八十万言，吴宓对于陈寅恪这种“惊天地泣鬼神”的毅力，一再表示叹服：

> 寅恪兄之思想及主张，毫未改变，即仍遵守昔年中学为体，西学为用之说……但在我辈个人如寅恪者，则仍确信中国孔子儒道之正大，有俾于全世界，而佛教亦纯正，我辈本此信仰，故虽危行言殆，但屹立不动，决不从时俗为转移……

这样的人生，太过于理想。事实也证明，1949 年以来的种种世变，已经使独立精神成为奢谈，在一个文化冰川的时代，陈寅恪是如何坚守自己的内心，不为流俗转移，旁人不得而知。但见陈寅恪的晚年却以如此的高节，作出了一个时代中的知识人最后的抵抗。古来的学人，一向有修史的传统，意在与专制抗衡，与遗忘作战。陈寅恪之著述《柳如是别传》以歌颂一个风尘女子的志行高洁，隐喻时代的没落，其心之苦痛，难以言述。

吴宓离开广州时，陈寅恪前往送别，若干年后吴宓在“文革”中致信中山大学询问陈寅恪状况时，陈寅恪已经在凄风苦雨中，孤独地死去。当年在分别之时，陈寅恪曾经写下七律一首，以为告白，诗中有云：“暮年一晤非容易，当作生离死别看。”陈寅恪和吴宓，果真像陈寅恪的诗句一样，一别成为永别。

人 物

天地一沙鸥：程曦与《燕园梦》杂剧琐议

肖伊绯

1948 年 12 月 15 日，北平南苑机场的一架小飞机匆匆南飞而去，飞机上坐着名噪一时的北京大学校长胡适，还有清华大学历史系教授陈寅恪。1949 年 1 月 20 日，陈寅恪抵达岭南大学。紧接着于 1949 年夏，一位名叫程曦的男子追随陈先生而来，执意做其助手。

就在一年前，1948 年 2 月，程曦才向陈寅恪递呈了他的学位论文，论文题目是《恽南田研究》，论文得到了九十一分的高分。陈先生的评语是：

> 此论文之主旨，在阐明南田艺术之精妙。由于其人品之高逸，故稽考其生平事迹及亲族之交游，颇为详备，间有详论，亦当审慎，可供研究清初文艺史者之参考。自蒋氏后，考南田事迹者，此论文可称佳作也。

原来，程曦在做陈寅恪助手之前，是做过陈先生学生的。1941 年 12 月，太平洋战争爆发，燕京大学迁址入川，于成都落址办学。程曦作为燕京大学的学生，随校入川，并于成都燕京大学求学于陈寅恪。1946 年，燕京大学复校，程曦归京后除了开题作《恽南田研究》的论文之外，也密切关注着其老师陈寅恪的动向。清华大学复校后，程曦追随陈先生左右，俨然助手无疑。1947 年秋，在递交学位论文之前，回顾这五六年来在燕京大学的求学历程，程曦有感而发、随兴而作《燕园梦》杂剧，他在跋文中写道："燕园梦杂剧之作，虽出于一时遣兴，然不同于传奇志怪者也。剧中人士非实有，剧中情理非尽无。而当时史事，则悉真确，盖亦变乱中人海波澜之可歌可泣者也。宇宙万象，陆离光怪，凡属近于情理者，莫不可呈现，第吾人未尽闻见耳。余偶所见者，大地湖山一曲间少数人物中之极少数人物，尝有类此之心境感慨，因纳之一端，藉元人法式以传之，初不过我手写我口，不计是非工拙也。天地悠远，世事迁易，不久而即此情理且将变改。知我者，其此极少数人物乎。中华民国三十六年岁在丁亥仲秋月程曦跋于海淀燕京大学。"

《燕园梦》一剧颇有奇趣，类于所谓摩登剧与时事剧之类。《燕园梦》中的正末，彦原仁，即谐音"燕园人"，概指作者程曦本人；而旦角陈贯绣，或谐音"城市秀"，概指某种城市生活之向往、入世之抱负。全剧四折，以彦原仁考入燕京大学、暗恋陈贯绣为叙事线索，历经太平洋战争爆发、燕京大学迁散入川、成都求学、抗战胜利返京、毕业谋生、醉梦入山、梦遇陈贯绣等叙事环节，题目作《陈贯绣感应尘世心》，正名为《彦原仁醒寤燕园梦》。

《燕园梦》一剧基本概括了陈曦燕京大学求学的终始历程，颇具当时代学人的生活写照。从第一折"现今华北虽然沦陷日军之手已经四年"所云，陈曦入学燕京应于 1937 年左右，据此亦可推断陈曦大约是生于 1918 年前后的。而第二折所云"来到成都，居住在华阳县文庙侧厢，饮膳在大成殿上"云云，可知当时在成都德阳文庙的燕京大学办学概貌。到第三折，燕京大学复校，返北平的彦原仁虽然与陈贯绣有过匆匆一晤，但旋因她举家南迁再度错过机缘。彦原仁领了毕业文凭之后，离校时唱的一曲"尾声"亦感人心魄："浑灿烂园林胜景，忒迷离锦绣前程。长记得晚钟沉，斜月冷，未名湖一片空明。人面波光共辉映。有那好诗篇则向谁投赠，兀自这眼儿边还浮动着去年的秋树影。"

最后一折叙及彦原仁毕业后谋生度日，因"处事鲁直，又受不惯世俗闲气，恼性子辞职出来"，心颇烦闷，醉酒后入梦。这一折以陈贯绣梦中点化，彦原仁幡然悟世为终。虽然剧情无甚曲折、新意不多，但于毕业生的谋职之困、时局的谋生之苦描划生动，颇可一读。

1951 年 8 月，程曦在陈寅恪助手职位上的突然离职，至今让学界诟病不已。

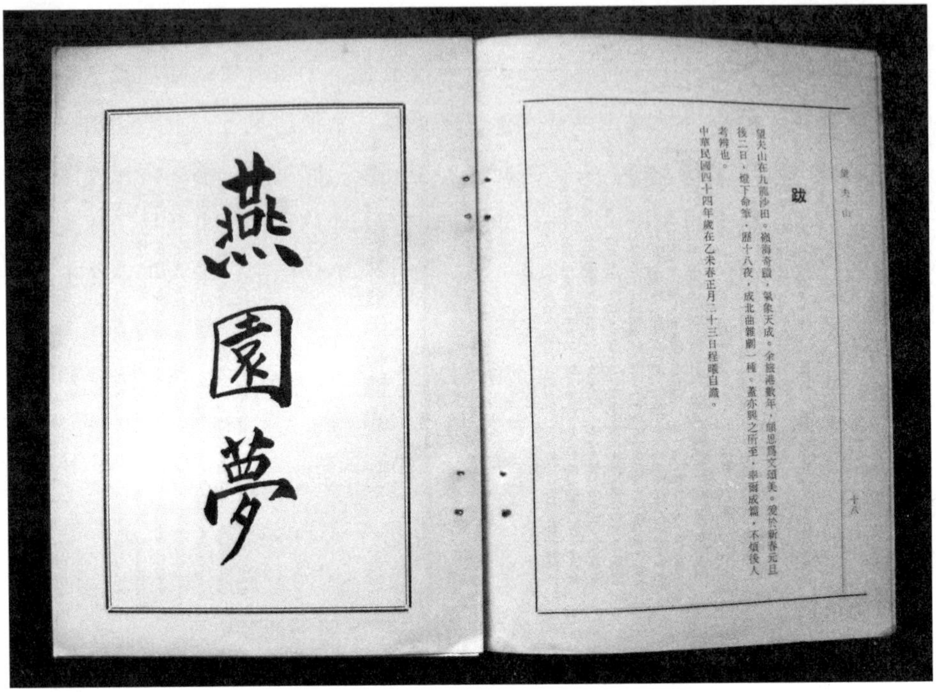

《燕园梦》书影。

是否仍然是当年《燕园梦》中的“处事鲁直，又受不惯世俗闲气，恼性子辞职出来”，程曦本人一直保持缄默。对此一事件最为直接的载录，出现在吴宓1951年8月26日日记中：“接棣华八月二十三日函，知寅恪兄与容庚甚不和，已改入历史系。而曦竟叛离寅恪，寅恪写读各事，均筼夫人代职云云。深为痛伤。曦虽热情盛气，而殊粗疏，故不能坚毅上达，亦以愚人而已。”程曦的突然离职，按照蒋天枢的解释：“有以讲师诱程者，程遂坚决不再协助先生做事，虽经校长陈序经婉劝亦不肯。”——“诱程者”谁？蒋氏本人亦未明言。而容庚曾给校方写信，说：“且程君身有肺病性情乖僻，为保护同人的健康和本系的秩序起见，亦不拟再聘任。”如此看来，即便程曦本人不辞职而去，身有肺病、性情乖僻两条亦足见其难容于岭南学界。

离开陈寅恪的程曦，离却岭南大学径直去了香港。1955年春节，在香港的程曦，遥望九龙沙田的望夫山，又写了一本《望夫山》杂剧。在跋文中，程

先生称 ："盖亦兴之所至，率尔成篇，不烦后人考辨也。" 或许，后人的诸种猜测与考论，在程曦辞离陈寅恪这件学界琐事上，都未免有些太戏剧化了罢。在程曦看来，则只是其生活经历、学术生涯的某个节点而已，暂时的结束只是为了更好的开始而已。

复又过了十年，除却学术之外，程曦热衷于环游世界之中的博览与广见。1965 年冬，自称"周览世界"之后的程曦，于返港途中经停吉隆坡斑苔谷。晚间于寓所整理旧箧，翻看《燕园梦》杂剧时，百感交集，又惘惘地作了一篇"后记"。"后记"中提道 ：

> 此剧作于十八年前，曾印成小册，分赠师友。当时陆志韦师戏赠诗云 ：不是桃花扇，曾非燕子笺。摆来新杂耍，挑出古云烟。咄咄书空日，奄奄待甃天。忽惊玄女梦，且唱再生缘。邓文如师赠诗云 ：八统趋东海，幽都气象雄。规模垂五代，学艺重司农。炼字文心峭，思玄旨趣通。英年期远大，吾道终未穷。孙正刚同学赠诗云 ：万水千山百炼身，可怜鸿爪已成尘。微君一卷燕园梦，谁是当年独醒人。十余年来，迁徙流转，每思量正格律，而稿本印本均不在手。尽力追忆，尚十得五六，因漫书于片纸，以待暇时修正，而劳生草草，阁置箧中，久未翻阅。乙巳孟冬，偶然兴至，闭门伏案者累日，改写一过，约略存其旧貌，大致稍有删易。惟第三折诸曲，尤多属新作，良以记忆模糊，非得已也。当日入川师友，而今散居四海，甚少通音问，独幸客蓉时燕大校长梅贻宝师今岁周游世界时曾过从朝夕耳。往事云烟，言之恍惚不在远，勺园文庙，风景皆依稀目前。质诸各地师友，想有同感也。
>
> ……在乙巳冬十月程曦记于吉隆坡斑苔谷

"后记"中提到的陆志韦(1894—1970)，是 1920 年哥伦比亚大学心理学博士，1927 年赴燕京大学任心理学教授，自 1934 年起任校长。1941 年 8 月曾与多名燕大教职员遭日军扣押入狱。1942 年 5 月出狱，1945 年 10 月还曾主持北京燕京大学复校。邓文如，即邓之诚（1887—1960），1930 年任燕京大学历史系教授，1941 年冬，太平洋战争爆发，燕京大学被封闭，与洪煨莲等同被日本军逮捕入狱，翌年获释。1946 年燕京大学复校，仍回校任教。孙正刚（1919—1980），原名铮，号晋斋，燕京大学国文系毕业，曾从顾随学词。1950 年，与周汝昌、寇梦碧同时加入张伯驹主持的庚寅词社，号为“津门三君”。

这些当年同学燕园、共赴国难，而今声名赫赫、学志兼遂的师友们，亦为程曦所记挂。弹指二十年间，程曦从未与这些师友们面晤，1965 年与当年的成都燕京大学代校长梅贻宝（1900—1997）之偶遇，更让其唏嘘不已。然而除却唏嘘之外，程曦似乎与这些往日师友并无过多学术上的交谊与往来。

事实上，程曦的学术生涯，从来就不是走的学科式的专门家道路。《燕园梦》杂剧的创作即可见一斑，陆志韦的题诗“摆来新杂耍，挑出古云烟”的评判颇能点中程曦为学的旨趣。正如《燕园梦》楔子中的彦原仁自述，“生长厚富人家，饱受摩登教育。代数几何，般般皆会。踢球打弹，样样都精。冲口的幽默文章，满肚的中西杂耍。程曦除却文史戏曲之外，还擅书画诸艺。”

1967 年 8 月，任马来西亚客座教授的程曦飞赴美国密歇根大学，为的参加密歇根大学主办的“石涛作品展示会”。与他一同为了石涛之艺术而来的，还有张大千。是年夏，张大千应美国史坦福大学之邀赴美举办画展，在美游历三月有余。在与程曦一道观览石涛画作之后，张大千为其作画留念，并题词曰：

> 设境平庸，殊有愧于石师也。丁未夏，密西根大学与曦老道兄同观石涛书画展列，即归三巴。写此呈法教，悚悚息息。大千弟张爰。

著有《木扉藏画考评》的程曦，精鉴藏之余，书画诸艺的博通自成气象。从与张大千同观石涛，及其题词中的“写此呈法教，悚悚息息”之句，虽有客套言辞，但能让张大千与之客套一番的，亦需确有一番眼力与手腕的。后来，周汝昌在自传中也提到程氏的书画功底，周说：“我两次到美国，晤此故人。

1980 年夏国际红学大会的‘余兴’是中国书画当场‘表演’，程兄画石，我题诗句，在场者‘排队’纷纷索取。”

周汝昌在自传中，还回忆说："他（程曦）在校时就写了一本《燕园梦》，自费铅印小册，赠我一本。此乃元杂剧体的戏曲自寓之作，我颇击节赏之。"程曦当年送赠师友的这本杂剧小册子，能记得能提到的人证恐怕亦只周老一人而已。邓文如早在程曦于吉隆坡写“后记”之前五年作古，陆志韦亦于“后记”之后五年逝世，而孙正刚则在程曦与周汝昌在美国的那次书画欢聚的当年逝去。如果要弥补程先生于后记中提到的“十余年来，迁徙流转，每思量正格律，而稿本印本均不在手”之遗憾，还非得去周汝昌处求证不可。

无论是于 1947 年燕京大学里写就的《燕园梦》杂剧原本，还是 1965 年在吉隆坡斑苔谷中重述的《燕园梦》杂剧改本，抑或是我们现在还能看到读到的 1966 年在香港出版的《灵潮轩杂剧三种》之一种的《燕园梦》杂剧，其间的人世变迁与自尝苦辛，亦只有程先生本人于笑骂中感喟三昧罢。

2009 年 12 月，商务印书馆出版了《赵元任、程曦吟诵遗音录》，书中收录了由美国明尼苏达大学刘君若教授提供的录制于 1971 年的程曦先生吟诵录音资料。程曦的吟诵文本为一诗一词一赋，分别为杜甫的《旅夜书怀》、苏轼的《水调歌头》以及庾信的《哀江南赋》。无论是“飘飘何所似，天地一沙鸥”还是“明月几时有，把酒问青天”，抑或是“燕歌远别，悲不自胜”，再如“华阳奔命，有无无归”，沉郁慷慨之中，声腔里自是一缕骨腔中的幽愤，令三十年后的聆听者幽冷如噤却又壮怀自温。

1997 年作古的程曦，于五十年前的一场《燕园梦》中渐行渐远。从精英意识浓烈的民国世界投身于那个“走到哪里都寻得到”（陈贯绣语）的内心世界，从“受不惯世俗闲气”（彦原仁语）的那个纷乱尘世中出离奔走，游涉万水千山，程先生自有一番山水点染于心，已无须将山水、人事纠扯在一起，戏剧仍是戏剧，戏剧外的人生只有戏剧性，而非真的戏剧。“主流知识群体”也罢，“流亡知识精英”也罢，民国精神也罢，国民精神也罢，这些沾边不沾边的话题，到程先生这里似乎已应戛然而止了罢。

文本

民国小学生、中学生作文选编

谢泳　何洁

胡云翼是有名的词学家，他在上世纪30年代初曾做过一段时间的国文教员，写过一本《新著文章作法》，是一本给中学生看的书。胡云翼曾在无锡中学教过国文，其中有两章是在谢秋萍原稿上修改的，由设在上海的中国文化报务社印行，署名胡云翼、谢秋萍合编。在抗战前的1936年已印了十版，是一本受到中学生欢迎的书。从这样一本给中学生看的书中，能多少体会一些30年代的教育文化情形。

那时的国文教师不尚空谈，所讲都是实话，保持了自由平静的心态，总是自己怎么想，笔下就怎么说，虽然是一本讲作文的书，但给人的印象却是一个国文老师在谈自己的写作和研究体会，以及对新文学的认识，一点也不装腔作势。他告诉中学生，学习国文有两个目的，第一是培养看书的能力，第二是能自由发表思想感情，做通顺的文章，如此而已。书中有一节是“好文章的要素”，他列出的第一条就是“真实”。他说：“我们做文章的目的，无非是要说自己想说的话。说话必须真实，做文章也必须真实，这是颠扑不破的道理。自己本来无话可说，就不必做文章，若强为文章，必失之于‘言之无物’。自己本来没有那种心情，就不必做那种描写，若强为描写，必失之于‘无病呻吟’。”

……就作文本身来评价，那个时代的教学和要求都非常简单，那时对作文的要求是："意识清新而词句优美。"

对小学生作文的要求通常是：一、天真的；二、创作的；三、立意新颖的；四、文笔畅达的；五、能动人兴趣的。

在这里天真是第一位的，小学生没有了这个东西，是写不好文章的。对中学生来说，虽然要求可能会高一些，比如要求他们能讲出道理和具备较丰富的知识，但"真实"这个要求始终不能放弃。

[小学生作文]

邀游北海公园的信

北平进德附设小学六年级生　姚穆

我亲爱的姨母：

昨天我才寄给你一封信，今天我又想写信给你了。

近来北平天气热了，风景也好了，最好的风景：就是北海公园。因为离我家不远，所以我常常去玩。现在让我说说其间的情形给你听吧。

在北海上，有一座玉石桥，足足有二十多丈长，全是白色的玉石造成的，还刻着美丽的花纹。桥头两头，有座花牌楼，漆着五彩颜色，悦目异常。

北海公园门口，买了票，便进去了。我们小朋友有爸爸妈妈带着，就不用买票，进了公园，走过（走到）了一条玉石桥，就是一座小山，山上有白塔，很大很高，塔下围满着绿树红墙黄色的琉璃瓦，被太阳光照着，更是金碧辉煌了，站在白塔顶上，能看到北平全城的风景。

北海的半岸圆形的长廊，廊下是玉石栏杆，摆满茶座。从那儿可以看见北海里有人摇船，对岸的五龙亭，也能很清楚的看见呢！到了冬天，水结成冰，这里就作为溜冰场。

小屋后，有一块儿童运动场，陈列着很多的运动器具，有转椅、有秋千、有跷跷板，还有滑梯。

姨母！你快来吧！带进宝嘉宝来吧，你们来了，我天天和你们去玩，你说好不好啊？再会！

欢送毕业同学颂词

私立公大小学校六年级生　段镇坤

各位来宾，各位毕业同学，各位家长，本校校长，各位老师：

今天是本校举行高级部第九届毕业典礼的一天，承蒙各位来宾踊跃参加，并且指示一切，真是本校的荣幸！不但本校校长和老师感谢，就是在校的一千多同学，也深深地表示谢意。

今天高九班同学毕业了，我们在校同学，真是十分的怅惘！今天早上，我们到校一看，校里的空气，好像充满了离别的情调，似乎和平常不相同了。回想高九班同学平日在校，待我们好像哥哥姐姐待弟弟妹妹一般，真使我们不忍分离。

例如以前在学业方面，我们有不明了的地方，就可以向各位同学询问；又如在课外活动方面，我们不能做到的事，也可以请各位同学帮忙或领导。如今一旦握别，我想各位心里总也要感觉不安，而我们则更是依依难舍。

当今天将离别的时候，各位来宾都有极宝贵的训话：我的在校同学，虽然年纪很小，也不能不有几句临别的赠言：当此国难日重的时代，做一个人，确是很不容易。我们校长，我们老师，平时诚诚恳恳指示各位的一切，今后各位虽然和本校分别，仍望大家记住，并且去实行。诸位这次毕业离校，只不过是形式罢了，希望各位不论到何地，都要抱定本校的精神，并且还要将它发扬光大，以期完成本校对各位同学的厚望。这是第一点。

其次，现代的人，大都是不肯苦干的，我们希望各位同学，今后即使在极艰苦的环境中，也要拿出挣扎的精神来奋斗，将来个个造成极有用的人才，为我们的社会和国家服务！这是第二点。

以上两点，就是我们在校同学敬赠各位毕业同学的话。末了，敬祝各位前程远大！

小学生应养成的几种好习惯

武箴吾

我们小学生最要注意的就是习惯，假若没有良好的习惯，将来在小学毕业以后，是不能在社会上立足的。可是我们应养成那几种好习惯呢？

（一）要养成运动的习惯。我们在学校里读书，切不可终日死读书，要抽出时间去运动。有一部分的同学只知道整天在教室内埋头读书，不知运动，所以弄得身体非常衰弱，我们要在“读书时读书，运动时运动”。俗语说：“伟大事业，寓于强健的身体。”这强健的身体就是从运动中得来的啊！

（二）要养成读书的习惯。我们有了强健的身体，而没有高深的学问，也是不能做出伟大的事业，因为学问是做事之有本。有一句话说：“伟大事业，寓于高深的学问。”所以读书才有学问，即是学问从读书中求得，而读书须养成良好的习惯，使学识与身体一齐并进才行。

（三）要养成服务的习惯。我们在学校里，有什么自治会啦、合作社啦等等。这些都是要使我们从小练习服务，养成做事的习惯。我们必须认认真真地做，将来长大起来，便可以去服务社会，服务国家。

怎样学习英文

庄之康

我们在学校里，为什么要读英文呢？（指五六年级）这个问题大概你的英文老师曾经告诉过你了。假使没有告诉过你的话，现在就听我来说一下：现在世界各国的科学真是突飞猛进，非但进入了电器时代，而且，现在已进入了原子时代了。而我国不要说原子没有研究，就是电器也不能普遍，你想不是落伍吗？所以我们要赶上人家，必须要懂得先进国家的语言。那末，到底要学习哪一国的语言呢？现在我们因为年纪小，就先得学习世界最普遍的语言——英语，到了大的时候，才可以学法文、德文、俄文等，随你的便，目的总是要迎头赶上。

然而学习外国语不是一件容易的事，只要看我们学生，一般说来，对于英文都感到头痛。我想这大概是由于没有良好的学习方法。现在我把我读英文的方法写在下面，虽然这不是一个极好的办法，可是对于诸位一定有些帮助。我们现在所读的英文，真好像是一个工具，我们应当先把工具锻炼得好，将来才能制造出好的东西来。所以我们对于英文，应当把读过的生字都能背诵出来，而且把所学过的课文，能够完全解释得出。还有，我们应当常常写英文字贴。

最后，我希望诸位对于英文能够多读、多解释、多背、多写，这样，你的英文至少能够进步些。而且会使你对于学习英文，不知不觉地发生兴趣。

我们的学校

戴莉英

我们的学校设立在崇德路，这是一条很狭窄的街道。上学期的校名，是市立喇格纳小学校。在这个学期开始的第一天，我到学校里来，忽然我们的校名，已经改为上海市第五区第二中心国民学校了。我觉得这个校名，很是光荣，我们的学校，规模很宏大，屋子是用钢骨水泥建筑的，而且非常的高，一共有五层，每一层大约有七间教室，每一间教室的光线，都很充足。课桌和课椅尺寸很大，每一个学生坐在那里，都觉得很舒服。操场上有各种运动的设备，像沙坑、乒乓球、篮球、双杠等。我们的礼堂也装饰得非常清洁、整齐、庄严，这些地方很可以增加全校同学的快乐，由快乐中产生活泼的精神来。

全校的老师有四十五位，每位老师的学问都是相当好的，教导我们非常认真，同学们求学，大家都很觉有味。

我们的学校又清洁，又整齐，又美丽，真是一个极好的学校。可是，在我们学校的四周，却都是很不整洁的小弄，而且常有嘈杂的声音，这是很可惜的。所以我们最好能把四周的环境，设法改良一下。

我们不能使老师们失望，我们应该好好地读书，还要遵守各种的规律，方才对得起我们全校的老师，和美丽雄伟的第五区第二中心国民学校。

参加上海铅笔厂记

无 名

我们做学生的，没有一个人不用铅笔，铅笔的形状是大家都熟悉的，一定以为制造这小东西是件极容易的事，其实要应用多种机器，经过许多手续才能成功呢！

为了增加见识起见，本级同学会由老师率领，到徐家汇路上海铅笔厂参观了一次；回来以后，大家把心得报告，综合起来，我们对于铅笔便有了新的认识。

制造铅笔，分做两部：一铅心，二笔杆。铅笔的铅心，并不是用铅制成的，原料是石墨和黏土。配合的比例，若是黏土多，铅笔就硬；石墨多，铅笔就软。可是在把两种原料混合之前，必须磨成极细的粉末，然后再加水放在磨石里去磨，磨后再烘干，放到臼里去舂，愈舂愈光滑，再加水混和，放在机器里烘过，然后放在压榨机的洞里挤进压出，直到光润为止。最后从窄机底下的一孔内压出，孔的大小，就依铅笔心的大小而定。这样压出来的铅心是软的，工人把它放到炉上去烘直，装入铁筒，放到高热的炉里去烘，就变成硬的铅心了。

笔杆的制法是：先把木料锯成木片（厚度等于铅笔全厚的一半，长为一枝铅笔的长度，阔可锯成六枝铅笔），放在高压机上压进去，就染成颜色。磨光烘干后，把木条放入雕槽的机器里雕成六个浅槽，大小恰巧可放铅心，然后把铅条放入槽里，再刷上胶水，把两块木片黏合上去，把它压紧烘干，再把它放在机器分上离成六枝铅笔；于是截平两头，磨光笔身，再加喷漆印字，便可包装应市了。

上海共有铅笔厂三家，其中以上海铅笔厂规模最大，每天可出货四五百箩。当这外货倾销，我国工业将要破产的时候，我们希望小朋友们都爱用国货。即小如铅笔，我们也应该用三星牌铅笔。

火柴厂参观记

王鹤年

十月一日的下午，在四时左右，我同老同学们去参观一家火柴厂。徐徐而行，费了一刻的光景，目的地便到了。

我们先到第一工厂，这里有许多女工拿一块一块的四方形木板，把许许多多火柴梗一把一根的放在这板上，再用另一块木板，将它拍齐，这工场就是齐梗的部分。

沿这场前进，走到下层，有三十几架机器，由年青的工人，把已经排齐的火柴梗，插在机器内，轧的一声，把许多火柴梗，插在四方形的小方格中，一根一根的插得非常整齐，一无长短，这就是排板。

再慢慢的踱步过去，走到配药处，看见像台面大的方盘中，有两人拿了一块板，在盘中调药，颜色是黑的，这便是制造安全火柴的，这一部就是配药和调药。

出第一工场向西走去，便是第二工场。有许多工人，把排板一块块的放在机器中，向下一轧，于是排板中的许多火柴梗的头，碰到了药液中，这头上就有了一点“头药”，再仍旧把这排板抽出，就成功火柴了。这一部就是上头药的工场。

走到烘房，见有重重叠叠已做成的火柴，因为头药未干，都放在这烘房里烘干。室中置有一只火炉，屋顶上还装了一架电风扇，可是我们没有走进去，只在门口看看大略情形。

离烘房入装盒的工场，见有近百的女工人，把火柴一把一把的放在匣子中，很迅速的。有的在把十几匣的火柴叠起来，用纸包裹，在一分钟内，能够包好十几包，何等的快啊！有的女工，用机器在匣子上贴招牌。

又有女工，拿了一把刷子，在匣边上刷磷。

又有的女工，把包好的火柴小包，再包成大包，另有二十几个男工人，把大包外再用竹片包扎，这便是装篓，然后运到各埠去出售。

难童收容所参观记

盛剑棠

昨天上午，我同爹爹到一个难童收容所里去参观。才走进大门，门房走过来问道："先生是来参观的吗？"爹爹道："是的，管理先生王君在吗？"于是门房答应了一声"在！"便领导我们走进了管理员室。爹爹便开始问道："王先生，今天可以参观吗？"王先生道："可以的。"我听了这话，心里很高兴，几乎快乐得说不出话来。

于是王先生便领着去看难童们的工作室。看见许多的难童，差不多没有一个人不是在孜孜不倦地工作。接着又去看难童们的宿舍，床上虽然铺着破旧的被褥，却处处呈着简朴纯洁的现象，真值得敬佩。

在参观之后，王先生告诉我们说："上海虽然有不少的难童收容所，可是还有不少的难童，在引颈待援呢！"

亲爱的小朋友们呀！我们都是幸福的人们，大家快节省些钱下来，救救可怜的小朋友吧！

参观博物院记

杨钟珩

十一月十二日，我跟着爸爸到重庆南路震旦大学附近的博物院去参观。参观的人很多。所开放的只有两层，我们先看下面一层；看见所陈列的，大都是古代各朝的铜币和器具古玩等，还有古时各种刀枪等武器，这种武器虽不能和现代的武器比较，看了以后也觉得很有兴趣。

后来，我们再到上面一层层看，只见陈列的是各种奇异的飞禽走兽的标本以及各种动物的骨头，还有各种昆虫和罕见的蟹和虾的标本，再有各种蛇以及鱼类，像鳄鱼的标本，鲸鱼的骨头，更有玳瑁，各种海产物和各种的鸟蛋。这种鸟蛋，小的只有弹子那么大，大的竟有大皮球那么大，确是奇观。

看了这些东西以后，对于我们的常识得益不少，真是所谓"耳闻不如目见"。

希望大家都能去参观，以增加知识见闻。

一个报贩

许玉屏

我们一家人，都喜欢看报。因为每天零买着看，很是麻烦，所以父亲特地找了一个报贩，每月给他四千五百元，叫他送一份正言报。每天早晨九时光景，报贩就来了，将报放在桌子上，脸上露出和蔼的神色，向人打着招呼。

他常常穿着蓝布衣服，头上戴一顶帽子。身材不高不低，但是脸面清瘦，皮肉很粗糙，走起路来却非常的快。

有一天，我问他道："卖报的！你为什么走得这样快呢！"他回答道："这也有个缘故的！随便什么人总是希望每天早一点知道国内外的大事，所以我要赶紧啊！"这报贩虽没有读多少书，可是他却感到他责任的重大呢！

一个可怜的学徒

朱健

我们家乡有一个姓张的小朋友，家中很穷。他起先是在雷风学校读书，不料读了两年，父亲死了，这家就不能负担他的学费，他便从此失学。

他的母亲，因为他的年龄还小，无业可做，就叫他到城里，在水果店里做学徒，于是他只得到那店里去做个小学徒了。

他在店里，店主人不教他书算，只说做学徒的要学习勤苦，叫他每天做工，清晨要早起，开门扫地，夜里要躺地板，守候门户，日间烧火煮饭，上街买物，非常辛苦。这位小学徒，真是勤苦耐劳，从不敢说辛苦的话。他的鞋穿了，袜破了，到了夜深，惟有自己含泪缝补。他稍稍做错了事，主人竟要责骂他。倘若遇有疾病，主人反要诬他贪懒怠惰。他在那店里学了两年，形容枯瘦，脸色憔悴极了。

他的母亲见他如此辛苦，说道："现在不要去做学徒了。"唉！小朋友们，做学徒的人真够可怜啊！

求学的失望

顾仲新

我的同学李武，他十三岁时在高级小学毕业后，他哥哥的朋友黄先生，给他介绍到镇江一家印刷所里去做学徒，到现在已三年了。

他时常写信给我，说他生活同机械一样，觉得很痛苦。他在这长长的三年中，学问不但没有长进，反而倒退了许多。不但他自己可惜，我也很代他可惜。他现在还很想读书，但因环境不能允许他读书，所以才总是在心中想念着读书的滋味。

最近，他在报上看到一所补习夜校招生，把他求学的心打动了，情愿将自己平日积蓄下来的钱，去买书籍，去缴学费。

他以为从此又可和书本相亲了，怀着满腔的欢乐和希望，向老板说明原因，他总以为没有什么意外的问题。想不到这狠心的老板，不但不答应他，反而狠狠地责骂他，威吓他。他为了吃饭问题，只得忍耐下去，把满腔的欢乐和希望，在无形中消失了。

夏天去了，秋天来了，在这秋高气爽的时候，多么适宜读书求学。但是我想到李武求学的失望，便十二分的为他痛惜。

失学了

王效兰

兴儿正在屋内，整理他的暑期作业，忽然门开了，邮差递进一封信，原来是他的同学郑英约他在开学日一同到校。

“爸爸，是郑英给我的信，约我在开学那天，和他一同到校呢！”兴儿快活地说。

“孩子，下学期不能去了。”爸爸吐出了这样一句话，又继续着说，“上学期上学已是勉强，下学期学费更贵，再也不能挣扎了。孩子，你就死了那条上学的心罢！要知道，学问之门是不给穷人开的。”

“爸爸，那末，我是不能再继续上学了。”

“是的。”

“唉唉！”忧虑已锁在他的眉梢。

“孩子，别这样，你虽不能上学，但也可趁此做些旁的，买点书来自修；隔壁的李先生不是很喜欢帮助人吗？有空，也可以请李先生指导你。”

“是的，爸爸说的很对，那我就写封信给郑英，让他在开学日别约我了。”于是他便在一张纸上写道：

“郑英同学：

接到你的信，使我很快活，但是我的爸爸说不能让我再上学了，又使我烦恼。失学我早已料到，环境决不能让我继续上学的，所以在开学日你也不必来约我了。

爸爸告诉我说：‘学问之门是不给穷人开的。’对的，穷孩子失学的多着呢。

郑英，你是个富家儿，希望你在求学的时候，记挂着失学的穷孩子。

我祝你努力用功！”

从此，兴儿开始他失学的生活，一边卖报赚点钱；一边买些书自己学习，有时也请李先生指导。他的同学时常看见他拿着几份报，在街头高声的叫卖着。

[中学生作文]

织暑期阅书会启

天津汇文中学一年级生　赵鹤年

语有之曰：“不作无益害有益。”此言虽觉浅近，而实含有至理焉。夫吾人鲜能有益者，以无益之事害之也。苟明此义，尚可作无益者乎，窃谓暑假期内，固为憩息之时；然其结果，或浪游歌舞，或纵食赌博，曾不得一日之静养。于是无益之事渐以生，而精神痿痹，智识昏暗。言念及此，不禁为吾辈青年危焉！

鹤年等有鉴于此，特组织暑期阅书会，冀乘假日之良机，藉图学术之进步。以视消极的消夏方法，犹益必多，凡吾同人，定能共喻；倘可加入，欢迎！

此启。

选自《最新模范文选》

到都市繁荣之路

苏省立上海中学高中商科二年级　李士金

自一九二九年世界经济大恐慌在美国爆发之后，不景气的浪潮，立如水银泻地般的侵袭到世界各地；于是各国的都市——尤其是我国的都市，即由繁荣而逐渐凋敝。从前烟囱林立吞云吐雾的工厂，现在大都已经关厂停业；从前顾客如云生意兴隆的商店，现在狂着“关店大拍卖”，“不顾血本大减价”，在没落中挣扎；但见各处的街头巷尾，都流露出穷困和失业的悲哀。现在欧美各国的都市，因政府挽救得法，已渐出不景气而趋景气了；只有我国的都市，工厂仍陆续的倒，商店仍不断的关，失业的人数更是惊人的增加，丝毫不见有些微复苏的征象。

那末，我国都市凋敝的原因究竟何在？一言以蔽之曰：在于农村破产和帝国主义的经济侵略。因为都市的功用有二：一、集中和分配内地各处的生产品与消费品，并调剂其经济上的种种需要；二、集中工业和商业，以收入大量生产及交易的便利。我们中国是以农立国的国家，一切民生经济自为农业为主。近年我国的农村，因了天灾人祸以及其他种种的原因，正在加速的破产，但见成千成万本来安居乐业的农民，受了农村破产的袭击，现在已成为在饥饿线上挣扎着的流离颠沛的灾民了。他们已失去了从前在田野里生产的机会和能力，同时也失去了他们生活必需品的购买力。都市是集中和分散各地产物的机关，现有一部分的农村既无产物运往都市，都市又因为农民没有购买力而不将别地产物输向农村；那末都市集散货物的成绩，当然要大大的减色了。所以农村破产，实为都市凋敝的最大的因素。

其次都市的繁荣，还要靠工业和商业的发达。我国现在正是刚从农业经济跨向商业和工业经济的时期，一切工商业，犹如植物则在发芽，非常幼稚，本难和外国竞争，而国家又被帝国主义压迫，关税不能自主，政府没有适当的办法来保护本国的工商业。于是一般帝国主义和资本主义的国家，挟其先进工商国家的雄威，向我国逞其经济侵略的凶焰；而本国新兴幼稚的工商业，因受不住它们的蹂躏和压迫，遂渐渐的衰败没落。所以帝国主义的经济侵略，也是我国都市凋敝的一个重大的原因。

综上所述，可知都市的凋敝，就由于全国农村破产和帝国主义的经济侵略。都市是全国经济机构最主要的一环，而都市的凋敝，就象征着民生总是的不能解决。所以我们要解决全国经济及民生问题，应先使都市由凋敝而景气，恢复当日的繁荣。然则如何才能使都市恢复当日的繁荣呢？我以为对症下药，先须使农村复兴起来，同时抵抗帝国主义的经济侵略，以求整个国家经济的复兴向上，才是繁荣都市的光明大道。若舍此不顾，但求局部的勉强复兴都市，不图其本，但图其标，则虽或可稍稍收效于一时，将终见都市与民生同陷落到不可解救的深渊。

春日漫笔

甘肃省立天水师范二年级　蒲之津

（一）归宿

我似站在荒寥的旷野，我觉得莫可名状；我像失了知觉，认不清东南西北、上下和左右。

我似一叶小舟，在澎湃波涛的海洋中乱漩，眼看看是要沉下去了，是要沉到海底下去了！

这茫茫的旷野上，不见人们的行走车马的踪迹；四周只满生着荆棘，阻挡着我的路途！ 我不能决定那条路可走，那条路不可走，他不知那条是生路，那条是死路；更不知我的归宿是在何处？——哦，我只有努力向前迈进；我不怕前面的万峭悬崖，狼虫虎豹；更不怕荆棘阻挡我的路途！我要抱定一个决心，劈开前面的障碍，达到光明的路途，去找我的归宿。

（二）母爱的伟大

母亲已经五十多岁，她的年龄虽然这么大，但身体却非常健壮，这倒是一件令人最痛快的事！

不过自父亲去世以后，家道渐渐中落！幸而父亲留下几亩薄田，还可勉强维持生活，不至踏上饿莩之途！无如近几年来，因为世难年荒，的确累了母亲不少！但母亲并不因此而担忧，所担忧的，是我从军的哥哥。

哥哥从军四年了，从没回过一次家，因而母亲每想到她儿子的时候，便常常凄然的流下泪了。母亲每在怀念哥哥在枪林弹雨、冷雨骄阳中过的生活，便叫我写信劝哥哥回家，但哥哥的信上总是“养兵千日，用兵一时”的这类话答复我们。母亲接了哥哥的信，明知国比家重要，但泪珠不时的在眉睫下滚着，尤其是在除夕的晚上。

本来，世界是母爱维系着的，由母亲想念她儿子的心情，使我更认识了母爱的伟大！

（三）在春光中复活了

茫茫无垠的广野里，没有人声，也没有鸟语，只有我一人孤寂地徘徊。这儿从前是衰草绕缭的荒野，干枯的，荒寂的，黯淡溟濛的，一切都显示着惨淡的景象。现在呢？有鲜红的桃花，银白的李花，翠绿的杨柳，地面上满铺绿绒似的毯子。深蓝色的天空，飘散着悠悠的浮云；灿烂夺目的阳光，大公无私的普照着人间；和煦的春风，徐徐的吹人心魂；丛林里，小鸟唱着悦耳的清歌。

春，春，给万物以活跃，欢畅；把死地，枯地，都抚摸着复活了。但我却怎么尽管徘徊歧途，无路可走呢？

呵，在春之启示中，我也要努力培养我的生命之花！

（四）散步

太阳渐渐的被西山吞没了，它的灿烂光辉也将被夜神征服了。这时我走上河堤闲散。

蔚蓝的天空上，悬挂着一缕绚烂的绯红的晚霞，反映在小溪里，小溪的面上，浮起一层血红的色彩，宛如壮士为国牺牲的血痕！这时，我的心在腔中舞跃了，澎湃了。

灿烂光华的山河破碎了，五千（年）的优美文化将要丧失殆尽了，整个的中华民国充满了不景气！但同胞却依然若醉若梦，死气沉沉的不知觉悟！唉，中华民国的前途啊！

千钧的重担，都在青年的肩上，但青年毕竟是能力薄弱，没勇气冲破狼虎的包围！与狼虎拼命，傀儡奋斗；依然是沐猴而冠，袍笏登场；无耻汉奸，为国作祟！而狼虫虎豹，无厌地肆其凶残！于是中华民国一月一日的瘦削颓丧。

青年呵！我们是有着一腔热血，我们不甘做弱者，不甘在强暴者铁蹄之下受蹂躏；我们应鼓起蓬勃的精神，冲上前线，与强暴者“拼死一战”！胜利呵，毕竟是我们的！

月儿从东方升到中天！她那银白色的光，愈显得皎洁。但我！我的心，隐隐发痛。

（五）放风筝去

机械似的生活，随着大地的轮子向前蠕动；每日八小时的冷板凳真够受，坐的头晕眼花屁股痛。

今天下课的铃声响了，我真像被赦的囚犯，狠命的，不顾一切的往外跑。

奇怪，街上的行人为什么稀疏？我不明白人们的心情，在明媚的春光里为什么不出来做点事？但一到十字路口，行人就多起来了，站在里面挣得出一身汗。其中最活跃的是孩子们，他们提着麻绳和风筝，穿过十字路口，出南门，到河滩去了。春情惯习在青年人的血液中活跃，这就够把他们疯狂了，造成够热闹的风筝会。我也趁兴赶到郊野，那美丽的自然景物，使我忘记了一天的疲劳。

人群里夹杂着病态十足的姑娘太太们，走得却也十分起劲，从那绯红的病容之中，知道她们的芳心对此春景也禁不住怦怦颤动。

到河边了，天空中缀着形形色色的风筝，有人形，蜈蚣形……但最令孩子们欢呼的是飞机。是的，天水的空中常有真的飞机的表演，这于他们是一个大冲动，他们就开始仿造起来。这虽是小小玩艺儿，却也可以看出这些小发明家的创造性的发动。小心儿该对将来有莫大的幻想吧！孩子们的理想是真纯的，美丽的，不可思议的。他们的动作那样轻巧，知道驾驭风筝的方法，放的越高越兴奋，小心儿也跟着飞上了天！那些莫有希望的老人和心已破了的中年人，都也莫明其妙的跟着孩子们欢呼，他们被孩子们的天真征服了！孩子们是爱的源泉，他们把老年人的任务勇敢地负起了！

满怀着的我回到家里，两个侄儿狠命的扯住我，要我给他俩买风筝，小嘴儿喊着放风筝去，放风筝去！

（六）风筝与童年

当夕阳将坠，晚霞渲染天际的时候，孩子们成群结队地在步步芳草，处处莺声，徜徉在春神怀抱里的郊野放着风筝。他们手舞着，足蹈着，脸面上充满着活泼快乐的笑声。呵，他们是多么天真，烂漫，心里是多么纯洁！

碧绿的天空，衬映着各色各样的风筝，的确是美丽极了，可爱极了，这郊野随着包在了快乐的气氛中。

我看着不由得一种怅惘，荒凉，凄惋，缠绕上我的心头。

在年幼时，我也会受着父亲的爱惜，在明媚的春天里，杨柳放出青眼，桃李露着笑靥，软软的春风，奏着爱的音乐时，放风筝于辽远的天涯；那时心里充满着不可言状的愉快！现在呢？唉！我凄然了，我不敢想了！我只追恋我的玫瑰色的童年之逝去，默念自己命运的不幸，诅咒环境的恶劣，社会的龌龊！

从乘凉谈到栽树

皖省立庐州师范　杨永定

在夏日，闲逸的待人，当然啊！常常会在绿荫下品着苦茗，让凉风钻进宽博的衣袖，就是劳苦的农人们，也要偷暇片刻，当着被两棵高大椿树遮蔽的门口坐着或躺着，使南风吹散他们过度的疲劳，无疑的乘凉是夏日生活最快活的一部分。

乘凉是需要树的，在绿荫深处，使我们常常觉得这世界是清凉而恬静，而忘了炎夏的痛苦。然而此时，朋友！你应知道栽树是你很大的义务。

我们最大的坏处，是愿乘凉的人多，而愿栽树的人少。于是树少了，而凉也乘不成。

栽树当然是呆不过的事，一滴一滴的汗珠，只换得后人的快活；但是假如前人都不栽树，门前更有何地乘凉？栽树的人多，乘凉地方当然也随之增大。有春风才能秋雨，有耕耘才能有收获，是不是？

即使前人栽满了树，再不需我们动手，但那也是寂寞不过的事。假使这里是一块濯濯的童山，用我们的劳力使它变成葱郁的林壑，以供后人游憩，这是多么快乐的一件事！而况在他人树下乘凉，到底是不光荣的。没用劳力而获得的东西，大丈夫不应当无条件的享受。要想光荣的享受，只有替后人开辟更多的产业。

我们的态度怎样呢？我们在前人树下乘凉，当然要替后人栽树；即使前人没有栽树给我们，我们也更要替后人设法。现在不得乘凉不足悲，而永远不得乘凉乃为可痛；在中国前人遗留给我们的树都凋零殆尽了，我们要领首去栽树，不要抢着去乘凉。

在乘凉时愿我们都立下这个志愿。

二十四年寒假中杂感

上海私立大夏中学高中三年级　刘起廉

其一　提前放假

溯自北平学生反对华北自治示威游行以来，各地风起云涌，胥有学生之救国运动，市教育局以中等学校学生年龄较少，智力未充，易受不良份子煽惑，行动不免越轨，于是有全市各中等学校一律提前放年假之令。吾校自不能例外，于十二月廿六日而寒假开始矣，不啻延长假期二三礼拜也。夫教育为民族灵魂所寄，国家文野攸关，民族之复兴，国耻之昭雪，端赖教育之整饬。十年生聚，十年教训，古有明示。观夫欧战爆发，德意志学生于地窖隧穴中犹上课不闲，而信之益坚，就吾国环境言，虽停课一时一日之暂，一分一刻之微，尚且不可；苟使全国学校皆然，其无形损失岂可以道里计哉！须知当吾侪以为学校放假，无所事事，诩诩然笑语，熙熙然征逐于酒食游戏之顷，正我敌国学生济济课堂，切磋砥砺，努力迈进之时，亦我敌国教师登坛说法，口讲指书，灌注侵略人国知识，深衷仇华心理之际也。我国国势阽危，疆土日蹙，此次华北事件，学生以不得已而不能甘于缄默，政府又以不得已而不能不作断然处置，以防事态恶化。顾莫由使学生安于学业，余于阅及学校提前放假布告之余，不禁怅然久之。

其二　除夕游城隍庙

曩闻客有来自英伦者，述及英国议员，于出席议会时，恒饰以假须，使其貌岸然，历世以来，行之而弗敢废，此风俗所使然。昂格罗萨克逊民族保守性之强，斯可概见。我国之祀城隍，亦风俗之所趋，沪上除夕往城隍庙之进香，其况尤盛。考城隍即水庸，礼八蜡，水庸居七，是为祭城隍之始，北齐书有慕容俨祷城隍获佑之纪，唐张说张九龄俱有祭城隍之文，后唐始封王爵，宋以后遍祀天下，风俗之由来已久，保守性岂亚于昂格罗萨克逊？独惜国人于与此俱来，敦朴笃厚之善良风俗，若大道之行，天下为公，大同之治，“礼”“义”“廉”“耻”固有之美德，不能发扬光大，至今几于泯然无存，徒令人时兴人心不古之叹者，其故何也？

其三　爆竹祝岁

寒假开始，同学多已返家，余以我省交通梗阻，往返不便，仍留于校。废历元旦，犹未黎明，余觉醒，闻四野爆竹声，响成一片，是居民之祝岁，国际观瞻所系之沪上，俨然共乐升平矣。忆客秋窦乐安路事件之突如其来，日兵大肆搜查，横行肇事之地，继则大批日军开抵上海，当此之时，全埠震惊，谈虎色变，秩序纷扰，居民迁居，已而消息弛缓，秩序恢复。虽有华北自治之酝酿，冀东伪组织之设立，海上人士，已无复介于怀矣。兹逢废历年节，又值海上风平浪静，安能使其忧愤国事，不作新年之祝贺耶，亦可慨矣！

国难中之国庆

广州私立培正中学高中一年级　鄺善溥

炮竹频鸣，欢声载道，纸彩飘然，而鼓乐之声又作，此何时耶？我中华国庆之日也；凡我国各地之人莫不有以表示其爱国之热忱者焉。当此时也，则有游艺，巡行之举，摩肩击毂之市，无他，用以志先烈创业之功矣。年年若是以迄于今，又为二十四周年之纪念，在此国难日亟之中，分崩离析之局，而举行我国庆之庆祝，余对之不无感焉。

我国，文明之国也；上古之世，文教高尚，而物品之发明者，屡矣，由是以迄于明为满人所之，而民气亦随之而涣散矣。至清之末年，乃为先烈所推翻，而国庆亦由此而起也，自民国元年以迄于今凡二十四载；在此二四载中，吾国究有若何之建树？聆此之下，不觉令人摇首三叹者矣！在此廿四载中非内乱，即外侮，国事日亟，而土地日缩，东省失陷而不止，尤复日进于危殆之途，呜呼！此何故耶？岂国运之使然也耶！不团结不合作以至于斯也。

当此国庆日中而反观乎国难之事，虽觉悲喜之不知何从，然若我国国民皆能于此国庆当中，忆念先烈之劬劳而以自警，共图救国，以挽国家之危亡，则前途正未限量，而亦不失此国庆纪念之义也。

大漠中之螃蟹

赣省立南昌第二中学　郭宗林

大漠之中，有螃蟹焉，睥睨云树，笑傲山川，昂首举足，横行而前，自歌曰："天赋我以丽形兮，地载我之伟躯，八足可以驰逐，二螯足以征诛，逆我者死，卑我者屠，横厉奋发，孰与比吾。"至河缘，望流水而笑曰："汝何为者？波波相续，滚滚前流，夜以继日，不得稍休，吞沟洫之污垢，受风雨之击摧，劳顿困惫，会不得自乐，汝诚愚者也。予逍遥自适，寄傲穹庐，兴来则任意遨游，倦极则息乎洞壑，忤吾意者歼之，阻吾进者灭之，无敢与予抗者，汝诚羡予乎？抑或妒予乎？"河水闻而叹曰："以德者昌，恃力者亡，予日夜澌澌，环流大地，灌溉田亩，洗涤垢污，人咸赖予，苟一日无予，人类尽矣。是以人爱予敬予，予亦乐为之助。虽劳而不觉，虽倦而不休，盖劳已而后有乐，利人然后自慰也。汝数寸之躯耳，恃八足二螯，即尔自傲，不仁于邻族，无益于民生，物极必反，汝行将遭难，吾不忍见汝死也。"言已，澌澌流去，时微风掀浪，击岸有声，白沫四飞，显现奇景，蟹前行，过一兔，突前而刺之；过一凫，亦螯而毙之。乐其勇，耀其功，举首谓日曰："汝出自东，而没于西，岁岁如是，不其厌乎？孰与予之奋威毙敌之乐也哉！"日顾谓蟹曰："吾自天地初辟以来，于今亿万载矣。岁岁如是，曾不改乎当日之颜色，汝生长死灭，日日易形，食息斯世，多别数岁，少则数月而已。予之视汝，犹烟云之过眼，岂会一动予之心目哉？且山谷虽坚，有时而被侵蚀也；地虽厚，有时而破裂也；今日之沙漠，昔日之沧海也；今日之盆地，昔日之洲渚也。物之不可常也如是，况汝之微躯乎？且失严寒冰霜之后，则来和煦之春天；风雨既已，高升旭日；忧终则乐，乐已则忧；贫者富，富者贫；曾见有数世富者乎？有永远贫者乎？此何故？盖物之得丧如环然，相寻于无穷也，太强者必折，太横者必危，而汝不觉悟，可悲也夫！”

兔族被陵于蟹，聚深林而议曰：“彼残吾族类，必报此仇。但其强横难可以力胜，诸君有奇策乎？”一兔起而谓众曰：“彼虽强，不足畏，吾等合而为一，大举而围之，以牺牲为荣，以退却为耻，歼之必矣。且凫亦与其有仇，吾等宜约日共攻之，使彼等守河海，则蟹安所逃乎？”

夜半，月挂树梢，残星隐现，虫声唧唧，流水澌澌，兔族疾赴蟹居，直前奋击，蟹惊而觉，突围而逃，兔随而逐之。蟹至河旁，凫突起而啄之，蟹出不意，伤且死，乃叹曰：“吾以为弱者不足畏，岂意合力之强若是耶？吾自以能横行天下，岂意有今日耶？吾以暴戾取灭，后之人其勿蹈予之覆辙也哉！”

天渐明，日升自海面，散霞彩于沙滩，流水澎湃而前，呜咽岸下，广漠之中，阒寂绵阔惟蟹躯在焉。

再见的时候

杭州私立弘道女中高中三年级　刘珍和

我不愿意想到这句“再见的时候”，因为它是预告着我们将要分离了；可是，有谁能永不分离呢？这一滴苦酒谁都要尝？朋友，我们逃脱得掉么？

你现在还沉睡在快乐的环境里，一同的起居，一同的作息，一同的游嬉。或许你没有想到大家是将要分离吧？更或许你不会体会到离别的苦味吧！啊！朋友，如果你是这样，我真会羡慕你了。

朋友，你恐怕会说我痴，或者是太可笑，是不是？你以为分散了，将来总有再见的时候是不是？可是你知道我们一定能再见么？再见的时候还是现在的你我么？我怕说，我也不能说。

你们中间有多少人会确信自己的命运是好的呢？难说吧！现在是一个个快乐无忧虑的孩子，我们还没有踏上社会之门呢？我们不是很自豪么？我们不是曾经自信有能力可以改造环境么？我们常梦想着我们的前途一定是光明而坦白的，不会像比我们大的老的人一样常常跑向荆榛的路上去的。充满我们身体的是热血，是精神，是志气。可是，朋友啊！你如果将一切仔仔细细的观察后，恐怕你会气馁呢？多少人在青年时，不是和我们一样么？都有这么高的志气，这末多的希望，好像人人都有这样个阶段，当在和我们一样年纪的时候；但是，你不看见他们常常跌倒么？有的就从此爬不起来了，他们被命运搬弄着，被环境支配着，仍旧没有跳过前人的背脊，仍旧和前人一样无力的走着。朋友，这些我们不是渐渐的懂得了吗？可是我愿你和我不要将我们满腔的希望变做梦想的楼阁，我们为什么一定要步前人的后尘呢？是不是？

这次的分离比不得以前暑假寒假的离别你，和我或许有人仍旧能在一起；但是，团体是散了！在什么时候再能聚起我们团体呢？我不知道，你不知道，恐怕永不会有这时候了。

倘若我能幸运的再见到你，在几年之后，或许你在尽力对人类服务，保持着你最初的目的；成许你在金醉纸迷中生活着，变做典型的堕落者（恕我这样讲，但是大家的将来大家都不知道）；或许你已做了母亲，用伟大的手去推摇篮；或许你已被命运播弄不堪，过着阴惨的生活，在几十年后我遇到你，恐怕我和你都是斑斑白发，受尽桑沧的老人了。

当我想到将来我们再见的时候，我会发呆，我会流泪，将来再见的时候，我怕大家都会有虚伪的心；青年的回忆，会击伤我的心，容颜会告诉我们，青年时代已不复为我们所有了。朋友！你会笑我吧？我要流泪，当我见到你被一堆沙埋下去，一棵幼小的芽被风雨摧折了的时候。

可是，朋友啊！我愿我们头上有更好的太阳，你想我们有更好的命运吗？我愿你们不要被一切束缚着。朋友！不要忘却你的意志吧？到再见的时候，我恐怕会哭了，感动得哭了。

旅途

青岛市立女中高中二年级　陆菊影

她背着行囊，挂着一个装满了水的瓶，破烂的衣服，脱底的鞋子，横挂皱纹的前额，满结着胝茧的粗手，表示着她已行过很长的旅途。但是，她抬起头来，张望前途仍然是茫茫的、无边际的灰色的沙漠。没有草木，也没有水池。只有断续零乱的足痕，和灰白色的尸骨。她回顾身后，同样的无边际的沙漠，没有草木，也没有水池，只有一线的足迹与她相连。

她看了看她的水瓶，仍然循着前面的足迹，彳亍的，阑跚的孤零的向前走去。她不知道她是从那里来的？的确，她不知道什么时候？孤独的赴上了这长长的旅途，阴险难走的旅途。但她可记得，以前的路是比较好走，距离不远就有水草，并且天气也很温和，没有狂风，没有暴雨，没有黑暗。对了，更没有天空里掀起一大片沙子的时候。

可是，什么时候她遇着了狂风？暴雨，她也记不清了，但她还记得，她是如何的努力躲过了被狂风掀在天空的沙漠？她是如何的忍耐着打湿她的面？继续不断的前进。

她也曾彷徨过，她也为着这茫茫的前途悲观过。可是路旁的尸骨，骷髅，使她明了这个谜。她知道有那么一天，她会倒下来，变成尸骨。但她心里却很坦然，因为她相信会有那样一天，她会走到一个光明的乐园，那里有许多同她一样在沙漠里的征途中经过困难的她的同志。那里没有黑暗，独孤，悲哀及一切阴险的东西。

现在，哦！黑暗向四周偷袭来了，风又渐渐的大起来，雨似乎也要下了。这沙漠里的旅行者——她啊！耸了耸肩，背紧了她的笨重的行囊，仍然找着前面的足迹，继续不断的前进！

街头速写

北平私立志成中学高中一年级　李莘

许多车辆狂奔过去，但不见尘土飞扬。追追追，一辆汽车一辆马车，坐洋车的，走路的，拉洋车的，讨钱的，高楼大厦的银行，放发留声机的洋货店，摆摊儿的，担担儿的，卖豆汁的，卖报的……一阶阶一层层，包括了全世界的各色人等；喜乐悲欢，安适，苦痛，黑暗，光明。

一个小孩儿捡起了一个卷烟头向他母亲说："妈！我把这拿回给父亲去，小心不要让大哥抢走。"

幸福的人在沈醉，流浪的人在徘徊，刚由乡间来的人在惊叹；有的人想吃人，有的人在等着让人吃。

一股股杀气冲天！令人战栗，令人迷惑！在灰淡的太阳之下，这样可怕！

约友人春假中游南京书

无锡私立竞志女校高中二年级　夏世英

荣姐：

好久没来信了，忙吗？

荣，听说你近来，更加消极了，我真替你急。本来在平时，你的脸上，很难找出一丝笑容愁，好像永远的离不开你，我真不懂难道快乐不会降临到你的身上吗？我始终怀疑着固然，各人是有各人的人生观，各人本着各人之人生观而努力，我很明白你是个悲观者，在你的举止处，很显示出你的悲观，消极。因此在我每逢到你露出悲观的时候，我的心，就不免好像受到无限的创痛。荣，青年人是不应抱悲观的呀！你要知青年人的责任多大。荣，放弃吧！你的悲观，尤其是在目前的中国，更不须要像你这样消极的青年呀！恕我这样的唐突！

日子过得不能说慢，一转眼春假就会降临了，这不仅学生们高兴，恐怕做先生的也很欢迎。荣，你也该高兴了吧！

前两天琰约你到杭州去，想换换你忧郁的心境，可是竟叫她失望了，而且你还骂她“及时行乐”的应该。是的，本来杭州是没多大意思，只能游而无可览。现在我提出一个地方，就是你渴念已久的南京。啊！提起了伟大的南京，在我的脑子里浮出了一个很清晰雄壮的影子。我同它虽只别了两年多，然而不禁又使我恋忆起来了。记得吗？在 × 年的夏，我们同从北平来，道经南京，你不肯下车玩，毅然的同了华哥走了。而我却同了惠姐玩了一个星期。惠姐回上海同你说了，你很懊悔，连我都替你可惜。荣，这次我想你一定会允许我的，那阔大的中山路，伟大的建筑物，庄严的中山陵，古香古色的明孝陵，这些足以使你兴奋的，至少也能减低你愁闷的心情。荣，你不能说我是“及时行乐”，我也恨着以前，惭愧着过去，在南京，只知用审美的态度来欣赏，而不用考察的目光来研究。然而现在我明白了，这历代的古都，假使只在美的建筑方面看，那未免失敬了。荣，是不是？

荣，你总说古都比任何地方都好，当然南京也在内的，那我也不敢反对你所谓故都的“好”。但是依我看，在现在的南京正像青春的少妇，娇艳动人，而故都虽是徐娘半老，但风韵犹存，各具其妙。但是现在的故都就不然之，充满了各种的恐怖，好像在悬崖上一样的危险，思之心悸！然而我们却祝我们的南京，永久的存在，永远吐露芬芳，灿烂着民族之光！

图书在版编目(CIP)数据

温故（二十二）/ 刘瑞琳主编. —桂林：广西师范大学出版社, 2012.6

ISBN 978-7-5495-1709-1

Ⅰ. ①温… Ⅱ. ①刘… Ⅲ. ①中国历史：现代史－史料

Ⅳ. ①K260.6

中国版本图书馆CIP数据核字(2012)第084723号

广西师范大学出版社出版发行

桂林市中华路22号 邮政编码：541001

网址：www.bbtpress.com

出 版 人：何林夏

出 品 人：刘瑞琳

责任编辑：曹凌志

装帧设计：陆智昌

制　　作：陈基胜

马志方

全国新华书店经销

发行热线：010-64284815

山东临沂新华印刷物流集团印刷

临沂高新技术产业开发区新华路　邮政编码：276017

开本：700mm × 1000mm　1/16

印张：16　字数：200千字　图片：55幅

2012年6月第1版　2012年6月第1次印刷

定价：29.00元